Georg Franz-Willing

Vergangenheitsbewältigung

Georg Franz-Willing

VERGANGENHEITS-BEWÄLTIGUNG

Bundesrepublikanischer Nationalmasochismus

NATION EUROPA

Umschlaggestaltung Wolfgang Zankel
Werbegraphik, München

Internationale Standardbuchnummer
ISBN 3-920677-04-8 (Einband Ln.)
ISBN 3-920677-05-6 (Einband Br.)

D 8630 Coburg · Postfach 25 54

Gesamtherstellung:
Grafischer Betrieb Emil Patzschke, Neustadt b. Coburg

Inhaltsverzeichnis

Dokumentenanhang

Einleitung

Von der Umerziehung zur Vergangenheitsbewältigung

Der „Kalte Krieg“, 1948 voll entbrannt, veranlaßte die Supermächte und ihre europäischen Trabanten Großbritannien und Frankreich, die Besatzungszonen in Mitteleuropa aus dem Status der Straf- und Ausbeutungskolonie zu entlassen und in Satellitenstaaten umzuwandeln. Die drei westlichen Besatzungszonen erhielten unter amerikanischem Patronat ein „Grundgesetz“ als verfassungsmäßige Grundlage für die „Bundesrepublik Deutschland“; die Sowjetunion zog nach und verwandelte ihre Zone zur „Deutschen Demokratischen Republik“. Die „Umerziehung“ auf der Basis der „Kollektivschuld“ mit der ständigen Selbstbezichtigung als Alleinschuldige am Unglück des Zweiten Weltkrieges wurde schrittweise den bereits erfolgreich Umerzogenen und den Hitlergegnern aus der Weimarer Zeit unter Besatzeraufsicht übertragen. Symbol dafür war „Das Gesetz zur Befreiung vom Nationalsozialismus und Militarismus“, auf Befehl der Militärregierung von einem Rechtsanwalt Fritz Oppenheimer verfaßt.[1])

Professor Theodor Eschenburg, „Praeceptor Germaniae“ (d. h. des bundesrepublikanischen Verwaltungsapparates der westlichen Besatzungsmächte) belehrte im März 1960 in einer Auseinandersetzung mit Minister Seebohm die bundesrepublikanische Wohlstandsbevölkerung:

„Zwar ist es weithin unbestritten, daß die Sudetendeutschen 1919 am Anschluß ihres Gebietes an Deutschland oder auch nur an einer wirklichen Autonomie durch die

---

[1]) Schrenck-Notzing, Charakterwäsche, S. 126.

Tschechen gewaltsam gehindert worden sind. Aber ebenso unbestritten ist, daß der Ausbruch des Zweiten Weltkrieges nicht eine Folge des Versailler Vertrages war, wie Seebohm behauptet, sondern ohne jegliche Notwendigkeit von Hitler provoziert worden ist." Er fährt in seiner Geschichtsfälschung fort: „Bei der Frage nach der Schuld am Zweiten Weltkrieg, die wissenschaftlich eindeutig beantwortet ist, handelt es sich nicht etwa um eine fachhistorische Angelegenheit. Die Erkenntnis von der unbestrittenen und alleinigen Schuld Hitlers ist vielmehr eine Grundlage der Politik der Bundesrepublik (...)" (März 1960)[1a])

Eschenburgs Geschichtsfälschung erschien rechtzeitig zur Wiederaufnahme der psychologischen Kriegführung gegen Deutschland mit der Beendigung des „Kalten Krieges" und dem Amtsantritt des Präsidenten Kennedy, der mit seiner antideutschen Politik getreulich in den Spuren F. D. Roosevelts wandelte. Hand in Hand mit der vom „Praeceptor" festgelegten Leitlinie organisierte der tschechische Geheimdienst im Auftrag Moskaus die weltweiten Hakenkreuzschmierereien.[2]) Im Einverständnis mit Präsident Kennedy schritt der kommunistische Diktator Chruschtschow 1961 zum Mauerbau in Berlin. Eben vor dieser mit seiner Zustimmung erbauten Mauer verkündete der amerikanische Präsident den von ihm begeisterten Berlinern: „Ich bin ein Berliner."

Eschenburgs Aussage liegt genau auf der Linie des Londoner Statuts vom 8. August 1945 und der darauf beruhenden Kriegsverbrecherprozesse: Den Angeklagten und der Verteidigung war verboten, den Versailler „Vertrag" als entlastende Begründung für die deutsche Politik nach 1919

[1a]) Theodor Eschenburg: Zur politischen Praxis in der Bundesrepublik. Kritische Betrachtungen 1957—1961, Bd. 1, 1. A. München 1961, S. 162—165: Seebohms Geschichtsbild.

[2]) Armin Mohler: Der Nasenring. Im Dickicht der Vergangenheitsbewältigung, Essen 1989, S. 158 f.

auch nur anzuführen. Professor Eschenburg wußte ebenso wie die „Schöpfer“ des genannten Statuts und die alliierten Politiker nur zu gut, daß Hitler das Produkt der Pariser Vorortsverträge war. Ebenso war ihm klar, daß weder eine einzelne Person noch eine einzelne Regierung allein schuldig am Ausbruch solcher Völkerkatastrophen wie die beiden Weltkriege sein kann. Er wußte, daß alle am Ausbruch Mitbeteiligten mitschuldig waren und daß der Haupttreiber im Hintergrund die damalige amerikanische Regierung unter Präsident Roosevelt war. Aber als „Praeceptor“ der Bundesrepublik redete er amtlich und halbamtlich genau im Sinne der Siegermächte von 1945: der außenpolitischen wie der innenpolitischen!

Mit der Verkündung der Alleinschuld Deutschlands, sprich Hitlers, am Ausbruch des Zweiten Weltkrieges begann eine neue gewaltige Hetze gegen das deutsche Volk, angeheizt durch die oben erwähnten Hakenkreuzschmierereien, das Stichwort war „Auschwitz“, die angebliche Massenausrottung der Juden in Gaskammern. Sie gipfelte im „Auschwitz-Prozeß“, dem größten politischen Schauprozeß nach den Nürnberger Kriegsverbrecherprozessen, organisiert und durchgeführt von der bundesrepublikanischen Justiz als Zeugnis amtlicher „Vergangenheitsbewältigung“.

Richard Baer, Kommandant von Auschwitz von 1943 bis 1945, sollte als Kronzeuge dienen. Da er im ersten Auschwitzprozeß die Existenz von Gaskammern geleugnet hatte, wurde der Hauptprozeß einige Male verschoben. Baer starb „rechtzeitig“ vor Eröffnung des Hauptprozesses, angeblich an Gift. Als seine Frau eine weitere Autopsie forderte, ließ der jüdische Generalstaatsanwalt Fritz Bauer die Leiche einäschern. Der französische Sozialist Professor Paul Rassinier, einst selbst KL-Häftling, wollte am Prozeß als Berichterstatter teilnehmen. Er wurde auf Veranlassung des damaligen Bundesinnenministers Höcherl an der Grenze zurückgewiesen.

Obwohl das 1949 verkündete Grundgesetz keine Todesstrafe kennt, setzten die Amerikaner die Hinrichtungen deutscher Häftlinge bis 1951 fort. Die letzten Sieben wurden im Juni 1951 auf Anordnung des amerikanischen Hoch-Kommissars John McCloy in Landsberg aufgehängt, darunter der SS-Obergruppenführer Oswald Pohl, Leiter des Wirtschaftsamtes der Reichsführung SS. Monsignore Morgenschweis, der Gefängnisgeistliche in Landsberg/Lech, sagte zum Fall Pohl: *„McCloy schrieb als Antwort auf den letzten Versuch von Frederik Will, die Wahrheit durchzusetzen – wir, nämlich Pater Chrodegang vom Kloster St. Ottilien, Frau Pohl und ich, haben den Brief gelesen – seinen letzten Beweis für die angebliche Schuld Pohls: ‚Ich nehme alle Anklagepunkte gegen Pohl zurück. Trotzdem halte ich das Todesurteil aufrecht, weil unter den Trümmern, die Pohl vom Ghetto weggeräumt hat, noch Lebende gewesen sein sollen.' – Jeder Jurist muß sagen: Das ist einfach unglaublich."* [3])

Monsignore Morgenschweis hielt am 25. November 1966 einen Vortrag über seine Erlebnisse als Gefängnisgeistlicher, besonders seine Tätigkeit als Seelsorger der von den Amerikanern in Schauprozessen in Dachau zum Tode verurteilten „Kriegsverbrecher". Seine umfangreichen gesammelten Unterlagen mußte er ans Erzbischöfliche Ordinariat in München abliefern, das eine Benutzungssperre darüber verhängte. Der Priester hat, wie aus seiner Rede hervorgeht, die Schandtaten der Besatzungsmacht festgehalten: Vernehmungen und Untersuchungen unter Mißhandlung und Fol-

---

[3]) „Für Wahrheit und Gerechtigkeit". Das Bekenntnis des Monsignore Morgenschweis, in „Der Freiwillige", Juni 1973. Vgl. Anhang 1 auf S. 170 ff.

terung zur Erpressung von falschen Geständnissen, Verwendung von Schein- und sogenannten „Berufszeugen“, vielfach aus Lagern von „Displaced Persons“. Diese sagten gegen Bestechung mit Lebensmitteln und Zigaretten aus, was die Ankläger ihnen in den Mund legten. Frei erfundene Beschuldigungen ohne jede Beweisführung genügten vielfach für ein Todesurteil. „Das Jahr 1948 war ein ganz schlimmes Jahr“ – (...) Da sind zum Teil die größten Verbrechen geschehen, und zwar insofern, als man damals eine ganze Menge – 110 Mann – einfach nacheinander hingerichtet hat, obwohl eine eigene Kommission, die auf Antrag von Neuhäusler und Wurm tätig war, festgestellt hatte, daß von den 139 zum Tode Verurteilten 29 sofort freigegeben werden müßten und 110 noch einmal geprüft werden müßten, weil die Akten nicht in Ordnung waren“, führte Morgenschweis in seiner Rede u. a. aus.[4]) Morgenschweis begleitete auch Pohl zum Galgen; er berichtet über dieses erschütternde Erlebnis:

„Die letzten Sieben hat man damals nicht mehr öffentlich, nicht mehr im Freien gehenkt, sondern in einem Schuppen, wo der Galgen errichtet worden ist. Diese veränderte Situation ist lange verschwiegen worden, ja man hat sogar, als sie in die Öffentlichkeit gedrungen war, Dementis hinausgegeben. Dieser letzte Henkersakt lief in der Nacht vom 5. auf 6. Juni 1951 ab. Bei seinen letzten Worten hat Pohl erklärt, daß er niemals in irgendeiner Weise den Tod eines Menschen verschuldet hat oder ein anderes Verbrechen, etwa durch Mißhandlungen, an einem Menschen begangen habe. Dann sagte er, wie ein Gebet: ‚Ich danke Gott für meinen Glauben . . . Gott meine Familie . . .‘ Seine letzten Worte: ‚Deutschland, hüte dich vor deinen Freunden!‘ werde ich nie vergessen.“

---

[4]) Ebda.

Die Anklage gegen Pohl hatte sich eines Tricks bedient, wie Morgenschweis feststellte: „Man klagte Pohl, der wirklich nur der Leiter des SS-Hauptwirtschaftsamtes gewesen war – denn Wolff war ja Chef des SS-Hauptamtes – als Leiter des SS-Haupt- und Wirtschaftsamtes an. Man schob also das verbindende Wörtchen ‚und' zwischen zwei getrennte Ämter. Dadurch war Pohl zum Führer zweier Ämter geworden, was aber nicht den Tatsachen entsprach. Aufgrund dieses Schwindels erklärte man ihn für alle in der Anklage aufgeführten Fälle von Verbrechen, die man formal höchstens Wolff hätte anlasten können, für schuldig und verurteilte ihn zum Tode." [5])

Eine amerikanische Berichterstatterin sagte zu Monsignore Morgenschweis über die Schauprozesse, Verurteilungen und Hinrichtungen: *„Herr Pfarrer, das ist furchtbar. Ich kann das nicht mehr miterleben, was ich hier miterlebt habe. Sie haben ja gehört, was der amerikanische Captain, ein evangelischer Negerpriester, dazu gesagt hat, nämlich: ‚Das, was hier geschieht, nix gut. Deutschland wird das nie vergessen!'"*

„Wir können nicht mehr sagen", fuhr Morgenschweis in seiner 1966 gehaltenen Rede fort, „wer schuldig und wer nicht schuldig gewesen war und warum nicht, weil es keine echte Verhandlungsmöglichkeit gegeben hat. Wenn heute ein Rechtsanwalt auf Grund eines Rentenantrages Einsicht in die damaligen Akten nehmen will, müssen diese erst aus Amerika angefordert und herbeigeschafft werden. Man hat sie ehedem sofort weggeräumt und nach Amerika verbracht, damit niemand die Möglichkeit gehabt hat, dieselben zu studieren." [6])

---

[5]) Ebda, „Für Wahrheit und Gerechtigkeit". Das Bekenntnis des Monsignore Morgenschweis. Mit „Wolff" weist Morgenschweis auf den SS-Obergruppenführer Karl Wolff hin, der in Italien die geheimen Kapitulationsverhandlungen führte und deshalb von den Siegern geschont wurde.

[6]) Ebda – S. Anhang I.

Der britische Journalist Douglas Reed schreibt im Vorwort zur deutschen Ausgabe seines Buches: „From Smoke to Smother", deutscher Titel: „Der große Plan der Anonymen" [7]): „Vom Augenblick an, als Hitler die Sowjetunion angriff, erkannte ich immer deutlicher, daß der ganze Verlauf des ‚Hitlerkrieges' von unsichtbaren, geschickten Händen geleitet wurde, damit der Endsieg zwei Mächten zufalle: dem Sowjetkommunismus und dem zionistischen Nationalismus." [8])

Am 17. November 1942 gab der britische Außenminister Antony Eden „vor dem Unterhaus im Namen der Vereinigten Nationen eine Erklärung über das Judenproblem", fährt Reed weiter unten fort. Die erste „Erklärung" eines britischen Politikers war das Versprechen des britischen Außenministers Lord Balfour an den Londoner Rothschild vom November 1917, „die Gründung einer nationalen Heimstätte für das jüdische Volk in Palästina zu unterstützen (...) Aber was für mich das bedeutungsvollste Ereignis in Nürnberg, wo die ganze Weltpresse versammelt war, zu sein schien – das fand keine Erwähnung in der Massen-Weltpresse. Die Tage der Verurteilung und der Hinrichtung waren jüdische Feiertage! Rosch Hoschanni, das jüdische Neujahr und der Tag der Buße, fiel auf den 26. September 1946; Yom Kippur, der Tag der Sühne, auf den 5. Oktober; Hoschanna Rabba (da gibt der jüdische Gott nach einer Pause, während der er seinen Urteilsspruch über jedes einzelne menschliche Wesen erwogen hat und Sünder immer noch begnadigen konnte, sein endgültiges Urteil bekannt) auf den 16. Oktober. Die Urteile wurden in Nürnberg am 30. September und 1. Oktober verkündet (zwischen dem jüdischen Neujahr und dem Tag der Sühne). Die Hinrichtungen wurden gleich nach Mitternacht in den Morgenstunden

---

7) Zürich 1952.

8) Reed, a.a.O., S. 10, Vorwort.

des 16. Oktobers, am Tage Hoschanna Rabba, vollzogen. Für das Judentum in der ganzen Welt lag eine unmißverständliche Bedeutung in der Wahl dieser Tage. (...) Der Prozeß und die Hinrichtungen fanden in der amerikanischen Zone statt. Mir will scheinen, daß diese symbolischen Daten gewählt worden sind, und daß diejenigen, die sie auswählten, Stellungen bekleideten, die ihnen erlaubten, die amerikanischen Behörden ihren Wünschen willfährig zu machen." [9])

Zu diesen Feststellungen von Douglas Reed muß man sich einen Artikel des „Völkischen Beobachters", des Zentralorgans der NSDAP, vom 15. Februar 1933 zur Reichstagswahl des 5. März 1933 vergegenwärtigen. Der Artikel ist betitelt: „Drohungen des Judentums. ‚Reichskanzler Hamann' und die Ausrottung der 75 000 Perser. Sie wünschen dem Kanzler Hitler das gleiche Schicksal wie dem persischen antisemitischen ‚Reichskanzler Hamann!'" mit Berufung auf das „Israelische Familienblatt" vom 9. Februar 1933. Dort erschien die vom „Völkischen Beobachter" erwähnte Zeitungsnotiz unter dem Titel: „Sprechsaal (...) Eine Anregung" mit folgendem Text: „Am 5. März soll es sich endgültig entscheiden, wer die eigentlichen Machthaber unseres armen, gequälten Vaterlandes sein sollen. Als vor Tausenden von Jahren der Reichskanzler Hamann von seinem König ein Dekret erlangen wollte, um etwas Ungeheuerliches gegen die Juden seines Reiches auszuführen, wählte er mit Absicht – so erzählt der Talmud im Traktat Megiloh – den Monat Adar deshalb, weil er festgestellt hatte, daß in diesem Monat der große Führer Moses gestorben war. Er hat es übersehen, daß dieser Tag auch die Geburtsstunde des Lehrers Moses war. Ein ganz merkwürdiger Zufall hat es gefügt –

[9]) Ebda, S. 134 f.

ein Blick auf den jüdischen Kalender zeigt es uns – , daß die diesjährige Reichstagswahl am 7. Adar stattfindet. Es dürfte vielleicht empfehlenswert sein, da diesmal so ungeheuer viel für unsere Glaubensgemeinschaft auf dem Spiel steht, wenn von rabbinischer Stelle aus angeordnet wird, daß in Erkennung des tiefen Ernstes der Stunde in allen Gotteshäusern bis nach dem Tage der Wahl nach dem Abend- und Morgengebet gemeinschaftlich das Kapitel 22 aus den Psalmen gebetet wird, welches nach dem Talmud das Gebet der Königin Esther gewesen sein soll.“ [10])

Damit war der Weg gewiesen, dem Reichskanzler Hitler das Schicksal des persischen Reichskanzlers Hamann zu bereiten. Der Ring schließt sich mit den Hinrichtungsterminen und dem Vollzug der Hinrichtungen in Nürnberg an den genannten jüdischen Feiertagen. Jüdische Rache und jüdische Strafe nach alttestamentarischen Weisungen finden mit Kollektivschuld und Kollektivscham, mit Kollektivbuße und Sühne ihre Fortsetzung in Umerziehung und Vergangenheitsbewältigung.

---

10) „Israelitisches Familienblatt“, Berlin Nr. 6 v. 9. 2. 1933, S. 5.

1. Kapitel:

Kritische Stimmen im Ausland gegen die Umerziehung

Mit der totalen Kapitulation der Wehrmacht und der völligen Besetzung des gesamten Reichsgebietes durch die Siegermächte erlosch auch die Stimme des deutschen Volkes in der Öffentlichkeit. Das Ghetto Deutschland wurde vollständig vom Medienapparat der Sieger beherrscht. Presse, Rundfunk, Film, alle Schrift- und Druckerzeugnisse unterlagen dem uneingeschränkten Einfluß durch die Besatzungsmächte. Äußerungen von deutscher Seite im nationalen Sinne gab es nicht mehr. Die letzte amtliche deutsche Kundgebung war die Rundfunkansprache des letzten Reichsoberhauptes Großadmiral Dönitz über den Flensburger Sender am 9. Mai 1945. Es gab nur noch Meldungen über Deutschland, aber keine mehr *von* Deutschland.

Trotz des Orkans der Rache und des Hasses, der die Medien erfüllte, erhoben sich auch im feindlichen Ausland bald kritische Stimmen gegen die materielle und geistige Vernichtungspolitik der Siegermächte gegenüber dem besiegten deutschen Volk. Die völlige Entrechtung des deutschen Volkes, die Zerstörung seiner staatlichen Existenz, die Kriminalisierung dieses großen Kulturvolkes durch Kollektivschuld und Kriegsverbrecherprozesse, die verlogene Behauptung von der Alleinschuld des Besiegten an der Völkerkatastrophe des Zweiten Weltkrieges wie an jener des Ersten Weltkrieges, die barbarische Kriegführung der Briten und Amerikaner durch den uneingeschränkten Bombenkrieg gegen die Zivilbevölkerung Europas, die Massenverbrechen durch die Vertreibung von achtzehn Millionen Deutschen aus ihren angestammten Heimatgebieten und die Ausschreitungen gegen das wehrlose deutsche Volk nach der totalen Kapitulation fanden im Laufe der Nachkriegsjahre zunehmend Widerhall im feindlichen und neutralen Ausland. Die sich im Handeln und Unterlassen der Besatzungsmächte ausdrückende allgemeine Rechtsverwilderung durch die völlige Versklavung des deutschen Volkes und Ermordung von nahezu fünf Millionen deutscher Menschen n a c h der totalen Kapitulation in den Jahren zwischen 1945—1955 (mehr als die Menschenverluste Deutschlands während des Krieges betrugen) erregte wachsenden Anstoß bei vielen rechtlich denkenden Angehörigen des feindlichen Auslandes und der neutralen Staaten. Die Kritik war gegen die Art der Umerziehung und ihrer Fortsetzung, der „Vergangenheitsbewältigung", gerichtet. „Die erste Kriegserklärung gegen das nationalsozialistische Deutschland erfolgte von jüdischer Seite mit dem Aufruf im ‚Daily Express' am 24. März 1933." [11]) (...) „Die Kriegspartei von 1938 war eben die antifranzösische Partei, diejenige Partei, die die Kriegskatastrophe und die Besetzung über unser Land herbeigeführt hat, sie war die Partei des Bürgerkrieges und der Blutbäder von 1944/45, sie ist die Partei, die heute die Nation bekanntlich – aber darauf Gewicht zu legen ist überflüssig – seit der ‚Befreiung' regiert. In dieser Partei bestehen zwei eng verbundene und logische Gruppen: Juden und Kommunisten" [12]), so charakterisierte ein Franzose teffend die beiden entscheidenden Siegermächte.

---

[11]) Das Geheimnis um die Ursachen des Zweiten Weltkrieges. Eine Sammlung von Studien, Wiesbaden 1958, S. 94.

[12]) Ebda, S. 99.

Der französische Professor für Literaturgeschichte Maurice Bardèche, dessen Schwager, der berühmte Schriftsteller Robert Brasillac, von einem de Gaulle'schen Sondergericht zum Tode verurteilt und erschossen worden war, brachte in seinem Buch „Nürnberg oder die Falschmünzer" eine Zusammenstellung von kritischen Aussagen in der Publizisitik der westlichen Siegermächte zwischen 1945 und dem Erscheinungsjahr seines Buches 1955. Eine Auswahl daraus sei hier dem Leser zur Kenntnis gebracht: „Heute prangert die Weltmeinung den Nürnberger Prozeß nicht nur als juristische Ungeheuerlichkeit an, sondern auch als Geschichtsklitterung." [13]) (...) „Die Akten über die alliierte Besatzung in Deutschland sind im wahrsten Sinne des Wortes gemein. Das war kein Haß mehr – denn der wahre Haß hat seine Größe – es war etwas im höchsten Grade Gemeines und Tückisches, in das sich Plünderung, Diebstahl, Schachern mit Einfluß, sexuelle Verdorbenheit, Niedertracht, Heuchelei und Angst mischten. Ein levantinischer Moderduft erhob sich über diesem Beinhaus." [14]) Von amerikanischer Seite nennt Bardèche aus den Jahren 1945/46 zwei Broschüren von P. O. Tittmann: „The Planned Famine" und „Incredible Infamy" als Zeugnisse für den Vernichtungswillen der Morgenthauer. Bekannter ist das Buch der mutigen Journalistin Freda Utley „Kostspielige Rache", das von der wirtschaftlichen Seite her die Ausplünderung Deutschlands durch die Alliierten nüchtern und treffend schildert. [15])

Ausführlich geht Bardèche auf den Malmédy-Prozeß ein. Völlig unschuldige Männer der Waffen-SS wurden so lange gefoltert, bis sie die gewünschten „Geständnisse" ablegten.

---

[13]) Maurice Bardèche: Nürnberg oder die Falschmünzer, Wiesbaden 1961 (fz. Original „Nuremberg II ou les Faux Monnayeurs"), S. 8.

[14]) Ebda, S. 9.

[15]) Freda Utley: Kostspielige Rache (amer. Original „High Cost of Vengenance"), 1948.

Bei den Folterungen wurden 68 von 70 Angeklagten die Geschlechtsteile zerquetscht, so daß sie für immer gezeichnet waren, „abgesehen von zahllosen zerbrochenen Kinnbakken, Schädelbrüchen, gebrochenen Schlüsselbeinen, abgerissenen Fingernägeln und kleineren Einzelheiten". Siebzig Todesurteile wurden gefällt. Man eröffnete ihnen, man würde die Todesstrafe umwandeln, wenn sie diktierte Aussagen zur Belastung anderer Kameraden unterschrieben. „So kam man zu Dokumenten." Auch in den großen Prozessen wurde mit gefälschten erpreßten Aussagen gearbeitet, so „die Aussagen der Zeugen Gauß, Gerstoffer und Milch".[16]) Dabei tat sich als Erpresser der stellvertretende amerikanische Hauptankläger Robert Kempner, Jude und ehemaliger preußischer Oberregierungsrat, hervor. Hinsichtlich der Konzentrationslager verweist Bardèche besonders auf das Buch von Paul Rassinier, einem französischen Sozialisten und einstigem KL-Häftling, „Die Lüge des Odysseus".

Bardèche widmet ein umfangreiches Kapitel dem Nürnberger Prozeß. Er zitiert den US-Senator Taft: Die Kriegsverbrecherprozesse „verletzen das fundamentale Prinzip der amerikanischen Gesetzgebung, welches fordert, daß ein Individuum nicht nach einem Gesetz verurteilt werden kann, das erst nach Begehen der strafbaren Handlung in Kraft getreten ist. Der Prozeß gegen die Besiegten durch die Sieger kann nicht unparteiisch sein, wie auch die Formen seiner Rechtsprechung getarnt sein mögen. Über diesen Urteilen schwebt der Rachegeist, und Rache ist selten Gerechtigkeit. Das Aufhängen der elf deutschen Verurteilten wird in den amerikanischen Annalen eine Tat sein, die wir lange bedauern werden. In diesen Prozessen haben wir die russische

[16]) Bardèche, S. 14 bzw. 16.

Auffassung dieser Art von Prozessen – nämlich Interesse der Politik und nicht der Gerechtigkeit – zur unseren gemacht und dabei wenig Rücksicht auf unser angelsächsisches Erbe genommen. Dadurch, daß wir dieses Interesse der Politik in den Mantel eines legalen Verfahrens einhüllten, laufen wir Gefahr, auf Jahre hinaus jeglichen Begriff von Gerechtigkeit in Europa in Mißkredit zu bringen (...)" Im Leitartikel der „Chicago Tribune" vom 14. Juni 1946 heißt es: „Das Statut, in dessen Namen die Angeklagten abgeurteilt werden, ist eine eigenste Erfindung Jacksons und widerspricht dem Völkerrecht, so wie es in der zweiten Haager Übereinkunft definiert ist. Durch die Erfindung eines solchen Statuts verleiht Jackson der Lynchjustiz die Legalität." [17]) Jackson selbst aber war das Werkzeug der jüdischen Rache. Das „Institut für jüdische Fragen" unter maßgeblicher Beteiligung der beiden Brüder Robinson hat die Grundlagen für das Londoner Statut geschaffen.[18]) Die in Kanada erscheinende französische Zeitung „Le Devoir" urteilte in ihren Leitartikeln vom Oktober 1946: „Unter dem Vorwand der Gerechtigkeit haben die Alliierten die internationalen Gepflogenheiten auf den Stand zurückverwiesen, den sie vor der christlichen Zivilisation hatten (Leitartikel vom 1. 10. 1946).[19])

Eine bedeutende portugiesische Persönlichkeit protestierte laut Bardèche gegen den Nürnberger Prozeß am 6. Oktober 1946: „In mir streiten sich die verschiedenartigsten Gefühle: Entrüstung, Zorn, Empörung, Verzweiflung, Ekel, Mitleid, Bestürzung, Liebe, Bewunderung, Haß! Die schwärzeste Seite der Weltgeschichte ist soeben umgewendet worden. Bis zum letzten Augenblick hatte ich noch Hoffnung,

---

[17]) Ebda, S. 27.

[18]) S. Nahum Goldmann, Staatsmann ohne Staat, S. 271 ff. Ders. in: Das jüdische Paradox, S. 166 ff.

[19]) Bardèche, S. 31.

ein Funke von Gewissen werde in jener gefühllosen Wüste aufleuchten, welche die Seele dieser Henkersknechte darstellt (...) Nichts! Die Henker haben die Ärmel aufgeschürzt, haben ihre Muskeln spielen lassen, haben die teuflische Haltbarkeit ihrer Stricke erprobt, und die zehn Opfer steigen die Stufen zum Schafott hinan, wo sie der unbarmherzigen Rachsucht des Sieges der Demokratien zum Opfer gebracht wurden (...)[206]) Aus Südafrika bringt Bardèche folgenden Protest gegen die Rachejustiz der Sieger: „Er besteht in einer ganz einfachen Liste, der Liste jener Männer, die an diesem Tage verurteilt und hingerichtet worden sind. Sie wird alljährlich ‚in memoriam' an der Spitze der Südafrikanischen Zeitung ‚Die Nuwe Orde' zum Jahrestag der Vollstreckung des Nürnberger Urteils abgedruckt. Auf ihrer ersten Seite läßt diese Zeitung einfach die Liste der Hingerichteten in Trauerumrandung in großen Buchstaben mit einem ehrenden Nachruf erscheinen." [21])

Der indische Richter R. Pal, dem Gerichtshof in Tokio zugeteilt, verzichtete auf sein Amt und begründete den Rücktritt mit einer wahren Anklagerede gegen die „Kriegsverbrecherprozesse" wie folgt:

„Ein sogenannter Prozeß, der auf Anklagepunkten beruht, die von den Siegern heute als rechtskräftig bestimmt werden, löscht Jahrhunderte der Kultur aus, die uns von der summarischen Hinrichtung der Unterlegenen trennen. Ein Prozeß, der auf einer solchen Rechtsauslegung basiert, ist nichts weiter als der entehrende Gebrauch gesetzlicher Formen zur Befriedigung eines Rachedurstes. Er entspricht keinerlei Vorstellung von Gerechtigkeit (...) Würde man zugeben, daß es dem Sieger zusteht, zu bestimmen, was ein

[206]) Ebda, S. 33.

[21]) Ebda, S. 35.

Verbrechen ist und es nach seinem Belieben zu bestrafen, so hieße dies, in jene Zeiten zurückzukehren, in denen es ihm erlaubt war, das von ihm besiegte Land mit Feuer und Blut zu überziehen, alles in ihm Vorhandene zu rauben und alle seine Einwohner zu töten oder in die Sklaverei zu führen." [22]) Und genau das haben die Sieger als Besatzungsmächte dem deutschen Volk angetan.

Auch der britische Bischof von Chichester protestierte 1948 nachdrücklich gegen die Siegerjustiz, forderte Generalamnestie und Revision der bereits gefällten Urteile.[23]) Bischof Dibelius erklärte 1949:

„Als Juristen weigern wir uns rundweg, die Nürnberger Urteile als gerecht anzuerkennen. Diese Urteile sind nichts anderes als eine Vergeltungsmaßnahme, die ein besiegtes Volk gegen seinen Willen über sich ergehen lassen muß, und das Völkerrecht wird in ihnen durch den brutalen Egoismus der modernen Staaten mit Füßen getreten. Ein neues, barbarisches Zeitalter hat begonnen (...)" [24])

Und der römisch-katholische Bischof Alois Hudal, Rektor der Anima in Rom, schrieb im Jahre 1949:

„Das letzte Wort in Sachen der Spruchkammern ist noch nicht gesprochen, niemand kann Ankläger und Richter zugleich sein (...) Was wir erlebten, war keine sog. ‚Nazi-Katastrophe' – (...) – sondern vielmehr eine solche der gesamten europäischen Kultur, die Folge ungezählter Fehler, Versäumnisse und Irrtümer aller Staaten und Mächte in den letzten dreißig Jahren, so daß wir heute ausnahmslos ein großes ‚nostra culpa' sprechen müssen. Wohl haben die Alliierten mit dem Übermaß ihres Rüstungsmaterials auf den Schlachtfeldern den Krieg gewonnen, aber den Frieden ha-

[22]) Ebda, S. 36 f.
[23]) Ebda, S. 37 f.
[24]) Ebda, S. 38.

ben sie längst verloren. Man kann auch auf sie das Schriftwort anwenden: Sie wurden auf der Waage der Gerechtigkeit gewogen, aber für zu gering befunden."[25])

Von Briten, die ihre Stimme für Wahrheit und Recht in den frühen Nachkriegsjahren erhoben, hebt Bardèche besonders Lord Hankey mit seinem 1949 veröffentlichtem Buch „Politics, Trials and Errors" hervor. „Man hat uns alles herausgegeben", schreibt Lord Hankey, „was Hitler, Dönitz, Keitel, Jodl, Raeder, Rosenberg usw. belastete, aber es wurde kein Schimmer von dem durchgelassen, was zu derselben Zeit das britische Kriegskabinett, Mr. Churchill und die Admiralität zusammenbrauten".[26]) Der schon erwähnte A. O. Tittmann schreibt in seiner Broschüre „The Nuremberg Trial" über die Grundsätze des Gerichts:[27])

Man kann mit Bestimmtheit sagen, daß mit dem Ende dieses Krieges gleichzeitig auch das Ende des christlichen Zeitalters herangekommen ist. Alle Lehren über gutes Benehmen, die bis heute Geltung hatten, wurden beseitigt, und an ihre Stelle trat der Rachegeist mosaischen Gesetzes (...)".

Der portugiesische Professor João das Regras urteilte in seiner 1947 veröffentlichten Studie „Un Nuovo Direito International" (Ein neues Völkerrecht):

„In Wirklichkeit haben sich in Nürnberg zwei Welten gegenübergestanden, die sich nicht verstehen konnten. Die materialisitische Welt des Mammons und der demokratischen Heuchelei gegen die idealistische und heroische Konzeption eines Volkes, das sein Lebensrecht verteidigte (...) Wie könnte diese gesättigte und materialistische Welt den unerschütterlichen und heroischen Lebenswillen eines Vol-

---

[25]) Zit. nach „Schwäbische Landeszeitung für die Heimatvertriebenen", Nr. 8 v. 4. Mai 1949, Art.: „Katastrophe der europäischen Kultur".

[26]) Bardèche, S. 40.

[27]) Ebda, S. 57 f.

kes verstehen, das trotz seines Unmutes über seinen eingeschränkten Lebensraum, den es innehatte, unserer Kultur seit Jahrhunderten unsterbliche Werke geschenkt hat und das vor dem Zweiten Weltkrieg an der Spitze aller entscheidenden Fortschritte der Technik unseres Jahrhunderts gestanden hat? (...) Es ist der Kanaillenmentalität der internationalen Presse würdig, über die Führer des deutschen Volkes trotz ihrer würdigen Haltung, als man eine unanständige Behandlung und ein ungerechtes Todesurteil über sie verhängte, noch herzufallen (...)[28]) *Mit einer wahrhaft heroischen und der höchsten Bewunderung würdigen Haltung sind die Verurteilten von Nürnberg als Vorboten einer auf nationaler Grundlage aufgebauten sozialen Gerechtigkeit mit einem glühenden Bekenntnis der Liebe zu ihrem Volk und Ideal gestorben."*[29])

Bardèche befaßte sich in einem eigenen Abschnitt „Zeugen unter Druck" auch mit dem Komplex Behinderung der Verteidigung und Bedrohung und Ausschaltung von Entlastungszeugen. Ferner schildert er, wie schon eingangs erwähnt, ausführlich „Die Malmédy-Affaire"[30]), und „Weitere Untersuchungsmethoden"[31]), wie sie von den westlichen Besatzungsmächten angewandt wurden, um zu den gewünschten Belastungszeugen zu kommen. Sie unterscheiden sich grundsätzlich in ihrer Grausamkeit nicht von den sowjetischen.

Bardèche[32]) berichtet auch über den Dachauer Lagerprozeß anhand ihm zugänglicher Unterlagen. Hier sei aus Platzgründen nur ein Augenzeuge zitiert: „Ich hatte außerdem Gelegenheit, die schreckenerregende Gaskammer zu besu-

---

[28]) Ebda, S. 62.
[29]) Ebda, S. 86 ff.
[30]) Ebda, S. 106 ff.
[31]) Ebda, S. 117.
[32]) Ebda, S. 154 ff.

chen. Aber sie war nur ein Ort, der zur Desinfizierung der Kleidung von Neuankömmlingen bestimmt war." (S. 159) In dem Kapitel „Die Wehrmacht und die Kriegsverbrechen" befaßt er sich allgemein mit der Kriegführung aller am Krieg Beteiligten. Er geht dabei ausführlich auf den Prozeß gegen Feldmarschall Manstein ein, den er seinen Ausführungen zugrundelegt. Manstein hatte einen britischen Verteidiger namens Paget. Ein britischer Militärschriftsteller schrieb zur Verurteilung Mansteins: Sie „erscheint (...) entweder als aufsehenerregendes Beispiel einer abgrundtiefen Unwissenheit oder einer großen Heuchelei".[33]) Der Verteidiger Mansteins wies darauf hin, „daß der totale Volkskrieg, der natürlich auch den mit allen legalen und illegalen Mitteln geführten Partisanenkrieg in sich schließt, von Beginn des Krieges an die offizielle Doktrin des sowjetischen Generalstabes gewesen ist. Es war der sowjetische Generalstab selbst, der den Grundsatz aufstellte, daß es in einem Kriege zwischen dem Proletariat und den kapitalistischen Staaten keine verbotenen Mittel geben könne und dürfe (...)".[34])

Tatsache ist, daß die alliierte Kriegführung, Briten und Amerikaner mit ihrem uneingeschränkten Luftkrieg gegen die Zivilbevölkerung, dem gleichen Grundsatz huldigten.[35]) Darüber hinaus hatte der Oberbefehlshaber der alliierten Streitråfte, General Eisenhower, mit seinem Befehl, daß die aufgrund der totalen Kapitulation in Gefangenschaft geratenen deutschen Soldaten zunächst nicht versorgt werden dürften, ebenfalls dem Massenmord und der Massenausrottung des wehrlosen Gegners gehuldigt.[36]) Auf die schänd-

---

[33]) Ebda, S. 184.

[34]) Ebda, S. 185.

[35]) Dazu s. b. Franz-Willing, Umerziehung, S. 50 ff.

[36]) James Bacque: Der geplante Tod, München 1989, passim.

liche Behandlung der gefangenen deutschen Soldaten in Frankreich weist Bardèche ebenfalls hin.[37])

Über die amerikanische Kriegführung in Ostasien zitiert Bardèche den Bericht eines amerikanischen Journalisten in „Atlantic Monthly", Februar 1946: *„Wir Amerikaner haben, vom internationalen Standpunkt aus gesehen, einen gefährlichen Hang, nämlich anderen Nationen gegenüber eine Einstellung von höherer Moral einzunehmen. Wir glauben, edler und moralischer als andere Völker zu sein und demzufolge besser in der Lage, zu entscheiden, was Recht in der Welt ist und was nicht. Was glauben die Zivilisten denn, welche Art Krieg wir geführt haben? Wir haben kalten Blutes Gefangene niedergemacht, wir haben Lazarette pulverisiert, Rettungsboote versenkt, feindliche Zivilisten getötet oder verwundet, Verwundeten den Garaus gemacht, Sterbende mit Toten zusammen in ein Loch gelegt. Im Pazifik haben wir die Schädel unserer Feinde zerschlagen, sie abgekocht, um aus ihnen Tischgarnituren für unsere Bräute zu machen und haben ihre Knochen ausgemeißelt, um Brieföffner aus ihnen zu fertigen. Wir haben unsere Phosphorbombenwürfe und unsere Morde an der Zivilbevölkerung mit dem Abwurf von Atombomben auf zwei beinahe unverteidigte Städte gekrönt und haben so zur Zeit einen unbestrittenen Rekord im Massenmord erreicht."*[38]) Der berühmte amerikanische Flieger Charles Lindbergh bestätigt aus eigenem Erlebnis am ostasiatischen Kriegsschauplatz den obigen Bericht mit den Worten: *„Wir, die wir behaupten, die Deutschen hätten durch ihre Behandlung der Juden die gesamte Menschheit beschmutzt, haben mit unserer Be-*

---

[37]) Bardèche, S. 191 ff.

[38]) Ebda, S. 200 f.

handlung der Japaner bewiesen, daß wir um kein Haar besser sind.“ [39])

Die Chicago Tribune vom 12. März 1949 berichtet „das harte Wort des US-Richters van Roden: ‚Wenn Gerechtigkeit Platz greifen soll, dann müßte man die ganze amerikanische Armee nach den Vereinigten Staaten zurückführen, um sie dort abzuurteilen.‘ Dieselbe Zeitung (13. 9. 1948) verlangte schon, diejenigen amerikanischen und englischen Verantwortlichen wegen ‚Verbrechen gegen die Menschlichkeit‘ abzuurteilen, welche die Blutbäder unter der deutschen Zivilbevölkerung durch die ‚area bombing‘, die Bombenteppiche, und ebenso die Atombombenangriffe auf Japan vorbereitet hätten; dies seien Kriegssitten, die sogar einem Attila Schande gemacht hätten.“ (General J. F. Fuller) [40])

Bardèche zitiert zum Schluß nochmals Freda Utley:

„Im Vergleich zu den Gewalttaten, den Morden, den Diebstählen der sowjetischen Armee am Ende des Krieges, der Sklaverei, dem Hunger, den Morden, die heute noch in der Ostzone wüten und im Vergleich zu der von den Polen und Tschechen vorgenommenen Austreibung der Bevölkerung sind die von den Deutschen begangenen Kriegsverbrechen und Verbrechen gegen die Menschlichkeit, die in Nürnberg mit Tod oder lebenslänglicher Haft gesühnt wurden, von geringer Bedeutung (...) Es ist mehr als Zeit, daß wir aufhören, die Deutschen schuldig zu sprechen, denn es gibt kein einziges Verbrechen der Nazis, das wir nicht selbst begangen hätten, die Vernichtungsangriffe durch Bomben, die Massenaustreibungen und Enteignung von zwölf Millionen Deutschen wegen ihrer Nationalität, die systematische Organisierung der Hungersnot während der ersten Okkupationsjahre, die Verwendung von Kriegsgefangenen als Ar-

[39]) Charles Lindbergh, Kriegstagebuch 1938—1945, S. 524.

[40]) Bardèche, S. 203.

beitssklaven, die Konzentrationslager der Sowjets und die Plünderungen, die von Amerikanern wie von den Sowjets begangen wurden (...) Ein ganz klein wenig Geschichtskenntnis würde genügen, um die allgemein verbreitete Ansicht zum Verschwinden zu bringen, daß die Deutschen von Natur aus aggressiver wären als die Engländer, die Franzosen oder irgendein anderes Volk. Jedes Volk wurde Angreifer nach seiner Art, entsprechend seiner Kraft, seinen Mitteln und dem Ehrgeiz seiner Herren." [41])

Wenige Jahre nach dem mutigen Buch von Utley erschien, ebenfalls in den USA, aus der Feder des bekannten und weltgereisten amerikanischen Publizisten William H. Chamberlin: „America's Second Crusade", Chicago. Die deutsche Übersetzung von 1952 kam mit einem Vorwort des Verfassers Chamberlin selbst heraus. Dessen Urteil verdient für alle Zeiten festgehalten zu werden:

„Amerikas zweiter Kreuzzug war das Ergebnis von Wahnvorstellungen, die heute bereits bankrott sind. Es war eine Wahnvorstellung, daß den Vereinigten Staaten zu irgendeiner Zeit eine deutsche Invasion drohte. Es war eine Wahnvorstellung, daß Hitler auf die Zerstörung des englischen Empire ausging, das er im Gegenteil bewunderte und erhalten wollte. Es war eine Wahnvorstellung, daß China fähig sei, eine starke, freundlich gesinnte, westlich orientierte Macht im Fernen Osten zu werden. Es war eine Wahnvorstellung, daß eine starke Sowjetunion in einem geschwächten und verarmten Eurasien eine Kraft des Friedens, der Versöhnung, Stabilität und internationalen Zusammenarbeit sein werde. Es war eine Illusion, daß die Gefahr des Totalitarismus und das mit ihm verbundene Böse beseitigt werden könnten, indem man der einen Form des Totalitarismus bedingslose Unterstützung gegen die andere gab. Es war

41) Ebda, S. 203 f.

eine Illusion, daß eine Verbindung von Appeasement und persönlichem Charme Eroberungs- und Weltherrschaftspläne wegtauen könnten, die in der russischen Geschichte und kommunistischen Weltanschauung tief verwurzelt sind. Die Frucht aber, die aus einer Saat von Illusionen wächst, ist stets bitter.“ [42])

Man kann vierzig Jahre später Chamberlins nüchternes und treffendes Urteil mit den Folgerungen vollauf bestätigen. Fügen wir noch das Urteil des amerikanischen Generalstabschefs in China, General Albert Wedemeyer, Schöpfer des „Victory Program“ hinzu: „Die wichtigste Lektion, die ich auf dem großen Gebiet der Strategie gelernt habe, hat sich mir tief ins Gedächtnis geprägt, nämlich daß für die Sieger nach dem militärischen Sieg die Verantwortungen und Anforderungen größer sind als vor oder während der eigentlichen Kampfperiode. Das Ende des Krieges ist und war und wird niemals das Ende des Machtkampfes sein. Die westlichen Alliierten zerstörten im Zweiten Weltkrieg das altehrwürdige Gleichgewicht der Kräfte in Europa und in Asien.“ [43])

Im Jahre 1948 veröffentlichte der englische Jurist F. J. P. Veale in den USA ein Buch unter dem Titel: „Advance to Barbarism. How the Reversion to Barbarism in Warfare and War-Trials Menaces our Future“. Das Buch erschien im Jahre 1954 in deutscher Sprache. Er brachte es in Amerika heraus, „trotz des 1948 in England bestehenden ‚Eisernen Vorhanges diskreten Schweigens‘ hinsichtlich der Verrohung in der Kriegführung während des Zweiten Weltkrieges und der in den Kriegsverbrecherprozessen liegenden Herausforderung vernünftiger juristischer Grundsätze“, schreibt er im

---

42) Chamberlin, S. 273.

43) Albert C. Wedemeyer: Reports, New York. Deutsche Übersetzung: Der verwaltete Krieg, Gütersloh 1958, S. 494.

Vorwort und fährt weiter: „Diese Themen verschwanden hinter dem besagten Vorhang, nachdem sich herausgestellt hatte, daß niemand anderes als Großbritannien mit der Bombardierung ziviler Ziele begonnen hatte, und nachdem Versuche, Prozesse zu rechtfertigen, in denen der Ankläger gleichzeitig über gegen ihn selbst erhobene Anklagen zu Gericht saß, nur deutlich machten, wie sehr derartige Prozesse sowohl der überlieferten Rechtsprechung als auch dem allgemeinen gesunden Menschenverstand widersprachen." [44]) Ferner enthüllt Veale „weitere sehr wichtige Dinge, die ebenfalls verschwiegen wurden: 1. die Erschießung von 15 000 polnischen Offizieren und Führern durch die sowjetischen Behörden im Walde von Katyn und anderswo im Jahre 1940 (ein Vorgang, den der amerikanische Kongreß und die Vereinten Nationen erst in der zweiten Hälfte des Jahres 1952 untersuchten); 2. daß man den Ursprung der Kriegsverbrecherprozesse zurückverfolgen kann bis zu dem von Stalin auf der Konferenz in Teheran gemachten Vorschlag, am Ende des Krieges eine ähnliche Liquidierung von 50 000 deutschen Offizieren und Technikern durchzuführen; 3. das entsetzliche Schicksal der zehn bis fünfzehn Millionen (meist deutscher) Bewohner Pommerns, Schlesiens, Ostpreußens und des Sudetenlandes, die nach einer noch nicht dagewesenen Orgie des Mordens, Schändens und Plünderns völlig mittellos, hungernd und frierend aus der Heimat gejagt wurden, in der ihre Vorfahren seit Jahrhunderten ansässig gewesen waren; 4. die Enthüllungen von Mr. J. M. Spaight und Luftmarschall Sir Arthur Harris hinsichtlich der ‚glänzenden Idee', die man 1936 im britischen Luftfahrtministerium hatte, und der ‚großartige Entschluß' des letzteren am 11. Mai 1940, die zusammen die unterschiedslose Bombardierung von Zivilisten und Zivileigen-

[44]) Veale, a. a. O., S. 12 ff.

tum auslösten, und 5. die grauenhaften und militärisch wertlosen Massen-Luftangriffe auf Flüchtlinge und Einwohner in Dresden Mitte Februar 1945." [45])

Veale steht mit seinem 1948 erstmals veröffentlichten Werk zeitlich an der Spitze der revisionistischen Literatur. Er hebt im Vorwort rühmend einige andere Autoren hervor, die mutig in seine Fußstapfen traten, so Lord Hankey: „Politics, Trial and Errors" (1950), Montgomery Belgion: „Victor's Justice" (1950), R. T. Paget, den britischen Verteidiger des Feldmarschalls Manstein: „Manstein" (1952) und Viscount Maugham: „U. N. O. and War Crimes" (1952). Die grausame Kriegführung im Koreakrieg schildert Mr. Justice William O. Douglas vom Obersten Gerichtshof der USA nach einem Besuch an Ort und Stelle Ende 1952: „Ich habe die vom Krieg zerschlagenen Städte Europas gesehen, doch Verwüstung sah ich erst in Korea. Städte wie Seoul sind zwar schwer mitgenommen, doch eine große Anzahl von Städten und Dörfern wie Chorwon, an der Basis des Eisernen Dreiecks, sind vollkommen ausgelöscht. Brücken, Eisenbahnen, Dämme sind gesprengt (...) Elend, Krankheit, Schmerzen, Leiden und Hunger bilden ein unvorstellbares Ganzes (...)" [46])

Veale setzt sich dann mit dem Einwand auseinander, die Nürnberger Prozesse seien Ausdruck der Gerechtigkeit angesichts der nazistischen Greuel. Er schreibt dazu:

„Das Thema der von den Nazis begangenen Grausamkeiten und Verbrechen gegen die Menschlichkeit ist, bis zum Punkte grober Übertreibung, in Millionen und aber Millionen Worten in Zeitungen, Zeitschriften und entsprechenden Büchern behandelt worden (...) Prozesse, die sich mit Verbrechen befassen, die ex post facto willkürlich zu solchen er-

[45]) Ebda.

[46]) Zit. ebda, S. 14 f.

klärt werden, Prozesse, in denen von Gerichten ohne vernünftige Gesetzgebung geurteilt wird und in denen die gleichen Nationen als Ankläger und Richter fungieren, sind eine Beleidigung der fundamentalen Regeln gesunder Rechtsprechung, im nationalen ebenso wie im Völkerrecht (...) Lag es nicht von Anfang an auf der Hand, daß derart erschreckende Irrwege der Gerechtigkeit, wie die Verurteilung von Admiral Raeder, und ein so unwürdiges Verdrehen der wahren Tatsachen, wie im Falle des Massenmordes im Walde von Katyn, die natürliche und unausbleibliche Folge der in der Charter niedergelegten Bedingungen sein würden? Das abschließende Urteil der Geschichte über die Jahre nach 1939 wird dereinst zeigen, daß die Faktoren Grausamkeit, Unmenschlichkeit und Gesetzwidrigkeit ungefähr gleichmäßig zwischen den Nazis und ihren Widersachern verteilt lagen (...) Tatsache ist, daß die von Russen, Polen und Tschechen als Kriegsgefangene und Vertriebene umgebrachten Deutschen die von den Nazis liquidierten Minderheiten weit übersteigen. Der in Quebec im September 1944 gebilligte Morgenthauplan sah für das besiegte Deutschland eine weit größere Verminderung seiner Bevölkerung und weit ausgedehntere und längere Leiden vor, als die Ausrottung rassischer Minderheiten durch die Nazis mit sich gebracht hat. Eine widerspruchslose Hinnahme der Nachkriegsprozesse würde für die Zukunft einer unvorstellbaren und rücksichtslosen Kriegführung Tür und Tor öffnen (...)“ [47]

Veale zeigt, geschichtlich weit ausholend, die Entwicklung des Kriegswesens hin zu einer „zivilisierten Kriegführung“ ab der Wende vom 17. zum 18. Jh., nach den Greueln der Verwüstung der Pfalz durch die Franzosen im Jahre 1689 nach dem Motto: „Brennt die Pfalz nieder!“ [48] Er

---

[47]) Ebda, S. 16 f.

[48]) Ebda, S. 82.

übersah allerdings einen Vorboten jener erfreulichen Entwicklung: den Westfälischen Frieden von Münster und Osnabrück im Jahre 1648, der den Dreißigjährigen Krieg beendete. Jener Friede verkündete eine Generalamnestie für alle im Krieg begangenen Untaten und Verbrechen in der weisen Erkenntnis der vertragschließenden Mächte, daß eine zivil- und strafrechtliche Ahndung unmöglich sei.[49]) Jeder Friedensschluß kann nur wirklichen Frieden bringen, wenn ein Schlußstrich gezogen wird. Diese Einsicht hatten bereits die Griechen im vierten vorchristlichen Jahrhundert.

Der Rechtsstatus des Kriegsgefangenen wurde erstmals im Vertrag zwischen Preußen und den USA von 1785 festgelegt, nach dem praktizierten Grundsatz, daß ein Kriegsgefangener „den in der Armee der Gewahrsamsmacht geltenden Regeln und Vorschriften untersteht".[50])

Als Höhepunkt dieser Entwicklung zu einer „zivilisierten Kriegführung" hebt Veale das berühmte Werk des Schweizer Juristen Emer de Vattel „Le Droit des gens, ou principes de la loi naturelle appliqués à la conduite et aux affaires des nations et des souverains" aus dem Jahre 1758 hervor.[51]) Eine zweite Phase zivilisierter Kriegführung nach der „glücklichen Zwischenzeit" der „Epoche der Königskriege" im 18. Jh. begann mit der Französischen Revolution; durch sie trat der Bürgerkrieg in Europa in ein neues Stadium in Gestalt der Volkskriege.[52])

Jene sind gekennzeichnet durch die Massenheere aufgrund der allgemeinen Wehrpflicht (Zwangsaushebung) und die Entwicklung der Propaganda zur Aufputschung der Lei-

---

[49]) S. dazu: Rechtsanwalt Dr. Rudolf Aschenauer: Der vergessene Friede von Münster. Ein offener Brief an die Abgeordneten des Deutschen Bundestages zur Frage der NS-Verfahren, 1979.

[50]) Henry M. Adams: Prussian-American Relations, 1775—1871, Westport, Connecticut, 1960. Reprint 1980, S. 24.

[51]) Veale, S. 94 ff.

[52]) Ebda, S. 100 ff.

denschaften der Massen. Letztere erreichte im 20. Jahrhundert in den beiden Weltkriegen mittels der modernen Massenbeeinflussungsmittel von Presse, Flugblatt und Rundfunk einen bis zu diesem Zeitpunkt nicht gekannten dämonischen Einfluß. Er wurde zum absoluten Höhepunkt geführt durch Film und Fernsehen. Goethe hat ahnungsvoll besonders die unheilvolle Wirkung der optischen Beeinflussungsmittel hervorgehoben: „Dummes Zeug kann man viel reden, Kann es auch schreiben, Wird weder Leib und Seele töten, Es wird alles beim alten bleiben. Dummes aber, vors Auge gestellt, hat ein magisches Recht: Weil es die Sinne gefesselt hält, Bleibt der Geist ein Knecht."(Zahme Xenien I.)

Die innereuropäischen Kriege blieben auch im 19. Jh. „zivilisierte" Kriegführung, während jedoch die Kolonialkriege nach dem alten System der Freibeuter geführt wurden, in Asien, in Afrika, in Amerika. Bei der Niederwerfung des indischen Aufstandes von 1857—1859 kannte die Brutalität keine Grenzen. Gefangene Inder wurden vor die Kanonen gebunden und in Fetzen geschossen, und einer der britischen Offiziere, John Nicolson, empfahl, die Aufständischen „bei lebendigem Leibe zu schinden, sie zu pfählen oder zu verbrennen", wobei er wortreich das Alte Testament zitierte, als Unterstützung dieser peinvollen Tortur.[53])

Ein böses Vorzeichen für das 20. Jahrhundert war der amerikanische Bürgerkrieg (1861—1865). Die Nordstaaten mit Präsident Lincoln führten den Grundsatz der totalen Kriegführung ein und durch. Sie verwirklichten ihn nach dem Rücktritt von General McClellan in steigendem Maße mit unbegrenzter Brutalität gegenüber der Zivilbevölkerung. Führend taten sich dabei die beiden Generäle Sherman und Sheridan hervor, indem sie das System der „ver-

[53]) Ebda, S. 105; ferner Franz-Willing: Der Indische Aufstand 1857—1859, in: „Die Welt als Geschichte", 1961.

brannten Erde" einführten. General Sheridan war einige Jahre später als Schlachtenbummler während des deutsch-französischen Krieges Gast im preußischen Hauptquartier. Dort verlieh er seiner Verwunderung über die humane Behandlung der französischen Zivilbevölkerung durch die vorgehenden Truppen Ausdruck. Auf die Frage von deutscher Seite, wie man sie denn sonst behandeln solle, erwiderte er, der feindlichen Zivilbevölkerung dürfe man nichts anderes übrig lassen als die Augen zum Weinen.[54]) Bismarck hat einen von liberaler Seite mehrfach gewünschten Strafprozeß gegen Napoleon III. kategorisch abgelehnt.

Mit der Wende vom 19. zum 20. Jh. begann auch der Rückschritt von der zivilisierten Kriegführung zur barbarischen der früheren Zeiten. Die Kolonialkriege in Südafrika, wo die Briten für gefangene Burenfrauen und Kinder Konzentrationslager errichteten und 27 000 Menschen elend zugrundegehen ließen, und der Boxeraufstand in China mit den harten Repressalien der Großmächte, einschließlich Japans und der USA, ließen nichts Gutes für die künftige Zeit ahnen. Im Jahre 1906 führte der jüdische Professor für Völkerrecht, Oppenheim, den Begriff „Kriegsverbrechen" ein, ein warnendes Fanal am Horizont.[55]) Der britische Admiral Fisher sprach im Jahre 1900 wohl aus der Erfahrung der Kolonialkriege davon, „daß man beabsichtigt, als erster am Zuge zu sein, seinen Feind niederzuschlagen und ihm mit Füßen zu treten, wenn er am Boden liegt, daß man seine Gefangenen in Öl sieden und seine Frauen und Kinder foltern wird (...)"

Im Jahre 1912 verteidigte Admiral Fisher seine früher geäußerten Ansichten mit den Worten: „Es ist Dummheit,

---

[54]) Georg Franz-Willing: Der weltgeschichtliche Aufstieg der USA durch die Entscheidung des Bürgerkrieges von 1861 bis 1865, Osnabrück 1979, passim.

[55]) Herder: Staatslexikon, 6. A., Bd. V, S. 127 ff.

wenn man es unterläßt, den Krieg für die gesamte feindliche Zivilbevölkerung so abscheulich wie möglich zu machen. Kommt ein Krieg, so ist das Recht dort, wo die Macht ist, und die Admiralität wird wissen, was sie zu tun hat." [56])

Mit dem Ersten Weltkrieg begann der Weg in den Abgrund der barbarischen Kriegführung vorchristlicher Zeiten und kolonialer Praktiken in Europa. Maßgebend dafür waren die westlichen Kolonialmächte, vor allem das Britische Weltreich, und in seinem Gefolge die USA.

Für die Verwilderung der Kriegführung war die schonungslose Bombardierung der Zivilbevölkerung maßgebliches Kennzeichen. Der Gedanke, mit Eroberung des Luftraums ein eigenes Bomber Command zu schaffen und es unabhängig von den Landoperationen im feindlichen Hinterland für die Terrorisierung der Zivilbevölkerung und zur Zerstörung der wirtschaftlichen Grundlagen der feindlichen Kriegsmacht einzusetzen, tauchte in England bereits am Ende des ersten Weltkrieges im Jahre 1918 auf.[57]) Er wurde in der Zwischenkriegszeit weiter verfolgt, und schließlich wurde aufgrund einer Entschließung des britischen Luftfahrtministeriums im Jahre 1936 (!) bestimmt, „im Falle eines zukünftigen Krieges nichtmilitärische Ziele zu bombardieren. Auf diese Weise ergab sich Europa schließlich dem Lincoln-Grant-Sherman-Lehrsatz, daß im Kriege die Vernichtung von Eigentum und Hilfsmitteln des Feindes ebenso wirkungsvoll und gestattet sei wie die militärischen Streitkräfte des Gegners im Felde zu schlagen. So lautete die Entscheidung. In die Tat umgesetzt wurde sie erstmals am 11. Mai 1940, als englische Bombenflugzeuge deutsche Eisenbahnanlagen angriffen. Die deutschen Bombenangriffe beschränkten sich zu der Zeit auf Anflüge feindlicher Vorpo-

[56]) Veale, S. 124 f.

[57]) Spaight: Bombing Vindicated, London 1944, passim.

sten und befestigter Stellungen. Mehr im eigenen Interesse als aus menschlichen Erwägungen strebte Hitler danach, die Bombenangriffe auf militärische Ziele zu beschränken, doch die Briten wiesen seine diesbezüglichen Schritte zurück (...)"
Die Behauptung Veales, „Hitler vergalt natürlich Gleiches mit Gleichem", stimmt deshalb nicht, weil die Wehrmacht kein eigenes „Bomber Command" hatte und die deutsche Luftwaffe zur Unterstützung der Heeresoperationen aufgebaut war. Sie besaß keine strategischen Bomber! Die amerikanische Luftwaffe schloß sich vorbehaltlos dem britischen Vorgehen an. „Das führte zu Verlusten an Menschen und Besitz, die weit über alles hinausgingen, was die Assyrer und Mongolen je gekannt hatten (...) Es war eine Wiedergeburt des totalen, des Primärkrieges, wie ihn die menschliche Geschichte in solcher Grausamkeit und in solchem Ausmaß der Zerstörung nie zuvor erlebt hatte." [58])

Winston Churchill, am 10. Mai 1940 als Premierminister berufen, begann seine Tätigkeit als Leiter des Kriegskabinetts mit dem Luftangriff vom 11. Mai 1940 auf nicht militärische Ziele. Dieser Angriff „stellte ein epochemachendes Ereignis dar als die erste absichtliche Verletzung der Grundregel zivilisierter Kriegführung, wonach sich Feindseligkeiten nur gegen die kämpfende Truppe des Gegners richten dürfen". Dieser Flug der britischen Bomber ins deutsche Hinterland „setzte den Schlußpunkt hinter eine Epoche, die zweieinhalb Jahrhunderte gedauert hatte".[59])

In dem Kapitel „Der Verfall" befaßt sich Veale ausführlich mit den Kriegsverbrecherprozessen, der kollektiven Bestrafung des Besiegten aufgrund der Kollektivschuld als dem zweiten Merkmal der Rückkehr zum „Primärkrieg", wie er die frühere Kriegführung im Altertum und Mittelalter

---

[58]) Veale, S. 136 ff.

[59]) Ebda, S. 144. – S. dazu besonders Georg Franz-Willing: „Umerziehung", S. 50 ff., 56 ff.

bezeichnet. Hier muß nachdrücklich darauf hingewiesen werden, daß die alliierten Sieger von 1918 die Kollektivschuld und Kollektivbestrafung bereits im Versailler Diktat mit der falschen Behauptung von der Alleinschuld der Besiegten und der Forderung nach Auslieferung der deutschen „Kriegsverbrecher", beginnend mit Kaiser Wilhelm II., festgelegt haben. Der marxistischen Theorie der Ausrottung der Bourgeoisie und des Adels als Voraussetzung für die Errichtung des proletarischen Paradieses entsprachen die Stalinschen Forderungen wie z. B. der Erschießung von 50 000 deutschen Offizieren und Technikern. Die sowjetischen Schauprozesse im Gefolge der bolschewistischen Revolution wurden aus Moskauer Sicht Vorbild für die Kriegsverbrecherprozesse. Da die Nationalsozialistische Partei von der Entstehung her den Kampf gegen den Kommunismus auf ihre Fahnen geschrieben hatte, war die Forderung nach ihrer kollektiven Ausrottung zwangsläufige Logik. Dies hebt Veale mit Recht hervor.[60])

Federführend bei den Kriegsverbrecherprozessen in Theorie und Ausführung aber waren vor allem die Amerikaner. Diesen Gesichtspunkt würdigt Veale nicht. Sein Buch ist unter dem Eindruck des Kalten Krieges geschrieben. Die treibende Rolle für Kollektivbestrafung und Kriegsverbrecherprozesse spielten aber die Juden. Nahum Goldmann hat in seinen vier Büchern nachdrücklich und rühmend diese führende Rolle seiner Rasse hervorgehoben.[61]) Die theoretischen Grundlagen für das Londoner Statut als Rechtsgrundlage für die Kollektivbestrafung haben vornehmlich die litauischen Juden Nehemiah und Jakob Robinson geschaffen, und der jüdische Professor für Völkerrecht an der Mos-

[60]) Ebda, S. 173 ff.

[61]) Nahum Goldmann: Staatsmann ohne Staat, 1970; Das jüdische Paradox, 1978; Mein Leben als deutscher Jude, 1980; Mein Leben: USA, Israel, Europa, 1981; s. dazu bes. Franz-Willing: Umerziehung, S. 88 ff., 131 ff.

kauer Universität Trainine hat dazu mit seinem Buch „La responsabilité des Hitleriens“ erheblich beigetragen.[62]) Aus der Sicht des Jahres 1948 kommt Veale zum Schluß zu folgender Feststellung: „(...) Zwar versammelten sich die Sieger in Nürnberg höchst friedfertig, um ‚ihre Feinde in Deutschland vom Leben zum Tode zu befördern‘ (...) und die Arbeit, allen beweglichen Besitz aus den besetzten Gebieten abzutransportieren, wurde ohne ernsthafte Reibungen durchgeführt; lange vor Beendigung dieser Arbeit hatten die sowjetischen Gefühlsregisseure ihre Propagandamaschine jedoch schon von ‚Faschismus‘ auf ‚Dollarimperialismus‘ umgestellt (...)“ [63])

Zusammenfassend kann man feststellen, daß der britische Jurist F. J. P. Veale mit diesem zu Beginn des Kalten Krieges veröffentlichten Werke eine erstaunlich mutige Leistung vollbrachte, bewußt den „Eisernen Vorhang diskreten Schweigens“ durchbrechend. Er hat klar und eindeutig nachgewiesen, daß die britischen Regierungen verantwortlich für den uneingeschränkten Luftkrieg gegen die Zivilbevölkerung sind und mit ihrer führenden Teilnahme an den Kriegsverbrecherprozessen die Mitverantwortung für die allgemeine Rechtsverwilderung tragen. Veale veröffentlichte 1959 noch ein weiteres Buch „War Crimes discreetly Veiled“, im gleichen Jahr in deutscher Übersetzung unter dem Titel „Verschleierte Kriegsverbrechen“ erschienen. Es ist nicht weniger aufschlußreich als das vorher angeführte. Es seien hier nur die Kapitelüberschriften angeführt: das Vorwort von Lord Hankey, 1. „Der große Mythus um Stalin“, 2. „Der Massenmord von Katyn“, 3. „Die Ermordung Mussolinis“, 4. „Ein genialer Opportunist“, 5. „Die Marzabotto-

---

[62]) Paris 1945.

[63]) Veale, S. 303.

Affäre“, 6. „Das Schicksal eines Helden“, 7. „Das Super-Ersatz-Verbrechen“.[64])

Auch der britische Captain Russell Grenfell R. N. nahm in seinem Buch „Unconditional Hatred“ (deutsche Ausgabe „Bedingungsloser Haß? Die deutsche Kriegsschuld und Europas Zukunft“) entschieden gegen die antideutsche Hetze und die Lügen der fortgesetzten alliierten Propaganda nach Beendigung des Krieges Stellung. Leitgedanke für die deutsche Ausgabe ist in seinem deutschen Vorwort die oben schon erwähnte Ablehnung eines Strafprozesses gegen Napoleon III. durch Bismarck. Der große Staatsmann habe die Ansicht vertreten: „Die Begriffe Strafe, Lohn, Rache gehören nicht in die Politik. Die Politik darf nicht der Nemesis ins Handwerk pfuschen, nicht das Richteramt üben wollen. Das ist Sache der göttlichen Vorsehung.“ Man vergleiche mit dieser Gesinnung und Handlungsweise jene der Sieger von 1918 und von 1945. Daran kann man ermessen, welchen Fortschritt die Barbarei im 20. Jahrhundert erzielt hat!

Grenfell führt dann einen der maßgeblichen Haßpediger gegen Deutschland an: Lord Vansittart mit seiner Schrift: „Black Record“, die 1941 in zwei Monaten vier Auflagen erlebte. Dieser Haßgesang „war von einem Berufsdiplomaten geschrieben, der damals den höchsten Posten im englischen Auswärtigen Dienst innehatte: Vansittart war der diplomatische Chefberater der britischen Regierung. Er bezeichnete Deutschland als ‚Würger‘ und sagte: ‚Hitler ist kein Zufall. Er ist das natürliche fortgezeugte Produkt einer Rasse, die von den frühesten Tagen der Geschichte an räuberisch und krieglüstern war.‘“ [65]) Auch in seinen Erinnerungen „Lessons

---

[64]) Bei dem „genialen Opportunisten“ handelt es sich um den französischen Widerstandskämpfer Dr. Marcel Petiot, als Massenmörder 1946 guillotiniert. Der Held ist der General der Fallschirmjäger und tapfere Verteidiger von Brest, Bernhard Ramcke, das „Super-Ersatzverbrechen“ behandelt den Fall Großadmiral Erich Raeder.

[65]) Grenfell, a. a. O., S. 33 ff.

of my life", London 1943, ließ sich Vansittart keine Gelegenheit entgehen, in niedrigster Weise Deutschland zu beschimpfen. Seine Äußerungen stempeln ihn zum haßerfüllten Psychopathen gleich Winston Churchill. Es gibt auf deutscher Seite keine vergleichbaren Ausdrücke nationalen Hasses gegen England oder sonst eine Nation! „Churchills Theorie", so fährt Grenfell in seiner kritischen Betrachtung fort, „die ‚Zwillingswurzeln aller unserer Übel' seien Nazityrannei und preußischer Militarismus, wurde mithin fast gleichzeitig mit der Überwindung beider brutal widerlegt. Andere Tyranneien und andere Militarismen tauchten dahinter und jenseits von ihnen auf." [66]) Unter Berufung auf den bekannten britischen Militärschriftsteller Liddell Hart weist Grenfell auf die freundliche Einstellung Hitlers gegenüber England hin. Sie beeinflußte ihn, das britische Expeditionskorps bei Dünkirchen in der Hoffnung auf einen baldigen Friedensschluß mit England entkommen zu lassen.[67]) Dieser tödliche Fehlentschluß Hitlers entsprang seiner ideologisch bestimmten Außenpolitik mit dem Ziel der Aufrechterhaltung der germanisch-europäischen Vorherrschaft über die Erde, repräsentiert durch das von ihm bewunderte Britische Weltreich und die deutsche Landherrschaft über Eurasien. Hitler begriff nie die britische Mentalität, verkörpert in der Entschlossenheit Churchills, lieber das Britische Weltreich zugrundezurichten, als eine deutsche Vorherrschaft auf dem Kontinent zu dulden. Hitler konnte es nicht fassen, daß Churchill es vorzog, als Statthalter des amerikanischen Präsidenten über Europa zu walten, statt Deutschland machtmäßig als gleichberechtigten Partner anzuerkennen. Grenfell urteilt richtig mit der Feststellung, „daß Hit-

[66]) Ebda, S. 105.

[67]) Ebda, S. 178 ff.; Liddell Hart: „The other side of the Hill", deutsche Übersetzung: „Jetzt dürfen sie reden. Hitlers Generäle berichten", Stuttgart – Hamburg 1950.

ler, der Europäer, eine großzügigere und wohlwollendere Auffassung vom Britischen Empire hatte als Präsident Roosevelt, der Amerikaner".[68]) Dieser strebte zielbewußt die Ablösung der britischen Handels-, See- und Weltherrschaft durch die USA an.

Diese hier aufgeführten, wenigen Beispiele revisionistischen Schrifttums im ehemals feindlichen Ausland während des „Kalten Krieges" (1947—1960) ließen die nicht unberechtigte Hoffnung auf eine nationale Wiedergeburt der tief gedemütigten deutschen Nation aufkommen. Die Einbindung des westdeutschen Staates in die NATO, die Schaffung einer Bundeswehr zur Wiederaufrüstung im gemeinsamen Kampf gegen den stalinistischen Weltkommunismus bestärkte diesen Glauben. Aber bereits in der zweiten Hälfte der fünfziger Jahre begannen die beiden Hauptsieger des Zweiten Weltkrieges, die Kommunisten und die Zionisten, einen neuen Propagandakrieg gegen die Deutschen zu organisieren.

Dieser neue Propagandafeldzug in Fortsetzung der antideutschen psychologischen Kriegführung setzte genau mit dem Amtsantritt des demokratischen Präsidenten Kennedy ein, der in den Fußstapfen Roosevelts wandelte. Die 1960 vom sowjetischen und tschechischen Geheimdienst organisierten Hakenkreuzschmierereien eröffneten diesen Feldzug, der seitdem in verschiedenen Wellen immer neu angeheizt und fortgesetzt wird. Im gleichen Jahr fanden die Gespräche zwischen Adenauer und David Ben Gurion zur unbegrenzten „Wiedergutmachung" statt, vor allem durch Aufbau des Staates Israel mit deutscher Unterstützung. Im Frühjahr 1961 trafen sich Kennedy und Chruschtschow in Wien. Hier gab der amerikanische Präsident dem kommunistischen Generalsekretär seine Zustimmung zum Mauerbau

[68]) Grenfell, S. 251.

in Berlin als Zeichen der Zementierung der zweigeteilten Weltherrschaft zwischen Rußland und den USA. Die innerdeutsche Begleitmusik schufen die beiden Auschwitzprozesse, in Israel 1961 der Prozeß gegen den in Argentinien vom jüdischen Geheimdienst entführten Eichmann. Seitdem läuft die psychologische Kriegführung gegen das deutsche Volk mit dem Kainsmal der Massenausrottung der Juden. Auf die Frage eines Journalisten im Oktober 1989: „Herr Irving, Sie bezeichnen die Gaskammern als Märchen bzw. als Propaganda. Wer hat demzufolge dieses Märchen oder diese Propaganda erfunden?“, antwortete der britische Zeitgeschichtler: „Wir, die Engländer, haben uns das ausgedacht. Die Abteilung für politische Kriegführung (PWE = Political Warfare Executive) dachte sich diese Propagandalüge bereits im Jahre 1942 aus (...)“ [69])

---

[69]) Historische Tatsachen Nr. 42, hrsg. v. Udo Walendy, Vlotho 1990, S. 38.

2. *Verkünder, Träger und Förderer der Vergangenheitsbewältigung: die Parteien, die Linke, die veröffentlichte Meinung*

Der amerikanische Journalist Walter Lippmann (1889 bis 1974) schrieb über die ‚Reeducation‘: „Erst wenn die Kriegspropaganda der Sieger Eingang in die Geschichtsbücher der Besiegten gefunden hat und von nachfolgenden Generationen geglaubt wird, kann die Umerziehung wirklich als gelungen angesehen werden.“ [1]) Die Aufgabe der Vergangenheitsbewältigung war und ist es, die Kriegspropaganda der Sieger in die Geschichtsbücher eingehen zu lassen. Was Lippmann fordert, hat bereits Honoré de Balzac (1799 bis 1850) festgestellt: *„Es gibt zwei Arten von Weltgeschichte: die eine ist die offizielle verlogene, für den Schulunterricht bestimmte; die andere ist die geheime Geschichte, welche die wahren Ursachen der Ereignisse birgt.“* [1])

Lippmann war vom Ersten Weltkrieg her bereits ein Fachmann auf dem Gebiet der Gehirnwäsche alias Umerziehung: als Mitarbeiter des ominösen Oberst House, dem Alter Ego des Präsidenten Wilson, hatte er von 1917 bis 1919 „an den vorbereitenden Arbeiten für die Friedensverhandlungen“ mitgewirkt.[2]) Der Philosoph Karel Kosik verlieh der Zauberformel für die geistige Unterwerfung des Besiegten folgenden Ausdruck: „Das Verhältnis Herr – Sklave manifestiert sich in der Politik auf folgende Weise: Der Sieger zwingt den Besiegten nicht nur dazu, sein Weltbild anzunehmen, sondern auch dazu, die Formulierung, mit der er die

---

[1]) Zit. nach Dirk Bavendamm: Roosevelts Weg zum Krieg, München 1983, S. 16.

[2]) Brockhaus-Enzyklopädie, Bd. 11, 1970, S. 501.

Niederlage anzunehmen hat, zu seiner eigenen zu machen (...) Jener ist der Besiegte, der sich das Verhalten des andern aufzwingen läßt und der die eigenen Handlungen mit den Augen des Gegners sieht." [3])

Für die Fortsetzung der „Umerziehung" setzten die Besatzungsmächte vornehmlich die von ihnen bereits „umerzogenen" deutschen Hilfswilligen an. Deren zersetzende und zerstörende Tätigkeit mittels der Vergangenheitsbewältigung wäre aber nicht möglich gewesen, wenn die Besatzungsmächte nicht in Gestalt der von ihnen wieder ins Leben gerufenen Weimarer Parteien bereitwillige Helfer gefunden hätten. Das gilt für die Liberalen, besonders die Linksliberalen, vor allem aber für die beiden weltanschaulichen Massenparteien, die Sozialdemokratische Partei und ihren linken Flügel, die Kommunisten, und für die konfessionelle Massenpartei, das ehemalige „Zentrum", das sich nach dem Kriege als „Christlich-Demokratische Union" bzw. in Bayern mit weißblauer Einfärbung als „Christlich-Soziale Union" den Wählern anbot. Bismarck hatte die beiden Massenparteien im ersten Lebensjahr des von ihm gegründeten kleindeutschen Kaiserreiches bereits treffend charakterisiert mit den Worten:

„Beide Elemente, das ultramontane und das sozialistische, sind geborene Gegner Deutschlands." [4]) Und Paul de Lagarde hat die Liberalen treffend als „die graue Internationale" bezeichnet.[5]) Diese Parteien haben sich bereitwillig den Besatzungsmächten zur Verfügung gestellt und dadurch das bequeme Wohlstandsdasein der Nachkriegszeit erkauft. Für sie, deren Versagen zur Diktatur Hitlers geführt hat,

---

[3]) Francois Fejtö: Die Geschichte der Volksdemokratien. Bd. II Nach Stalin 1953—1972, Graz 1972, S. 506.

[4]) Zit. nach Franz-Willing: Kulturkampf, München 1954, S. 211.

[5]) Paul de Lagarde: Deutsche Schriften, München 1924, S. 38 ff.

gilt, was Wilhelm Heinrich Riehl vor ihrer Entstehung in der ersten Hälfte des 19. Jh geschrieben hat:

„Das gebildete Glied des vierten Standes schwärmt in Deutschland für die Polen, die Ungarn, die Italiener, die Franzosen, nur für die Deutschen nicht. Die Nationalität ist ihm eine widernatürliche Schranke, vom selbstsüchtigen Kastengeist gehegt; wie er das Standesbewußtsein tilgen will, so auch das Nationalitätsbewußtsein. Und betrachten wir alle diese über ganz Europa zerstreuten Glieder des vierten Standes, die sich einig wissen in der Bekämpfung der Standes- und Nationalitätsschranken, dann erhalten wir eine gewaltige unbekannte Nation neben den bekannten, ein X auch im Völkersysteme, ein Volk, welches sich nicht auf der Landkarte unterbringen läßt und doch existiert, dessen Nationalität darin besteht, keine zu haben, und dessen Patriotismus die Zerstörung des eigenen Volksthumes ist." [6])

Die von Nietzsche prophezeite „Umwertung aller Werte" bedeutet in der liberalen Wirklichkeit des zwanzigsten Jahrhunderts nichts anderes als die Entwertung aller Werte. Die gewachsenen Gemeinschaftsbindungen wie Ehe, Familie, Heimat, Volk, Vaterland, Gottglaube sind durch den schrankenlosen Liberalismus zur Privatangelegenheit gemacht worden. Das Ziel dieses Liberalismus ist die völlige „Befreiung", die Emanzipation von allen Bindungen in dem Wahnglauben, der Mensch sei von Natur aus gut und nur durch die überlieferten Bindungen der verschiedensten Art gehemmt. Enthemmung ist daher Wesen und Inhalt der liberalen Lebensweise.[7]) Auf die damit verbundenen Gefahren haben die „Regenpfeifer" des neunzehnten Jahrhun-

---

[6]) Wilhelm Heinrich Riehl: Die bürgerliche Gesellschaft, Stuttgart 1851, S. 274 (Unterstreichung von mir. Fr.).

[7]) Georg Franz-Willing: Über die weltgeschichtliche Bedeutung des Liberalismus: Festschrift für Otto Höfler, Wien 1968, S. 125 ff.

derts bereits nachdrücklich hingewiesen. [8]) Aus dem linken Flügel des Liberalismus ging die Sozialdemokratie hervor; sie entwickelte sich zur Nekrose der europäischen Kultur.

Karl Marx, unterstützt von dem reichen Fabrikanten Friedrich Engels, predigte schließlich: „Das Sein bestimmt das Bewußtsein!“ und „Religion ist Opium für das Volk!“ Er unterschied in primitivster Weise nur zwei Gruppen von Menschen, die im geschichtlichen Ablauf sich bekämpften: Bourgeoisie und Proletariat. Seine Lehre ist im Grunde in der ersten Hälfte des zwanzigsten Jh. durch die Entwicklung völlig widerlegt worden, in Theorie und Praxis: Statt der Verelendung kam der Wohlstand, und der Klassenkampf wurde im Dritten Reich durch die Volksgemeinschaft völlig überwunden. Im Jahre 1989 brach der „reale Sozialismus“ (Marxismus – Leninismus – Stalinismus), der durch das Zusammenspiel der USA mit dem Stalinistischen Rußland von 1945—48 ganz Mittel- und Osteuropa aufgezwungen worden war, völlig zusammen. In den USA und dem von ihnen beherrschten „freien“ Westen spielt er ideologisch immer noch eine führende Rolle. Die Vereinigten Staaten, erstgeborene politische Frucht der Aufklärung, sind *die* reaktionäre Macht als Hauptvertreter des Liberalismus. Die Auflösung der Völker, der Nationen und ihrer staatlichen Organisation in eine multirassische Wohlstandsgesellschaft, beherrscht von den Banken und den „Multis“ mit dem in der egalitären Demokratie gezüchteten demokratischen Massenmenschen, der „bestia intellectualis oeconomica“, wird seit und durch die beiden Weltkriege von der beherrschenden Siegermacht, dem jüdischen Amerika, immer weiter ge- und betrieben. Diese Politik und Entwicklung des „freien“ Westens trägt zur Selbstzerstörung der deutschen Nation wesentlich bei. Wohlstands- plus Kollektivschuldbewußtsein

[8]) Schoeps, Hans-Joachim: Vorläufer Spenglers, 1955 passim.

werden vom jüdischen Amerika und seinen Trabanten mit Hilfe der die Bundesrepublik Deutschland im Auftrag der Besatzungsmächte verwaltenden Parteien sorgfältig und systematisch gepflegt.

Der Despotismus des Freiheitsglaubens hat sich auf dem Wege der egalitären Demokratie zur Diktatur der Gleichheit gesteigert. Alles ist Geschäft. Das „Geschäft gefiel mir, weil das Geschäft Amerika gemacht hat. Und in entschiedenem Sinn ist die amerikanische Lebensweise Geschäft“, bekennt der jüdisch-amerikanische Arzt und Millionär Armand Hammer in seinen Erinnerungen.[9])

Und so ist auch die „Vergangenheitsbewältigung“ (VB) durch die Meinungsmacher ein großes „Geschäft“ in allen Massenmedien, in Film, Presse, Rundfunk, Fernsehen geworden. Der britische Oberrabbiner Sir Immanuel Jakobovits hat die sogenannte Singularität der systematischen Judenvernichtung durch die Nazis bezweifelt und auf weitere Judenverfolgungen in der Geschichte verwiesen. „Die meisten führenden jüdischen Gelehrten“, so führte Jakobovits aus, „betrachten den Holocaust als nicht wesentlich verschieden zu den früheren nationalen Katastrophen des jüdischen Volkes“. Laut der „Jerusalem Post“ kritisierte Jakobovits, „daß es für den Holocaust heute einen ganzen Industriezweig mit großen Profiten für Autoren, Forscher, Museenplaner und Politiker gebe. Manche Rabbiner und Theologen seien Partner in diesem Big Business. Wiederaufbau sei nach seiner (Jakobovits) Meinung viel wichtiger als Erinnerung.“ [10])

An diesem Geschäft beteiligen sich die gewissenlosen „Meinungsmacher“ der Bundesrepublik teilweise noch eifri-

---

[9]) Armand Hammer: Mein Leben, Bern 1988, S. 303.

[10]) „Südkurier“ Nr. 274 v. 27. 11. 1987, Artikel: Oberrabbiner zieht Vergleiche.

ger als deutschfeindliche Kräfte im Ausland. Nationale Charakterlosigkeit ist beim Volk der Mitte, das von allen Seiten aufgrund seiner schicksalhaften Mittellage immer vielen Einflüssen ausgesetzt war und bleibt, stärker ausgeprägt als bei den anderen europäischen Nationen, die sich in glücklicherer geographischer Lage befinden. Dazu kommen noch besondere Charakterzüge der Deutschen: Leichtgläubigkeit und Hang zum Dogmatismus. Bei keiner der großen europäischen Nationen hat die Glaubensspaltung so verheerende Auswirkungen gezeigt wie beim deutschen Volk durch den Dreißigjährigen Krieg. „Die Deutschen sind in mancher Hinsicht ein ziemlich überspanntes Volk, wie Carlyle beobachtete; Aldous Huxley fügte scharfsinnig hinzu: ‚Die Deutschen tauchen tiefer und kommen schmutziger in die Höhe als jedes andere Volk.'" [11])

Man denke auch an die Charakterisierung des deutschen Volkes durch Johann J. Görres (1776—1848), einen der Begründer der deutschen Publizistik im Kampf gegen Napoleon: „Leichtgläubiger ist kein Volk gewesen und törichter kein anderes auf Erden. Keine Lüge ist so grob ersonnen worden, der sie nicht in unbegreiflicher Albernheit Glauben beigemessen hätten. Die törichte Mißgunst, womit sie sich untereinander angefeindet, habe ich zu meinen Gewinnsten wohl gehegt; immer haben sie mehr Erbitterung gegeneinander als gegen den wahren Feind gehegt." [12]) Diese Worte legte Görres dem französischen Kaiser Napoleon I. in den Mund.

Kurt Ziesel, bekannt als Schriftsteller und Journalist, während des Dritten Reiches für zahlreiche Zeitungen tätig, hatte nach dem Krieg den seltenen Mut, die Charakter- und

---

[11]) Sir Oswald Mosley: My life, London 1968, S. 243. – Deutsche Übersetzung: Weg und Wagnis. Ein Leben für Europa, Leoni 1968, S. 199.

[12]) Zit. nach Johann J. Görres (ein Begründer der deutschen Publizistik im Kampf gegen Napoleon); M. Berger: Görres als politischer Publizist, 1921.

Gewissenlosigkeit jener Angehörigen seines Berufsstandes an den Pranger zu stellen, die 1945 gleichzeitig mit der Kapitulation der Wehrmacht einen Gesinnungswechsel um 180 Grad vollzogen hatten. Er wies jenen ihre braune Vergangenheit nach, die anderen diese Vergangenheit zum Vorwurf machen, vor allem in seinen Büchern „Das verlorene Gewissen“ (1958) und „Der rote Rufmord“ (1961). Das Vorwort der zweiten Auflage von „Das verlorene Gewissen“ endet mit folgender Prophezeiung:

„Das Wort war noch nie in größerer Gefahr, zur öffentlichen Hure der Welt zu werden. Ihre Zuhälter sind Legion. Es ist an der Zeit, daß die Anständigen sich zusammenschließen, vor allem in Deutschland. Ich glaube, wir sind auf dem Wege, als Volk der Mitte unterzugehen, nicht politisch und wirtschaftlich, sondern moralisch, geistig und seelisch.“ [13])

Vier Jahre später, 1962, bestätigte der bekannte liberale Nationalökonom Wilhelm Röpke (1899—1966) Ziesels Urteil. Röpke, Verfechter des Neoliberalismus und der sozialen Marktwirtschaft, 1933 amtsenthoben, dann in Istanbul, anschließend am „Institut Universitaire des Hautes Etudes Internationale“ tätig bis zu seinem Tode im Jahre 1966, verfaßte einen Bericht über eine Reise durch die Bundesrepublik im Jahre 1962, der den Pessimismus Ziesels weit übertrifft: Darin schildert er den geistigen und moralischen Zustand des Wirtschaftswunderlandes wie folgt: [14])

„Ich beginne mit dem ärgsten, das mir diesmal stärker als bei früheren Reisen aufgefallen ist: dem kaum noch überbietbaren Grad an Zügellosigkeit und Verantwortungslosigkeit, der einem großen Teil jener Kost eigen zu sein scheint,

---

[13]) Kurt Ziesel: Das verlorene Gewissen, 2. A., München 1958.

[14]) Kasseler Post Nr. 257, 1962: Deutschland verliert seine Seele. Reiseerlebnis aus Westdeutschland von Prof. Dr. Wilhelm Röpke, Genf.

die als „Geistige" zu bezeichnen bittere Ironie wäre. Was jene Zeitungen und Zeitschriften enthalten, die die Verkaufswagen auf den Bahnsteigen mit einer erschreckenden Ausschließlichkeit feilbieten, läßt sich nur schlicht als dekadenter Journalismus schlimmster Art bezeichnen. Wer nach Belegen dafür sucht, wie eine als Zügellosigkeit mißverstandene Freiheit sich selbst zerstören muß, indem sie die moralischen Voraussetzungen der Freiheit vernichtet, hier braucht er nur mit beiden Händen zuzugreifen. Natürlich war mir das nicht neu, und es wäre pharisäisch, wenn man sich in der Schweiz von dieser Zeitkrankheit frei fühlen würde. Aber ich gestehe, daß mich diese Beweise der geistig-moralischen Auflösung, die mir, wann immer ich eine ‚Illustrierte' oder irgendeine der mehr oder weniger verdummenden Bildzeitungen öffnete, entgegentreten, aufs tiefste erschreckt haben, mehr als je zuvor. Ist diese Verwilderung schlimmer geworden? Hat der Nihilismus immer weitere Fortschritte gemacht? Ich wage darüber kein Urteil. Aber ich bin sicher, daß hier ein Punkt erreicht ist, an dem die völlige Hoffnungslosigkeit beginnt. Wenn nur noch das Gewagteste Kurs hat und mit der widerwärtigen Eitelkeit von völlig haltlosen Intellektuellen vorgebracht wird, die auf ihren eigenen traurigen Mut noch stolz zu sein scheinen! Wenn man lediglich eine einzige Frontstellung zu kennen scheint, die gegen die ‚Mucker' und ‚Spießer', die sich noch an bestimmte Werte und Normen zu halten wagen; wenn eine ‚Literatur auf allen vieren' angebetet wird; wenn alle Maßstäbe abhanden gekommen zu sein scheinen, sowohl des Schönen und Häßlichen wie des Guten und Bösen und des Wahren und Falschen; wenn selbst der bloße Schimmer von selbstverständlichen letzten Werten verschwunden ist und die bloße Wirksamkeit als Lesereiz entscheidet, dann kann das Ende nicht mehr fern sein – das Ende oder eine heilsame Krise, in der alles erbrochen wird. Gewiß wäre es noch immer eine Übertreibung, von Deutschland zu behaupten, daß eine solche entartete Massenpublizistik das Feld unangefochten beherrscht, aber daß sie den Ton angibt, ist kaum noch zu bestreiten.

Geistiger Linksdrall

Es ist dieselbe ungesunde Luft, die einen aus den politischen Ergüssen von Intellektuellen anweht, die sich mit ebensoviel Unwissenheit wie Verantwortungslosigkeit in Leitartikeln von ‚Illustrierten', im Rundfunk oder am Fernsehschirm darum bemühen, die Urteilsfähigkeit der Massen gegenüber dem Kommunismus durch einen systematischen ‚Sinistrismo' zu verwirren. Je weichere Knie ein Politiker gegenüber Moskau oder Pankow hat, um so mehr scheint er ihnen zu gefallen.

Geistige Pseudowerte und Pseudoführer gedeihen gewiß besonders üppig im Klima der inflatorischen Überheizung der Wirtschaft mit ihren bekannten Merkmalen, der entfesselten Jagd nach kurzfristigen Vorteilen und Genüssen, der Überbeschäftigung und der Abwertung der Arbeit. Deutschland ist keine Sondererscheinung in Europa. Aber auch hier habe ich den Eindruck gewonnen, als seien die Verhältnisse schlimmer als anderswo, als würde auch in dieser allgemeinen Maßlosigkeit hier noch ein besonders hoher Gipfel erreicht, als nähme man auch in dieser Hinsicht die Dinge noch gründlicher als anderswo."

Der „geistige Linksdrall" der Intellektuellen fand in den goldenen Jahren der Demokratie der Besatzer (1945—1951) auch Ausdruck in der „Gruppe 47". Es handelte sich um eine lose Vereinigung von Literaten beiderlei Geschlechts.

Sie traf sich erstmals am 10. September 1947 am Bannwaldsee bei Hohenschwangau: Hans Werner Richter, Wolfdietrich Schnurre und Walter Kolbenhoff. Zu ihnen stießen dann Heinrich Böll, Günther Grass, Ilse Aichinger, Ingeborg Bachmann, Günther Eich. Die Grundhaltung war antifaschistisch und demokratisch, vor allem aber antinational. Ohne Anknüpfung an die Weimarer Zeit und an die Emigrantenliteratur huldigten sie dem Realismus der sogenannten „Kahlschlag-Literatur" sowie französischen und amerikanischen Vorbildern. Dazu gehörte Paul Celan, der als französischer Lyriker auftrat. Richtig hieß der Lyriker „Antschel"; er war Jude aus Czernowitz (geb. 1920). „Seine anfängliche von P. Eluard und Yvan Goll beeinflußte melodische Lyrik ist Geflecht (Sprachgitter) von Chiffren, die über jeden Sinn hinaus ins logisch nicht Erfaßbare weisen. Anrufe in assoziativer Reihung sind in Sprache übersetzte Fugen. Manche seiner Gedichte enden im Verstummen vor dem Unsagbaren. Besonders bekannt ist sein Gedicht ‚Todesfuge', die Elegie von der Ermordnung der Juden im Konzentrationslager.[15]) Celan endete durch Selbstmord in Paris im Jahre 1970.

Ideologisch stand die Gruppe 47 unter dem Einfluß der vorwiegend in Frankreich beheimateten surrealistischen Richtung, die geistig die kommunistische Widerstandsbewegung in Frankreich maßgeblich bestimmt hatte. Verleger finanzierten die Preise der Gruppe 47. Zu den bekanntesten Preisträgern gehörten Heinrich Böll (Nobelpreisträger), Martin Walser, Günther Grass; letzterer zeichnete sich als

---

[15]) Brockhaus Enzyklopädie, 17. A., Bd. III, 1967, S. 656; – Eluard, Paul (1895—1952), französischer Kommunist und Widerstandsdichter, eigentlich Eugène Grindel, Ebda, Bd. V, 480; – Goll, Ivan, eigentlich Isaac Lang, deutsch-französischer Dichter, express. und surreal, lebte in Metz u. Paris, Ebda, Bd. VII, S. 465; – Breton, André (1896—1966), Begründer d. lit. Surrealismus mit seiner Zeitschrift „La revolution surrealiste" (1924).

Pornograph aus. Politisch vertreten sie alle eindeutig die marxistische Linke (SPD oder KPD).[16])

Auch der berühmte Thomas Mann und seine ganze Sippe ließen sich in der kommunistischen DDR, in Ulbrichts Zwangsstaat, feiern! [17]) Die Brüder Thomas und Heinrich Mann waren literarische Leitfiguren der Weimarer Republik, als Emigranten führende Hetzer gegen Deutschland von den USA aus, ab 1945 als bewährte Antifaschisten treue Hilfswillige der Besatzer bei der Umerziehung des deutschen Volkes sowohl in den westlichen Besatzungszonen wie in Ulbrichts Zuchthausstaat. Die beiden Söhne Thomas Manns, Klaus und Golo sowie seine Tochter Erika wandelten getreulich in den Spuren ihres berühmten Vaters. Sohn Klaus kam als amerikanischer Soldat und Korrespondent der amerikanischen Armeezeitung „Stars and Stripes" zurück und endete 1949 durch Selbstmord, Tochter Erika zeichnete sich als Journalistin im Dienste der amerikanischen Besatzungsmacht „durch eine besonders blühende Phantasie" aus [18]), Golo Mann, berühmter demokratisch-antifaschistischer Historiker der Nachkriegszeit, erfand die Einteilung historischer Forschungen nach „volkspädagogisch willkommen" und „volkspädagogisch unwillkommen" [19]), ganz ähnlich seinem neudeutschen Gesinnungsfreund Theodor Eschenburg. Wie treffend hat doch Wilhelm H. Riehl diese literarische „Elite" charakterisiert, fast hundert Jahre vor ihrem demokratisch-antifaschistischen Auftritt!

---

[16]) Gedenkartikel „An einem gewöhnlichen Mittwoch. Vor 40 Jahren wurde die Literatur-„Gruppe 47" gegründet. Südkurier, Nr. 207 v. 9. 10. 1987.

[17]) S. über die Familie Mann die ausführlichen Artikel in der Brockhaus-Enzyklopädie, 17. A., Bd. XII, S. 93—95 (1971).

[18]) Schrenck-Notzing: Charakterwäsche, S. 198, 246.

[19]) Ebda, S. 11.

Die Vergangenheitsbewältigung ist die zweite Phase der „Umerziehung". Sie wurde selbstverständlich durch die jüdisch-amerikanische Politik bestimmt. Die Wiederannäherung der Supermächte hatte bereits 1956 in der gemeinsamen Stellungnahme gegen die Einmischung der israelischen, britischen und französischen Regierung in Ägypten wegen der Verstaatlichung des Suezkanals begonnen. Die Wahlen in den USA hatten 1958 einen Sieg der Liberalen gebracht, und im September 1959 erfolgte das Treffen zwischen dem amerikanischen Präsidenten Eisenhower und dem sowjetischen Diktator Chruschtschow. Die Wahl des Demokraten John F. Kennedy zum Präsidenten brachte dann den vollen Umschwung zurück zu Roosevelts Deutschlandpolitik. „Vor der Aufgabe, sich auf eigene Füße zu stellen, zurückschreckend", so schildert Schrenck-Notzing die damalige Entwicklung, „tauchte die öffentliche Meinung in die Vergangenheit zurück und verfiel in jene kollektive Neurose, der der Leiter der evangelischen Akademie in Berlin, Müller-Gangloff, den Namen *VERGANGENHEITSBEWÄLTIGUNG* gab".[20])

Soll man es als Zufall betrachten, daß ausgerechnet auf einer Evangelischen Akademie das Stichwort für die geistige Versklavung des deutschen Volkes in Fortsetzung der „Umerziehung" der Siegermächte geprägt wurde? Wer denkt dabei nicht an das „Stuttgarter Schuldbekenntnis" des neugewählten Rates der EKD vom 17. Oktober 1945, das unter dem Druck einer Delegation des deutschfeindlich gesinnten ökumenischen Rates der Kirchen abgegeben worden ist. Bischof Lilje, einer der Unterzeichner des Schuldbekenntnisses, mußte später selbst eingestehen, „daß die evangelische Kirche dem deutschen Volk in der dunkelsten Stunde sei-

[20]) Caspar Freiherr von Schrenck-Notzing: Die öffentliche Meinung als Instrument der Umerziehung. Vortrag am 8. 10. 1967 auf der Jahrestagung des Witikobundes, München 1967.

ner Geschichte das Wort des Trostes schuldig geblieben war" [21]), – im Gegensatz zur katholischen Kirche. Mit dem Bekenntnis zur Kollektivschuld vollzog die evangelische Kirche den Abfall vom Christentum, "denn hier war die reformatorische Grundidee der Alleinverantwortlichkeit des Menschen vor Gott unter Ausschaltung aller hierarchischen Vermittlung verleugnet (...) Es war ein ganz und gar unreformatorisches Autoritätschristentum, unter dessen Joch die ev. Christen jetzt gebeugt werden sollten. Ja es bedeutete darüber hinaus die Verneinung der autonomen Persönlichkeit überhaupt, wie sie sich seit der Aufklärung aus der Religiösen Autonomie des Einzelnen in der Reformation entwickelt hatte." [22]) „Dies war keine Aussage des christlichen Glaubens", stellte Bodenstein fest, denn es ist die Eigentümlichkeit der christlichen Religion, daß sie die totale Umkehrung aller humanen Kategorien vornimmt. Der von seinem Volk ausgestoßene und von den Römern als Verbrecher exekutierte Jesus von Nazareth zeigt, daß nicht Glück und Erfolg, sondern Scheitern und Untergang die letzte und tiefste Offenbarung Gottes sind; . . ." [23])

Der jüdische Kulturhistoriker Egon Friedell hat in seiner "Kulturgeschichte der Neuzeit" die Feststellung getroffen: „Der Protestantismus hat das Christentum hebraisiert." Die Evangelische Kirche Deutschlands bestätigt immer wieder die Richtigkeit von Friedells Anschauung. Vor 1989 nahm die Evangelisch-Reformierte Kirche in ihre Verfassungsgrundsätze die Erklärung auf, fortan solle die „bleibende Erwählung der Juden durch Gott" als „Wurzel des christlichen Glaubens" für alle Pfarrer verpflichtend sein. Die Evangelische Kirche von Hessen-Nassau folgte 1992 mit

---

21) Walter Bodenstein: Ist nur der Besiegte schuldig? Kritischer Rückblick auf das Stuttgarter Schuldbekenntnis, Ingolstädter Vorträge 1984, S. 1 ff.

22) Ebda.

23) Ebda.

einer ähnlichen Erklärung. Die Evangelische Kirche im Rheinland hatte bereits auf der Synode im Jahre 1980 betont, Gott habe „Israel zu seinem Volk erwählt und nie verworfen". Der Informationsdienst der Evangelischen Allianz teilt folgende Ansicht des Mitglieds der EKD, Dekan Kurt Hennig, mit, Israel brauche die besetzten Gebiete (Westjordanland und Gaza-Streifen) nicht zu räumen: „Weil dieses Land Gottes Erbbesitz ist, kann Israel es nicht einfach aufgeben." Pfarrer Hennig rief die Kirchen auf, „sich öffentlich zu bekennen, daß das Land zwischen dem Mittelmeer und dem Jordan nicht der PLO oder den Arabern gehöre, sondern von Gott den Juden gegeben sei. Die Kirchen sollten so beweisen, daß sie die Gültigkeit der Heiligen Schrift allen humanen und politischen Gesichtspunkten überordneten." [24])

Sicher war es auch kein Zufall, daß die materielle Wiederaufbauphase der Nachkriegszeit einen gewissen Abschluß erreicht hatte. Das deutsche „Wirtschaftswunder" hatte die Grundbedürfnisse von Wohnung, Kleidung, Nahrung gesättigt, Wirtschaftsminister Ludwig Erhard erließ einen vielfach verlachten Aufruf zum Maßhalten im Jahre 1961. Die Bonner Parteien, die im Auftrag der Sieger- und Besatzungsmächte das deutsche Volk in „Trizonesien", genannt „Bundesrepublik Deutschland" verwalten, sahen in der Fortsetzung der Wohlstandspolitik, der künstlich vorangetriebenen Überindustrialisierung durch Hereinpumpen von Hunderttausenden, schließlich Millionen ausländischer Arbeitskräfte mit Familien in fortwährender Steigerung des materiellen Wohlstandes ihr Heil und das Mittel, das Kollektivschuldbewußtsein durch Wohlstandsbewußtsein zu kompensieren und lebenswert zu machen.

---

[24]) „Deutsche Nationalzeitung", Nr. 31 v. 26. 7. 1991, S. 4: Artikel: „Allen humanen Gesichtspunkten überordnen. Evangelische Kirche und Israel."

Der Bau der Berliner Mauer im Jahre 1961 zum Verhindern des weiteren Abflusses von Menschen und qualifizierten Arbeitskräften aus der Sowjetzone („Deutsche Demokratische Republik“) erfolgte im Einverständnis zwischen der amerikanischen Regierung unter Kennedy mit der sowjetischen unter Chruschtschow. Die Kriegsschuldfrage nicht nur des Zweiten Weltkrieges, sondern auch die des Ersten wurde durch das Buch des Hamburger Historikers Fritz Fischer „Griff nach der Weltmacht“ (1961) wieder aufgeworfen und von seinen Schülern im antideutschen Sinne deutscher Alleinschuld weiterkolportiert. Aber nicht nur die Kriegsschuldlüge wurde neu angeheizt. Die Zusammenarbeit zwischen Zionisten und Kommunisten spielte für die Vergangenheitsbewältigung von Beginn an eine große Rolle. So ist der Auschwitz-Mythos ab der zweiten Hälfte der fünfziger Jahre von den polnischen Kommunisten zusammen mit den Zionisten „aufgebaut“ worden. Er gipfelte schließlich in dem Frankfurter Monsterprozeß (1963—1965) und bildet die Grundlage für die immerwährende Fortsetzung der Vergangenheitsbewältigung bis zum Holocaust; ein Ende ist nicht abzusehen. Dieses Zusammenspiel der eigentlichen Siegermächte des Zweiten Weltkrieges beruht teils auf internationaler gegenseitiger „Amtshilfe“ sowjetischer und anderer kommunistischer Behörden des Ostblocks für die von zionistischer Seite immer wieder neu angefachte Vergangenheitsbewältigung im Westen, teils auch auf dem Mitwirken von einzelnen Organisationen wie der jüdischen „Antidefamation League“ und dem Simon-Wiesenthal-Center. Ohne die willfährige Mitarbeit bundesrepublikanischer Behörden der „Justiz“ und des Ludwigsburger Zentrums wäre eine solche Hexenjagd fünfundvierzig Jahre nach dem Krieg gar nicht möglich. „Auschwitz“ wurde von innen hochstilisiert zum Symbol maschineller Menschentötung und Massenmordes durch die Deutschen und zur ständigen Kollektivschuldbelastung des ganzen deutschen Volkes gemacht, für die auch die Nachkriegsgenerationen ohne Ende zu büßen hätten, materiell und geistig.

Die doppelte Kollektivschuld des deutschen Volkes, die Alleinschuld am Ausbruch des Zweiten Weltkrieges wie an seinen Greueln, vor allem an der angeblichen Massenausrottung von sechs Millionen Juden, wurde sozusagen zum „geistigen" Inhalt des „Geschichtsbewußtseins" in der Bundesrepublik Deutschland. Wenn sich im Geschichtsbewußtsein das Selbstbewußtsein einer Nation ausdrückt, so dient die systematische Pflege des Kollektivschuldbewußtseins der Auslöschung des nationalen Selbstbewußtseins, der völligen geistigen Denationalisierung des Volkes zu einer wohlgenährten Fellachenbevölkerung im Sinne des demokratischen Massenmenschen westlicher Prägung. In den Kindergärten, in den Schulen, in den Hochschulen und vor allem in den Massenmedien wird die Züchtung dieses Menschentyps betrieben.[25]) Die Bonner Regierungsparteien sind die Träger und Betreiber dieser Politik der Denationalisierung im Sinne und auf Wunsch der Sieger- und Besatzungsmächte. Ihr Wohlstand, ihre „Herrschaft" als Vollzugsorgane der Besatzer beruhen darauf. Das große deutsche Volk wird im Auftrag der Sieger von kleinen Leuten verwaltet. Die Politiker dieser Parteien betreiben diese Denationalisierungspolitik um so eifriger, weil sie verhindern müssen, daß das deutsche Volk über die Frage nachzudenken beginnt: „Wer war an Hitler schuld?" Eben diese Parteien haben durch ihre Dummheit, ihre Unfähigkeit und ihre Feigheit die Diktatur

[25]) S. u. a. Ernst Anrich: Leben ohne Geschichtsbewußtsein, Tübingen 1988; Das Geschichtsbuch als Umerzieher, hrsg. v. Herbert Grabert, passim, Tübingen 1966; Bodo Spruth: Geschichtsverfälschung in deutschen Schulen, Tübingen 1979.

zwangsläufig heraufbeschworen. Und das darf um keinen Preis den Nachkriegsgenerationen bekannt werden.

Deshalb setzte in den sechziger Jahren eine zweite, gezielte „Entnazifizierung“ ein. Noch schwerwiegender war und ist die planmäßig betriebene moralische Zersetzung durch die Massenmedien, die sexuelle Revolution, die Zerstörung von Ehe und Familie im Zuge der antiautoritären Schulung. Sie wurde besonders von der „Frankfurter Schule“ betrieben; unter ihrem maßgeblichen Einfluß standen und stehen vor allem die Politologen und Soziologen sowie die maßgeblichen Leute im Fernsehen, Rundfunk, Film, Presse. Schon im Jahre 1949 hatte die amerikanische Militärregierung auf einer Konferenz in Hessen die Errichtung politologischer Lehrstühle auf den Hochschulen angeregt. Sie, die Politologen, sind die Protagonisten der antiautoritären Erziehung, der „Emanzipation“ der Jugend. Die Militärregierung hatte bereits etwa 1500 Deutsche als Spitzenreiter für diese Art „Umerziehung“ ausgewählt. Über die politologischen Lehrstühle wurde das antiautoritäre und antinationale Programm nach den Rezepten der „Frankfurter Schule“ unter Leitung der Juden Horkheimer, Marcuse, Adorno weiter vertieft und verbreitet.[26])

Unter ihren Schülern „ragt“ besonders Jürgen Habermas hervor, der sich stolz zu den „Umerzogenen“ zählt. Der Widerstand gegen alle autoritären Ordnungswerte, gegen die Autorität des Vaters in der Familie, des Lehrers in der Schule, des Vorgesetzten in öffentlichen Schulen, gegen die Repräsentanten der Staatsgewalt, gegen die Polizei, gegen das Militär wurde und wird gepredigt, die „Neue Linke“ gezüchtet. Diese Schule ging von England und Amerika aus. Die Theorien der oben genannten Träger der „Frankfurter

---

[26]) Rolf Wiggershaus: Die Frankfurter Schule, München 1988, passim.

Schule“, zu denen außerdem auch A. Mitscherlich, ferner der Erfinder des Begriffs „Neue Linke“, der Engländer C. Wright Mills, und andere gehören, beruhen weitgehend auf den frühen Schriften von Karl Marx, aber auch auf jenen Fidel Castros, Che Guevaras und Mao Tse-tungs sowie auch auf dem anarchistischen Gedankengut von Bakunin. Die „Neue Linke“ kämpft gegen die kapitalistische Konsumgesellschaft. Ihre Anhänger rekrutieren sich nicht aus dem Fabrikproletariat, sondern aus Studenten und nationalen wie rassischen Minoritäten. In den USA bildete sich aus der liberalen Bürgerrechtsbewegung gegen Rassendiskriminierung eine studentische Protestbewegung auch gegen den Vietnamkrieg. In der Bundesrepublik Deutschland griff der Sozialistische Deutsche Studentenbund die amerikanischen Anregungen auf und verbreitete sie an der „Freien Universität Berlin“ sowie an anderen Hochschulen, besonders auch an der Universität Frankfurt. Diese studentische Protestbewegung richtete sich schließlich gegen die politische und gesellschaftliche Ordnung überhaupt; sie zeitigte anarchistische und nihilistische Erscheinungen. Auch Japan, England, Frankreich, Belgien, Irland und Mexiko wurden von dieser revolutionären Bewegung ergriffen. Studentenunruhen lösten 1968 in Verbindung mit einem Generalstreik der Gewerkschaften in Frankreich eine schwere Staatskrise aus.[27]) Für die neomarxistischen Tendenzen wurde die „Frankfurter Schule“ zum Brennpunkt.

Der jüdisch-kommunistische Theoretiker Georg Lukács, in der ungarischen Räterepublik stellvertretender Erziehungsminister, wurde mit seinem Werk „Geschichte und Klassenbewußtsein“ (1923) für die Linksorientierung der europäischen Intellektuellen maßgebend. Von ihm stammte

[27]) S. a. Daniel Cohn-Bendit: Der große Basar, München 1975, passim.

auch der Volksfrontgedanke, mit dem der französische Jude Leon Blum in den dreißiger Jahren operierte. Lukács lebte von 1929—1945 in Moskau, von 1945—1958 war er Professor der Philosophie an der Universität Budapest. Lukács erhielt 1970 den Frankfurter Goethe-Preis; er starb 1971 in Budapest. Auch der Neo-Marxismus ist im wesentlichen ein jüdisches Geistesprodukt. Er konnte den „realen Sozialismus" in Mittel- und Osteuropa nicht retten. Der Zusammenbruch des kommunistischen Systems Ende 1989 ist wohl die schlimmste ideologische Katastrophe des 20. Jahrhunderts. Es ging an innerer Fäulnis zugrunde. Sexismus und Terrorismus sind geistige Kinder des Neo-Marxismus, nihilistische Auswüchse zur Selbstzerstörung. Der jüdische Arzt und Erfinder der „Psychoanalyse", Sigmund Freud, gehört zu den Begründern des „Sexismus" und gilt in Amerika als bedeutendste Geistesgröße im 20. Jh.[28]) Im Zuge der völligen Emanzipation durch die „Neue Linke" ist das Geschlechtsleben zur reinen Triebbefriedigung und „Lustgewinnung" erniedrigt worden.

Die drastische Geburtenbeschränkung durch die Pille, die staatlich unterstützte Abtreibung mit Hilfe der Kranken- und Ersatzkassen, die systematische Förderung der Hereinnahme von immer mehr Ausländern und Asylanten zur Schaffung einer „multirassischen" Gesellschaft in Deutschland, besonders von der Linken gefördert, sind wichtige Maßnahmen zur Denationalisierung und schließlichen Auslöschung des deutschen Volkes als Nation.[29])

---

[28]) Hans Jürgen Eysenck: Niedergang und Ende der Psychoanalyse, München 1985, passim.

[29]) Robert Hepp: Die Endlösung der deutschen Frage, Tübingen 1988, S. 51 ff., 143 ff.

3. *De-Nationalisierung durch Enthistorisierung*

Die Emanzipation, Kernpunkt des Liberalismus, bedeutet für das besiegte deutsche Volk auch „Emanzipation" von seiner Geschichte. Gemäß dem Willen der „Umerzieher" beginnt die deutsche Geschichte mit der Gnade des Nullpunktes von 1945. Sie besteht seitdem aus Wohlstandsbewußtsein zuzüglich Kollektivschuldbewußtsein.

Die Demontage der deutschen Geschichte wird von Staats wegen betrieben, denn die beiden Nachfolgestaaten des kleindeutschen Kaiserreiches waren wie Österreich von den Sieger- und Besatzungsmächten geschaffene Verwaltungseinrichtungen zur Manipulation des deutschen Volkes. Die „Vergangenheitsbewältigung" bezieht sich nicht nur auf das Dritte Reich, im weiteren Sinne wird sie von den „Umerziehern" ausgelegt und betrieben zur Zerstörung des nationalen Selbstbewußtseins mit der Erniedrigung und Entstellung der deutschen Geschichte zur „Chronique Scandaleuse" der europäischen und der Weltgeschichte. Das geschieht im Sinne des größten Deutschenhassers Englands, Lord Vansittart. In seinem Buch: „Lessons of my Life" von 1943 ist ein Kapitel mit der Überschrift: „The indictment of a nation" enthalten. Darin heißt es: „Die Geschichte der letzten hundert Jahre erklärt das deutsche Volk ebenso schuldig wie die Geschichte der letzten zehn Jahre heute." [1])

Der erste halbamtliche Schritt der Bundesrepublik Deutschland zur pseudowissenschaftlichen „Vergangenheitsbewältigung" erfolgte 1949/50 mit der Gründung des „Instituts für Geschichte des Nationalsozialismus" in Mün-

---

[1]) Vansittart, Robert G.: Lessons of my life, S. 256.

chen, dann umgetauft in „Institut für Zeitgeschichte". Es wurde von der Entstehung an finanziert von einigen Ländern, darunter Bayern und dem Bund. Bedeutende „Musterdemokraten" gehörten zu den Gründern und Leitern, so der jüdische Staatskommissar des Freistaates Bayern für rassisch-religiös und politisch Verfolgte, Philipp Auerbach (1906—1952), im Kuratorium des Instituts.[2]) Im „wissenschaftlichen" Beirat glänzte der katholische Publizist und Politikwissenchaftler Professor Eugen Kogon (1903-1987), gebürtiger Münchner, seit 1946 zusammen mit Walter Dirks Herausgeber der „Frankfurter Hefte". Kogon, Gegner des Dritten Reiches, verbrachte die Jahre 1939—1945 im Konzentrationslager Buchenwald. Von 1951 bis 1968 lehrte er „als ordentlicher Professor für wissenschaftliche Politik" in Darmstadt und war eifrig als Publizist auch in Rundfunk und Fernsehen tätig. Mit seinem Buch „Der SS-Staat" legte er 1946 die Grundlinie für die antifaschistische Verdammung in der Bundesrepublik publizistisch fest, so wie sie vor allem vom „Institut für Zeitgeschichte" betrieben wird. Ein ehemaliger Mitarbeiter des Hauptarchivs der NSDAP, der dem Institut Quellenmaterial anbot, wurde mit der Erklärung abgewiesen: „Wir sammeln nur Belastungsmaterial", entsprechend dem Grundsatz der Rachepolitik der Siegermächte, die bei ihren Kriegsverbrecherprozessen ebenfalls nur Belastungsmaterial und -aussagen gelten ließen. Kogon war Mitglied des PEN-Zentrums der Bundesrepublik, seit 1967 Vorsitzender der deutschen Vereinigung für politische Wissenschaften und der „Martin-Niemöller-Stiftung". Für seine Verdienste bei der Verfälschung der Vergangenheit wurde ihm 1980 die „Martin-Buber-Rosenzweig-Medaille

---

[2]) Ph. D. Auerbach, wegen zahlreicher Betrügereien zu längerer Gefängnisstrafe verurteilt, endete durch Selbstmord.

der Gesellschaft für Christlich-Jüdische Zusammenarbeit“ verliehen.[2a])

Das vom Bund und den Ländern großzügig finanzierte und auch mit amerikanischen Geldern unterstützte Institut bemüht sich seit seinem Bestehen, die jüngste deutsche Geschichte als Kriminalstück darzustellen, in seiner Zeitschrift „Vierteljahreshefte für Zeitgeschichte“ sowie mit einer umfangreichen Schriftenreihe. Vornehmlich durch seine Rolle als Spitzenreiter der Vergangenheitsbewältigung wurde die „Zeitgeschichte“ in der Bundesrepublik Deutschland zur antifaschistischen Reklame, pseudowissenschaftlich drapiert mit vielen Fußnoten. Der Schweizer Armin Mohler charakterisiert das Institut:[3])

„Vom Standpunkt der Wissenschaft aus ist das ‚IfZ‘ bis heute ein doppeltes Ghetto geblieben. Erstens: Theoretisch gilt zwar für das Institut auch bei NS-Themen das Prinzip der Freiheit der Wissenschaft, aber selbstverständlich kann es sich keine Forschungsergebnisse leisten, die allzusehr abweichen würden von dem Bild des Dritten Reiches, auf das sich „die Gruppen der Gesellschaft“, wie man so schön sagt, nun einmal geeinigt haben (und das sie im Grundgesetz zu fixieren suchten). Zweitens: Das ‚IfZ‘ ist kein Universitäts-Institut und schon gar kein Forschungsinstitut der Max-Planck-Gesellschaft; es vermochte den akademischen Vorbehalt, es betriebe weisungsbedingte Forschung, nie ganz auszuräumen. Der jüngst verstorbene Direktor des Instituts, Martin Broszat, machte unter dem Druck von Forschungsergebnissen widerwillig gewisse Zugeständnisse. So war es am 3. Mai 1979, als er im Prozeß gegen Erwin Schönborn zugab“, berichtet Mohler weiter, „daß es sich bei der Zahl

[2a]) „Südkurier“, Nr. 299 v. 29. 12. 1987, Artikel: „Seine Waffe war das Wort. Der katholische Publizist Eugen Kogon starb im Alter von 84 Jahren.“

[3]) Mohler: Der Nasenring, S. 216 ff.

von sechs Millionen umgebrachter Juden um eine ‚symbolische Zahl' handle. So war es auch ein Jahr später, als er in einem Kurzbrief an die ‚Zeit' (19. 9. 1980) feststellte, daß es in den KZs auf Reichsboden (in den Grenzen von 1937) keine Tötungen durch Gas gegeben habe." Das hatten Alliierte Untersuchungskommissionen, einschließlich der russischen, schon 1948 festgestellt.

Bei der Gründung der Bundeswehr Mitte der fünfziger Jahre wurde auch ein „Militärgeschichtliches Forschungsamt" (MGFA) mit der Aufgabe errichtet, die Geschichte der Wehrmacht und der Bundeswehr quellenmäßig zu erfassen. Anfänglich sachlich bemüht um die Erfüllung der gestellten Aufgaben, glitt diese Einrichtung der Bundeswehr unter der wissenschaftlichen Leitung von Dr. Manfred Messerschmidt, ursprünglich juristischer Assessor, ins Fahrwasser des IfZ zur pseudowissenschaftlichen Bewältigung der soldatischen Vergangenheit ab. Messerschmidt und seine Anhänger im MGFA bemühen sich mit allen Mitteln, nicht nur das Ansehen der Wehrmacht in den Schmutz zu ziehen und sie zu verleumden, sondern darüber hinaus alles Soldatische. Die Wehrmacht ist laut Messerschmidt für die Bundeswehr kein Vorbild als Traditionsträger, weil sie durch das NS-Regime kriminell belastet sei. Das Verteidigungsministerium deckte Messerschmidt und seinen Anhang. So hieß es beispielsweise in einem „Vermerk" vom 12. 11. 1976: „Die Leitung des Ministeriums möchte angesichts des bevorstehenden Volkstrauertages vermeiden, daß von der Bundeswehr Ehrungen für gefallene Soldaten der Waffen-SS vorgenommen werden." [4])

Aber nicht nur gegen die Waffen-SS richtet sich die verleumderische Vergangenheitsbewältigung. Auch hohen und

[4]) Abschrift einer Aktennotiz des MGFA, Privatzbesitz.

höchsten Würdenträgern der Wehrmacht wurden militärische Ehren bei der Beerdigung vom Verteidigungsministerium verweigert, so Großadmiral Dönitz, Oberbefehlshaber der Kriegsmarine und letztem Reichsoberhaupt sowie Feldmarschall Ferdinand Schörner, um nur zwei Beispiele zu nennen. Die skandalöse, schändliche Behandlung der Wehrmachttradition steigerte sich fortlaufend: Es sei hier nur an Bitburg und die heftig angegriffene Ehrung auch der Gefallenen der Waffen-SS von US-Präsident Reagan erinnert, ferner an die ständigen Beschmutzungen und Schändungen von Gefallenen-Ehrenmalen des Ersten und Zweiten Weltkrieges durch linkes, nihilistisches Gesindel. Die HIAG (Bundesverband der Soldaten der ehemaligen Waffen-SS) wurde bis 1983 (!) vom Verfassungsschutz als „rechtsextrem“ aufgeführt, seitdem jedoch nicht mehr.[5])

Im Oktober 1989 entschied das Frankfurter Landgericht zugunsten eines 42jährigen Arztes, der erklärt hatte, „alle Soldaten sind potentielle Mörder“. Er wurde vom genannten Gericht freigesprochen. „Nach Ansicht des Gerichts überschreitet die Äußerung weder die Grenzen der im Grundgesetz garantierten Meinungsfreiheit, noch erfüllt sie den Tatbestand der Beleidigung oder Volksverhetzung.“ Die Bundeswehrführung, der damalige Verteidigungsminister Stoltenberg sowie der damalige Justizminister Engelhard zeigten sich merkwürdigerweise bestürzt über diesen Ungeist, den die regierenden Parteien, deren Repräsentanten sie sind, hochgezüchtet hatten. Dieser Ungeist und Mißbrauch der Freiheit der Meinungsäußerung wird vom MGFA gepflegt und praktiziert.[6]) Messerschmidt war auch an der

[5]) „Südkurier“, Nr. 195 v. 25. 8. 1989, S. 2: „Ausschließlich rechtliche Gründe. Verband ehemaliger SS-Soldaten gilt nicht mehr als ‚rechtsextrem‘.“

[6]) „Südkurier“, Nr. 244 v. 21./22. 10. 1989: „Freispruch im ‚Soldatenurteil‘, Behauptung ‚potentielle Mörder‘ bleibt ohne strafrechtliche Konsequenzen.“

internationalen Kommission zur Prüfung des Falles des österreichischen Bundespräsidenten Kurt Waldheim und seines Verhaltens im Kriege beteiligt.

Der christdemokratische Präsident der Bundesrepublik Deutschland, Richard von Weizsäcker, leistet selbst der Ausbreitung einer solchen Gesinnung maßgeblichen Vorschub, so besonders mit seiner Befreiungs-Rede anläßlich des vierzigsten Jahrestages der Kapitulation der Wehrmacht im Mai 1985. Die Zerstörung und Zerstückelung des Deutschen Reiches, der millionenfache Massenmord an Deutschen vor und nach der Kapitulation, die Massenvertreibung aus uralten deutschen Wohn- und Siedlungsgebieten mag für Weizsäcker, den Deserteur [7]), eine „Befreiung" sein. Demnach waren für Leute wie Weizsäcker und Gesinnungsgenossen der Kampf, waren die ungeheueren Opfer des deutschen Volkes in den beiden Weltkriegen im Ringen um Selbständigkeit, Unabhängigkeit, um die Wahrung der eigenen nationalen Identität sinnlos, die Amerikanisierung, die Sowjetisierung, die Zweiteilung Deutschlands und Europas wünschenswerte Ergebnisse der beiden Weltkriege.

Im Jahre 1958 wurde in Ludwigsburg eine „Zentralstelle zur Verfolgung von NS-Verbrechen" geschaffen, zur „juristischen Bewältigung" der Vergangenheit. „Die Bilanz der 1958 gegründeten Zentralstelle kann sich sehen lassen", schrieb der „Südkurier" zum 25sten Jahrestag des Bestehens dieser Rache-Institution unter dem Titel: „Die Schatten der Vergangenheit! Ludwigsburger Zentralstelle ermittelt weiter – 13 000 Verfahren.": „Mehr als 4700 Vorermittlungsverfahren zu NS-Verbrechen wurden eingeleitet. Daraus entwickelten sich etwa 13 000 Verfahren. Zu den bekanntesten zählen der Majdanek-Prozeß und die Anklage gegen den

[7]) Dazu s. Karl Salm: Fahnenflucht als politische Weltanschauung? Zum Fall Richard Freiherr von Weizsäcker, Tübingen, 2. A. 1991.

ehemaligen Kommandanten des Vernichtungslagers Treblinka. Seit dem Ende des 2. WK wurde gegen etwa 88000 Personen wegen des Verdachts der Täterschaft oder Teilnahme an nat. soz. Straftaten oder Kriegsverbrechen ermittelt. Fast 6500 Angeklagte wurden rechtskräftig verurteilt, die meisten zu langen Gefängnisstrafen. Über zwölf NS-„Verbrecher" sprachen die Alliierten, bevor das Grundgesetz in Kraft trat, die Todesstrafe aus."

Bis 1. Januar 1988 wurden laut Aussage des badenwürttembergischen Justizministers Eyrich 90000 Ermittlungsverfahren eingeleitet. „Rechtskräftig verurteilt wurden allerdings nur 6482 Menschen", teilte Eyrich mit. „Im geschichtlichen Rückblick", so meinte er, „werde vielleicht die Anzahl der Verurteilungen einmal nicht so entscheidend sein wie die Tatsache, daß es überhaupt solche Prozesse und Verurteilungen vor deutschen Gerichten gegeben habe. Durch solche Prozesse sei jedem vor Augen geführt worden, daß er für seine Handlungen zur Verantwortung gezogen werde, auch wenn er sie mit Duldung, Billigung oder gar auf Anordnung einer perversen Staatsführung begangen habe." An dem dreitägigen Symposium in Ludwigsburg, auf dem Eyrich diese Ausführungen machte, nahmen auch NS-Strafverfolger aus Polen, der Tschechoslowakei, den Niederlanden, Israel und den USA teil. „Sie wollen mit ihren deutschen Kollegen über den Stand der Ermittlungen bei NS-Verbrechen und die Bedeutung der Zentralstelle diskutieren." [8])

Mit der Ludwigsburger Zentralstelle weist sich die Bundesrepublik Deutschland als Büttel und Handlanger der Siegermächte und deren Rachebegehren aus. Die Abschaffung der Amnestie durch die gleichen Siegermächte schon am

---

[8]) „Südkurier", Nr. 209 v. 9. 9. 1988, Artikel: „Eyrich: Zum Maßstab geworden. Ludwigsburger Zentalstelle besteht seit 30 Jahren. Arbeit gewürdigt."

Ende des ersten Weltkrieges, die Aufhebung der Verjährungsfristen durch den Bundestag sind Zeugnisse des alttestamentarischen Rachegedankens, der Fortsetzung des Krieges durch die Sieger gegen den Besiegten auf juristischem und moralischem Gebiet. Das ist ein Rückfall in das atavistische „Rechtsdenken" des Alten Testaments, das Auslöschen der europäiscnen Rechtstradition. Bereits die Griechen hatten im vierten vorchristlichen Jahrhundert die Amnestie bei Kriegsende eingeführt. Sie wurde vom christlichen Abendland weitergeführt. Bedeutendstes Zeugnis ist der Westfälische Friede von 1648, der den Dreißigjährigen Krieg beendet hatte. Mit dem Liberalismus des neunzehnten Jahrhunderts, der Judenemanzipation, erfolgte der Rückschritt in die Barbarei des alttestamentlichen Judentums.

Im zwanzigsten, fortschrittlichen Jahrhundert aber haben die unter dem liberalen und demokratischen Vorzeichen kämpfenden Westmächte die christlich-abendländische Rechtsüberlieferung wieder abgeschafft und sich auf die Ebene alttestamentarischer Rechtsbarbarei gemäß der Devise von Simon Wiesenthal begeben: „Recht statt Rache" im jüdischen Sinne![9]) Prozesse, zwanzig, dreißig, vierzig Jahre post eventum können nur zur Rechtsperversion führen, da die geistige, seelische Lage, die rechtlichen Umstände im Kriegsgeschehen gar nicht mehr erfaßt oder gar rekonstruiert werden können. Es handelt sich bei all diesen Prozessen gegen „NS-Verbrecher" durchgehend um Schauprozesse der westlichen Alliierten nach dem Muster Stalins.

Die Besatzungsmächte hatten bereits bei den von ihnen selbst durchgeführten Prozessen zwischen 1945 und 1949

---

[9]) Friedrich Grimm: Politische Justiz, eine Krankheit unserer Zeit, 1953.

Berufszeugen verwandt, alle im Sinne der Anklage und der Belastung der Angeklagten. Die bundesrepublikanischen Verfahren in Fortsetzung der Siegerjustiz mit Zeugen-Aussagen zehn, zwanzig, dreißig, vierzig Jahre nach dem Kriege waren und sind nur noch eine Groteske! Für die aus der ganzen Welt herbeigeholten Zeugen aus den USA, Israel, Australien usw., war und ist das ein gutes Geschäft.

Die neue Prozeßwelle zur Vergangenheitsbewältigung lief 1961 mit dem Eichmann-Prozeß in Jerusalem an; er beruhte auf Menschenraub. Eichmann wurde von jüdischen Häschern aus Argentinien geraubt, als argentinischer Staatsbürger zum Tode verurteilt und hingerichtet.

In der Bundesrepublik liefen dann die Auschwitzprozesse an, der erste von 1963—1965, der zweite 1965/66. Damit wurde der Auschwitz-Mythos geschaffen. Die Kommunisten waren neben den Juden die Drahtzieher bei dieser prozessual organisierten antideutschen Hetze in den USA, um die weitere Zusammenarbeit zwischen Washington und Bonn zu stören.

Wie oben schon hervorgehoben, waren die weltweit verbreiteten Hakenkreuzschmierereien im Jahre 1960 das Werk des sowjetrussischen und tschechischen Geheimdienstes. Dazu machte der Senator Thomas J. Dodd vor dem Senat der Vereinigten Staaten am 15. März 1960 „Ausführungen" über „Antisemitismus, die Hakenkreuz-Epidemie und den Kommunismus".[10]) In ihnen spiegelt sich die weltweite Hetze gegen das deutsche Volk wider. Aufschlußreich an der ausführlichen Rede Dodds aber ist, daß er im Grunde die Rolle der sowjetischen Propaganda richtig erkannte, ohne natürlich schon über die genauen Hintergründe und ihre Verursacher exaktes Wissen zu haben. Er führte u. a. aus:[11])

---

[10]) Herausgeber der umfangreichen Rede: Büro für Auslandskorrespondenz, Bad Godesberg 1960.

[11]) Dodd, a.a.O., S. 8.

„Wenn man die Schlagzeilen und die Hysterie als Maßstab anlegen könnte, so wäre die wirkliche Drohung gegen die freie Welt nicht die kommunistische Aggression, sondern das Wiederaufleben des Nazismus und des Antisemitismus in Deutschland." Er zitierte die „Prawda" vom 8. Januar 1960 mit dem Vorwurf, daß „dieser organisierte Rassenkampf wie auf ein Zeichen von Adenauer hin entfesselt worden sei" und einen offenen Brief Chruschtschows vom 1. Februar 1960 an Adenauer: „In Ihrem Lande werden Menschen wegen ihrer Gedanken, wegen ihrer fortschrittlichen Ideen verfolgt. Sie nehmen tatsächlich die gleiche Stellung ein wie Hitler." [12]) *„Das Endziel dieser Propaganda", so meinte Dodd, „ist die Stadt Westberlin". Über die Ursprünge dieser Epidemie vertrat Dodd folgende Ansicht: „Doch seit Kriegsende war die Hauptbrutstätte des antisemitischen Bazillus nicht Deutschland, noch war die neonazistische Bewegung der Hauptanstifter. Die Hauptbrutstätte war und bleibt die Sowjetunion. Der Hauptanstifter ist die kommunistische Internationale."* [13])

Der Senator wies dann auf den heftigen Antisemitismus von Karl Marx hin, auf die ständigen Judenverfolgungen auch unter Stalin sowie in Polen und in der Tschechoslowakei nach dem Kriege. Im Jahre 1948 erließ Stalin „eine einschneidende Verwaltungsverordnung" gegen alles, „was noch vom jüdischen Kultur- und Gemeindeleben in der Sowjetunion übriggeblieben war.[14]) Im Zusammenhang mit diesen Ausführungen sang Dodd ein seltsames Loblied auf das zaristische Rußland: „Trotz Beschränkungen und Verfolgung war Rußland unter der Zarenherrschaft das Weltzentrum der jiddischen Kultur gewesen. In der ersten Zeit

[12]) Ebda, S. 22.
[13]) Ebda, S. 30 f.
[14]) Ebda, S. 30 ff.

kultureller Toleranz hatte die Sowjetunion die größte Zahl jiddischer Schulen in der Welt, die größte Anzahl jüdischer pädagogischer Anstalten, die einzige jüdische höhere Lehranstalt mit jiddischer Unterrichtssprache und jiddische Institute an vielen Universitäten. Es gab vier jiddische staatliche Verlage und vierzehn Staatstheater. Auch erschienen 35 Zeitschriften und Zeitungen, darunter vier Tageszeitungen." Das alles wurde durch die oben erwähnte Stalinsche Verwaltungsverordnung von 1949 zunichte gemacht. Bei den kommunistischen Schauprozessen in den Satellitenstaaten ab 1950, in Ungarn und in der Tschechoslowakei, waren jüdische Angeklagte als angebliche zionistische Spione verwickelt. Insbesondere der Slansky-Prozeß in Prag war laut Dodd „eine schmutzige antisemitische Orgie." [15])

Diese von Stalin selbst in Gang gesetzte antisemitische Welle wurde von Chruschtschow weiter getrieben. Es gehört zu den scheinbar merkwürdigen Widersprüchen der amerikanischen Politik, daß sie einerseits nicht nur prozionistisch ist und streckenweise unter beherrschendem jüdischen Einfluß steht, sondern gleichzeitig trotz der antisemitischen Politik der Sowjetunion in der Nachkriegszeit an dem in Camp David geschlossenen Kondominium unbeirrt festhielt. „Seitdem gibt es ein nie offen proklamiertes und nie vertraglich fixiertes amerikanisch-russisches Kondominium, das sich bei allen Schwankungen bis heute gehalten hat." [16]) In den letzten dreißig Jahren hat sich nicht zuletzt unter starkem amerikanischen Druck die Lage der Juden in der Sowjetunion wesentlich geändert und verbessert. Dodd schloß seine Rede über den Antisemitismus, die Hakenkreuzepidemie und den Kommunismus nach einem ausführlichen antisemitischen Zitat von Karl Marx mit den Worten: „Unter dem

[15]) Ebda, S. 44 f.

[16]) Mohler: Der Nasenring, S. 158 f.

Nazi-Regime fanden sich viele Christen und unzählige Juden in einer Gemeinschaft des Leidens zusammen. Unter dem Kommunismus ist die Gemeinschaft des Leidens allumfassend. Durch ein seltsames Zusammentreffen von Umständen haben auf diese Weise die gottlosen Vertreter des totalitären Systems, die sowohl Judentum wie Christentum zu zerstören suchen, den Grund für eine Verständigung gelegt, die sich aufs beste entwickeln wird, weil sie das Schlimmste überstanden hat." [17]).

Nach wie vor besteht diese „Verständigung" zwischen Juden und Kommunisten im antideutschen Sinne, eifrig unterstützt von den „staatstragenden" Parteien der Bundesrepublik und den Meinungsmachern.

„Der Spiegel", Nr. 9 vom 24. 2. 1960 brachte einen Auszug aus einer Unterredung des Großrabbiners Dr. Isaak Goldstein mit einem Journalisten der „Deutschen Soldatenzeitung". Auch Goldstein vertrat, wie der Senator Dodd, die Ansicht, daß die Kommunisten die Hakenkreuzschmierereien veranlaßt hätten, um die Stellung der Bundesregierung zu unterminieren. „Jedenfalls sind die Aufregungen um das Ganze in der Bundesrepublik kaum mehr zu ertragen. Die Entschuldigungswelle hat ein Maß erreicht, das die Grenze längst überschritten hat", urteilte Goldstein. „Denken Sie doch an andere Staaten", fuhr der Rabbi fort, „dort ist genau dasselbe passiert wie hier, nicht mehr und nicht weniger. Aber nur hier treibt man die Dinge auf die Spitze (...) Anderswo bagatellisiert man, hier dramatisiert man. Die Mitte wäre das Rechte." Goldstein wandte sich dann gegen ein Sondergesetz für Juden, das im Bundestag anstand. Der Großrabbiner zeigte menschlich ein bewunderungswürdiges, großartiges Verhalten. Auf die Frage, ob seine Familie

---

[17]) Dodd, a.a.O., S. 44 f.

von Krieg und Verfolgung verschont geblieben sei, antwortete er: Leider nein. Seine Familie sei in Rumänien großenteils umgebracht worden, 46 Familienangehörige, darunter auch seine 22jährige verheiratete und schwangere Tochter. Den Berichterstatter der DSZ unterbrach er mitten im Satz: „Herr Doktor Goldstein, wir beugen uns vor ihrer . . .“, abschließend mit den Worten:

„Sie sollen sich nicht beugen, sondern sollen gerade bleiben. Meine Rache ist die Vergebung. Ich habe mir damals geschworen, als man meine Tochter, mein liebes Kind, ermordet hatte, immer tolerant zu bleiben. Übrigens habe ich aus grundsätzlichen Erwägungen keine Wiedergutmachung beantragt. Ich will keine finanzielle Wiedergutmachung, ich will Versöhnung. Und in diesem Bemühen müssen Sie und ich, und alle, die guten Willens sind, zusammenstehen, jeder an seinem Platz.“

Leider verfochten Dr. Goldstein wie auch J. G. Burg, der mutige jüdische Verfasser des Buches: „Das Drama der Juden Europas“, nur die Meinung einer Minderheit Versöhnungswilliger. Ihnen stehen nicht nur die amtliche Politik Israels gegenüber und die Überzeugung der Mehrheit der Juden vor allem im westlichen Ausland, sondern, was das Schlimmste ist, die haßerfüllte Ansicht der Parteienmehrheit im Bundestag, die SPD, die CDU-CSU und die FDP, jene Parteien, deren Vorgänger durch ihre Unfähigkeit die Diktatur Hitlers heraufbeschworen haben.

Die mächtigen Organisationen des Weltjudentums, der B'nai-B'rith-Orden, die Antidefamation League und vor allem der Jüdische Weltkongreß unter Leitung des Schnaps-Milliardärs Bronfman, treiben unentwegt die Rache- und Wiedergutmachungspolitik weiter. Ihr Leitgedanke ist die alttestamentarische Rache ohne zeitliche und räumliche Begrenzung. Der Besuch des israelischen Staatspräsidenten

Chaim Herzog im April 1987 in Bonn brachte deutlich zum Ausdruck, daß die Bundesrepublik Deutschland wie ein Vollzugsorgan der jüdischen Politik dasteht: Herzog hatte den Krieg als britischer Offizier mitgemacht, war bei der Besetzung des Konzentrationslagers Bergen-Belsen dabei und nahm am Verhör Himmlers teil.[18]) Beim Besuch des Konzentrationslagers Bergen-Belsen erklärte er wörtlich: „Ich war vor 42 Jahren hier als jüdischer Soldat (...) Heute kehre ich zurück als Präsident des Staates Israel, um vor Euch zu bezeugen, daß die Ewigkeit Israel nicht Lügen straft und daß das Volk Israel lebt. Kein Verzeihen habe ich mit mir gebracht – und kein Vergessen.“ [19]) Bundespräsident v. Weizsäcker, Befreiter von 1945, Oberlehrer für Nationalmasochismus, betonte bei seiner Ansprache zu Ehren des israelischen Staatsgastes auf Schloß Augustenburg: „Einen Schlußstrich zu ziehen, erlaubt die Geschichte nie.“ Der Bundespräsident gehört der Christlich-Demokratischen Union an. Von christlichen Tugenden wie Amnestie und Gnade weiß er offenbar nichts.

„Fünf Rabbiner paßten auf“, damit der israelische Staatspräsident koscher essen konnte.[20]) „Der Bonn-Besuch des israelischen Präsidenten Chaim Herzog stellte den Chef des Bonner ‚Hotel Steigenberger‘ und seinen Küchenchef vor eine schwere Aufgabe“, weiß der „Südkurier“ zu berichten. „Sie mußten dafür sorgen, daß bei der Bewirtung des hohen Gastes alles zuging, wie es die strengen Regeln des orthodoxen jüdiscnen Glaubens fordern. Fünf Rabbiner hatten sich bereits acht Tage vorher eingefunden, um zu beraten und aufzupassen. Die Anschaffung von 200 Gedecken kosche-

---

[18]) „Südkurier“, Nr. 79 v. 4. 4. 1987, Artikel: „Chaim Herzog – Symbol des Israels von heute.“

[19]) „Deutsche Nationalzeitung“, Nr. 17 v. 17. April 1987. – Siehe Anhang II.

[20]) „Südkurier“, Nr. 84 v. 11. 4. 1987, Artikel: „Fünf Rabbiner paßten auf. Beim Herzog-Besuch ging alles koscher zu – . . .“

ren Geschirrs, versiegelt vom Hersteller, war erforderlich. Das komplette Küchengerät mußte bei 380 Grad keimfrei gemacht werden. Die Rabbis trugen Sorge, daß die koscheren Teile des Geschirrs und der Küche rot markiert wurden. Auch das Küchenpersonal bekam das strenge Regiment der Rabbiner zu spüren – jedoch in durchaus angenehmer Weise – nach Sonnenuntergang am Freitag durfte kein Handschlag mehr getan werden. Erst als der Sabbat zu Ende war, mit dem Dunkelwerden am Samstag, durfte wieder in der Küche gearbeitet werden. Sorgfalt und Einfallsreichtum erforderte das Menü. Zunächst war Lammkarree vorgesehen. Doch auf den Hinweis der Rabbis hin, daß beim Lamm nur die ersten drei Rippen koscher sind, wechselte der Küchenchef zum unbedenklichen Kalbfleisch über. Da Milch in jeder Form, auch als Butter, nicht verwendet werden darf, wurde eigens koschere Margarine eingeflogen. Als alles geklappt hatte, herrschte Zufriedenheit. Die Rabbiner stellten dem Küchenchef ein Zertifikat aus. Das ‚Steigenberger' hält 200 koschere Gedecke unter Verschluß und empfiehlt sich für künftige Fälle dieser Art."

Ein knappes Jahr später nahm Chaim Herzog die „Goldene Kamera" in Empfang, gestiftet von der deutschen TV-Zeitschrift „Hör zu". „Hör-zu"-Chefredakteur Peter Becher, der Herzog die ‚Goldene Kamera' übergab, betonte unter anderem das ‚begeisternde Auftreten' Herzogs während seiner offiziellen Visite in der Bundesrepublik im vergangenen Jahr sowie den ‚Beitrag von Präsident Herzog für die Zukunft der Beziehungen zwischen beiden Völkern'." [21])

Die „glorreiche" Tätigkeit der Ludwigsburger Zentralstelle beruht auf der Aufhebung der Verjährungsfrist für die NS-Kriegsverbrechen durch den Bundestag. Diese immer-

[21]) „Südkurier", Nr. 29 v. 5. 2. 1988, Artikel: „‚Goldene Kamera' erhalten."

währende Verfolgung wird in der Bundesrepublik nicht nur amtlich betrieben. Es gibt dafür noch eigene private Rache-Organisationen wie die des „Nazijägers“ Simon Wiesenthal. Er wird nicht nur von der Bundesregierung amtlich gefördert, sondern auch von den USA. In Los Angeles hat er sein „Zentrum“ aufgebaut. Sowohl von Präsident Carter wie vom B'nai-B'rith-Orden wurde er wegen seiner „Verdienste“ hoch geehrt, ebenso von Bonn. Die den Nazis stets zum Vorwurf gemachte „Unmenschlichkeit“ wird von den Nazi-Verfolgern, insbesondere auch von den Gerichten der Bundesrepublik, weit übertroffen. So wurde 1949 ein Rüstungsingenieur Walter Fasold wegen angeblicher Ermordung von 180 Juden in einem polnischen Rüstungswerk in Polen zu lebenslanger Freiheitsstrafe verurteilt. „Nachdem er 25 Jahre Haft verbüßt hatte, begann 1974 ein Wiederaufnahmeverfahren“, entgegen dem elementaren Rechtsgrundsatz „Ne bis in idem!“; es wurde nach sechseinhalb Jahren eingestellt. Im August 1976 begann ein dritter Prozeß gegen ihn „und übertrifft in seiner Dauer Großverfahren wie den Frankfurter Auschwitz-Prozeß und den Düsseldorfer Majdanek-Prozeß“. Der Prozeß mußte nach sechsjähriger Dauer 1982 ergebnislos ausgesetzt werden, weil der 77jährige Angeklagte mit dem dritten Herzinfarkt vor Gericht zusammenbrach.[22])

Auch die USA haben unter zionistischem Druck die „Nazi-Jagd“ mit der Einrichtung des „Office of Special Investigation“ (OSI) im amerikanischen Justizministerium unter jüdischer Leitung im Jahre 1978 wieder amtlich aufgenommen. Nicht nur deutsche Nazis werden gejagt, sondern auch Nachkriegseinwanderer aus Sowjetrußland und Jugoslawien. So wurden im Jahr 1986 der 86jährige ehemalige kroatische Minister Artukovic an den Titostaat ausgeliefert, der

[22]) „Südkurier“ v. 29. 6. 1982, Artikel: „Nach sechs Jahren ausgesetzt“; „Deutsche Wochenzeitung“, Nr. 29 v. 16. 7. 1982, Artikel: „3. Herzinfarkt beendet NSG-Prozeß.“

Ukrainer Demjanjuk an Israel. Gegen beide wurden Schauprozesse mit Todesstrafe veranstaltet. Dabei wurde mit gefälschten Beweisunterlagen gearbeitet.[23]) Das Verfahren Demjanjuk ist bis heute nicht rechtskräftig abgeschlossen.

Das „OSI“ setzte auf seine Kriegsverbrecherliste auch den berühmten Raketenforscher und Schöpfer der „Saturn-5“-Rakete, Arthur Rudolph. Er und Wernher von Braun waren nach der erfolgreichen amerikanischen Mondlandung mit der höchsten amerikanischen Auszeichnung geehrt worden. Rudolph hatte von 1943—45 die technische Leitung des V2-Projekts in den unterirdischen Werken in Thüringen inne. Laut Anschuldigung von „OSI“ habe er dort Tausende von Zwangsarbeitern zu Tode geschunden. Die Anschuldigungen erwiesen sich als völlig haltlos. Rudolph kehrte 1984 nach Hamburg zurück.

Die antinazistische Hexenjagd durch das „OSI“ fand dann auf Veranlassung des Präsidenten des Jüdischen Weltkongresses, Bronfmann, mit der Hetze gegen den österreichischen Staatspräsidenten Kurt Waldheim wegen seiner Tätigkeit als Offizier im Kriege einen vorläufigen Höhepunkt. Eine internationale Kommission wurde gebildet, um die Anschuldigungungen zu überprüfen, ganz nach dem Motto der alliierten „Kriegssverbrecher“prozesse: „Er hätte wissen müssen.“ Natürlich war die Bundesrepublik als Vorkämpfer jüdischer Rache an dieser Hexenjagd rühmlich beteiligt mit ihrem Experten Manfred Messerschmidt, Protegé des Bundesverteidigungsministeriums als „leitender Historiker“ des Militärgeschichtlichen Forschungsamtes und amtlich bezahltem Hetzer gegen die Wehrmacht im besonderen wie gegen den Soldatenstand im allgemeinen. Er war füh-

---

[23]) Dietrich Lehner: „Du sollst nicht falsch Zeugnis geben“ (2. Buch Mose, Kap. 20, 16). Anatomie eines Beweisstücks zum Jerusalemer Demjanjuk-Prozeß. Feststellung über einen Dienstausweis, Berg am See, 1987.

rend an dem Gutachten beteiligt, das Waldheim belasten sollte.[24]) Die Hetze gegen das österreichische Staatsoberhaupt endete trotz aller internationalen Bemühungen wie das Hornberger Schießen. Ergebnis der antinazistischen Hetze gegen Waldheim war dennoch seine Erklärung zur unerwünschten Person in den USA mit Einreiseverbot: Der österreichische Staatspräsident kam auf die berühmte jüdisch-amerikanische „Watch-List". Wie weit die Naziriecherei und Verfolgung in den USA geht, zeigt auch folgende dpa-Meldung des Jahres 1987:[25])

„Washington (dpa). Der aus Deutschland stammende John Koehler soll nach Presseberichten sein Amt als Kommunikationsdirektor des Weißen Hauses wieder verlieren. Der neue Stabschef Howard Baker habe Koehler gebeten, auszuscheiden und auf einen Posten in der US-Informationsbehörde (USIA) zu wechseln. Das Weiße Haus nahm offiziell dazu nicht Stellung. Koehler war kurz nach seiner Bestallung von der Fernsehgesellschaft NBC vorgeworfen worden, er habe verschwiegen, daß er als Zehnjähriger sechs Monate lang Mitglied der nationalsozialistischen Jugendorganisation ‚Jungvolk' war."

Ob und wie weit sich die Lächerlichkeit einer solchen ideologischen Inquisition noch steigern läßt, bleibt abzuwarten.

Die Presse läßt sich jedenfalls keine Gelegenheit entgehen, wie übrigens auch alle anderen Massenmedien, unter antifaschistischem Vorzeichen jedermann in den Schmutz zu ziehen, so z. B. auch den jüdischen Nobelpreisträger für Chemie (1918), Fritz Haber (1868—1934). Haber, ein deutscher Patriot, hatte durch sein zusammen mit Carl Bosch

---

[24]) Den umfangreichen Kommissionsbericht, vornehmlich von Messerschmidt redigiert, konnte jedermann sich kostenlos im Bundeskanzleramt in Wien besorgen.

[25]) „Südkurier", Nr. 56 v. 9. 3. 1987.

(1874—1940) entwickeltes Verfahren der Ammoniak-Synthese der deutschen Kriegswirtschaft wichtige Dienste geleistet. Er war als Chemiker auch an der Herstellung von Giftgas beteiligt, das im Krieg eingesetzt wurde. Darüber berichte der „Südkurier" unter dem Titel: „Fritz Haber – Genie oder Verbrecher?"[26]) Dabei wird natürlich verschwiegen, daß im französischen Heer bereits im Jahre 1912 Giftgas-Gewehrgranaten eingeführt wurden.[27]) Professor Fritz Haber verließ 1933 Deutschland, ging zuerst nach England, dann in die Schweiz. Dort starb er 1934.

Makaberste Jagdtrophäe des „Nazi-Jägers" Simon Wiesenthal war die Leiche des Arztes Dr. Josef Mengele. Das Jagdkommando, seit vielen Jahren bemüht, Mengele in seinem Exil Südamerika ausfindig zu machen und der jüdischen Gerechtigkeit zu überliefern, konnte nur mehr das verstorbene Wild in Brasilien aufspüren, exhumieren und die halbverwesten Leichenteile der Weltöffentlichkeit im Fernsehen präsentieren. Der damalige Staatspräsident Brasiliens, José Sarney, sprach „sein tiefes Bedauern aus, daß der Nazi-Verbrecher und ehemalige KZ-Arzt Josef Mengele über viele Jahre in Brasilien leben konnte". Vor der internationalen Presse erklärte Sarney in Rio de Janeiro: „Ich bedauere zutiefst, daß wir in unserem Lande – ohne unser Wissen – einen Menschen hatten, der der Menschheit soviel Leid zugefügt hat. Nach der Trostlosigkeit, ihn lebend unter uns gehabt zu haben, hoffen wir, daß wir wenigstens seine Knochen nicht behalten müssen!"[28])

Die Prozesse von Oradour und Tulle richteten sich gegen Einheiten der Waffen-SS. Frankreichs kommunistische Maquis, berüchtigt durch ihre grausamen Massenmorde nach

---

[26]) „Südkurier", Nr. 142 v. 23. 6. 1988.
[27]) Hanslian: Der chemische Krieg, 1927.
[28]) „Südkurier", Nr. 151 v. 4. 7. 1989, S. 4, Artikel: „Wir wollen seine Knochen nicht."

der „Befreiung“ an ihren Landsleuten, vor allem an Adeligen und Kollaborateuren, hatten die Schauprozesse gegen die Waffen-SS-Einheiten in den Jahren 1951 und 1953 inszeniert. Hintergrund dieser Prozesse waren die Massenmorde an gefangenen deutschen Soldaten bei der Invasion. 64 deutsche Soldaten hatten sich den Maquisards in Tulle (Südfrankreich) ergeben, waren erschossen und grausam verstümmelt worden. „Einigen Toten waren die Geschlechtsteile abgeschnitten und in den Mund gesteckt worden.“ Es handelte sich bei den Maquisards „um kommunistische Banden, die großenteils aus Rotspaniern, Polen und französischen Kommunisten bestanden, die auch die Bevölkerung terrorisierten und letzten Endes für die Verbrechen an deutschen Soldaten verantwortlich waren. Als Repressalie wurden 99 Verdächtige gehängt. Diese Hinrichtungsart wurde deshalb gewählt, „weil die Maquisards durch ihre gemeine Kampfesweise einen Gegner, der durch Genfer Konvention und Völkerrecht, sowie durch den deutsch-französischen Waffenstillstandsvertrag von 1940 geschützt war und der sich ergeben hatte, mit viehischer Grausamkeit niedergemacht, gequält, verstümmelt und geschändet hatten“. Auf Bitten des greisen Bischofs von Tulle (...) wurde den Terroristen vor der Hinrichtung geistlicher Beistand und christliches Begräbnis zugesichert, das anschließend auf dem Friedhof stattfand.[29])

Bis zum Juni 1944 hatte sich die Zahl der von Maquisards ermordeten Deutschen im Raum Tulle auf 135 erhöht.

In Oradour-sur-Glane war auf der Suche nach dem von den Maquisards verschleppten und auf viehische Weise ermordeten Sturmbannführers Kämpfe die den Ort besetzende Kompanie auch von den Einwohnern bekämpft worden.

---

[29]) Otto Weidinger: „Tulle und Oradour. Eine deutsch-französische Tragödie“, 1985, S. 18 ff.

Mehrere ermordete und verstümmelte deutsche Soldaten hatte man gefunden. Darauf hatte Sturmbannführer Diekmann die männlichen Einwohner des Ortes gefangennehmen und etwa 180 erschießen lassen.[30]) Der Vorwurf, die deutschen Soldaten hätten die Kirche in Oradour angezündet und dorthin geflüchtete Frauen und Kinder verbrennen lassen, konnte einwandfrei widerlegt werden. Die Maquisards hatten in der Kirche Munition gestapelt und sie selbst angezündet, laut Aussage der älteren Einwohner des Ortes gegenüber einem Offizier der Bundeswehr, der 1963 den Ort besucht hatte.[31]) Die in beiden Prozessen verurteilten SS-Offiziere und Männer wurden 1959 alle nach Verbüßung langer Freiheitsstrafen auf freien Fuß gesetzt. Keines der Todesurteile wurde vollstreckt, allein ein Beweis für die Fagwürdigkeit dieser Prozesse. Bei diesen Siegergerichten über Besiegte „mußten mindestens zwei Führer der Résistance als Beisitzer fungieren“. Alle Prozeßakten des Höheren Militärgerichts von Bordeaux, betreffend Tulle und Oradour, sind bis zum Jahre 2039 gesperrt, wohl ein Zeichen des „guten“ Gewissens der Siegermacht!

Otto Weidinger, letzter Kommandeur der Division „Das Reich“ schreibt in seinem Bericht: „Die Division ‚Das Reich‘ hat nie den ersten Schlag geführt, sondern ihre Einsätze gegen die Maquisards waren immer nur Reaktion auf die Verbrechen der Maquisards gegen deutsche Soldaten und Zivilpersonen.“ [32])

---

[30]) Weidinger, a.a.O., S. 32 ff.

[31]) Ebda, S. 40 ff.

[32]) Ebda, S. 53.

4. *Publizistik*

Publizistisch hat für die „Umerziehung" und Vergangenheitsbewältigung kaum eine zweite Schrift so weite Verbreitung und Einfluß auf internationaler Ebene gefunden wie das angebliche Tagebuch des holländischen Judenmädchens Anne Frank. Frühe Zweifel an der Echtheit des „Tagebuches" wurden schließlich durch eine Untersuchung des Bundeskriminalamtes bestätigt: Ein Teil des Tagebuches ist mit einer Kugelschreiberfarbe geschrieben, die es erst seit 1951 (!) gibt, also sechs Jahre nach dem Tod des Mädchens. Es starb 1945 im Lager Bergen-Belsen an Typhus. Ferner wurde gerichtlich ermittelt, daß diese Teile von 1951 in derselben Handschrift verfaßt sind wie das übrige Tagebuch. Über das Untersuchungsergebnis des Bundeskriminalamtes schrieb „Der Spiegel" am 6. Oktober 1980: „Vor diesem Resultat betrachtet, würden frühere Schriftgutachten sogar den Schluß nahelegen, daß sämtliche Aufzeichnungen erst nach 1945 angefertigt wurden, mithin das Tagebuch nicht authentisch ist." [1]) Das niederländische Reichsinstitut für Kriegsdokumentation, dem nach dem Tode des Vaters von Anne Frank, Otto Frank, im August 1980 die Tagebuchaufzeichnungen übergeben wurden, legte nach fünfjähriger Überprüfung „ein 714 Seiten starkes Werk zum ‚Tagebuch' vor". Drei Fassungen wurden nach ausführlicher Einleitung präsentiert: „a) die rohe Niederschrift des Kindes, b) eine zweite ‚Reinschrift' von ihr, c) eine dritte Fassung; diese stellte der Vater aus den beiden der Tochter nach Kriegsende zusammen, wobei er ‚ungefähr sieben Prozent' als ungeeignet ansah. Otto Franks Schrift wurde dann von Albert Cauvern überarbeitet und danach noch von den Lektoren des

---

[1]) Mohler: Der Nasenring, S. 221 f.

Verlages Contact redigiert. Das Endergebnis, die von Vater Frank autorisierte Fassung der ersten holländischen Ausgabe von 1947, ist als Fassung c) abgedruckt.“ [2])

Wenige Monate nach dem oben erwähnten Artikel in „Der Spiegel“ vom Oktober 1980 meldeten Mitte Dezember 1980 einige Zeitungen, „der Bundesgerichtshof habe ein Urteil eines Oberlandesgerichts gegen einen Mann aufgehoben, der das Franksche Tagebuch als Fälschung bezeichnet hatte. Gleichzeitig warnte ein Bundesrichter summarisch davor, aus dem Urteil „irgendwelche Schlüsse auf die Echtheit des umstrittenen Tagebuchs zu ziehen“.[3]) Bezeichnend für die „Meinungsfreiheit“ in der Bundesrepublik ist es nun, daß dennoch nach wie vor jeder Zweifel an der Echtheit des Tagebuchs strafrechtlich verfolgt und streng geahndet wird! So fand beispielsweise in Hamburg im Mai 1988 (!) ein „neuer Prozeß um die Echtheit der Tagebücher Anne Franks“ gegen einen dreiundachtzigjährigen Rentner und einen 58jährigen Mann statt. Darüber berichtete der „Südkurier“ unter dem Titel: „Es geht um übelste Nachrede.“ [4]) Unter dem irreführenden Titel „Kein Zweifel mehr an Tagebüchern. Ende im Anne-Frank-Prozeß: Angeklagter zieht Berufung zurück“ berichtete der „Südkurier“ in einer den Sachverhalt verfälschenden Weise über das Prozeßende: Der 83jährige Angeklagte hatte seine Berufung zurückgezogen, weil er gesundheitlich nicht mehr in der Lage war, den Prozeß durchzustehen. Sein Verteidiger berichtete, der Angeklagte habe immer wieder Drohbriefe und Drohanrufe von „Killern“ erhalten. Er war also ein Opfer des „heiligen“ Terrors der Juden und der Linken. Der Mitangeklagte hielt

---

[2]) Das freie Forum, Nr. 3, Juli—Sept. 1986.

[3]) Mohler, a.a.O., S. 222.

[4]) „Südkurier“, Nr. 108 v. 10. 5. 1988, S. 4.

jedoch, obwohl in erster Instanz ebenfalls verurteilt, seine Berufung aufrecht![5])

Zu Beginn des Jahres 1989 (!) veranstaltete die Amsterdamer Anne-Frank-Stiftung in Zusammenarbeit mit dem Stuttgarter Kulturamt eine Ausstellung „Die Welt der Anne Frank“. Dazu schrieb der „Südkurier“: „Die Ausstellung scheint besonders für Schulen geeignet (...) Der museumspädagogische Dienst bietet zusätzlich für Jugendgruppen und Schulklassen Gespräche an.“ [6]) So wird die Jugend mit Fälschungen belogen! Das „Tagebuch“ wurde in verschiedene Weltsprachen übersetzt und hat weltweite Verbreitung in millionenfachen Auflagen gefunden. In den Schulen der Bundesrepublik ist es vielfach zur Pflichtlektüre gemacht worden. Unbeschadet dessen sind Gerüchte aufgetaucht, daß Anne Frank noch lebe, besonders in ausländischen Zeitungen.[7]) Der Vater Otto Frank starb hochbetagt im Jahre 1980, nachdem er Millionen an dem „Tagebuch“ verdient hatte. Otto Frank habe den eigentlichen Schreiber des „Tagebuchs“, Levin Meyer, um das vereinbarte Honorar von 50000 Dollar prellen wollen, berichtet der „Eidgenoß“. Meyer klagte darauf bei einem New Yorker Gericht seine Rechte ein und setzte sich erfolgreich durch. Der jüdische Richter half mit zu verhindern, daß die Sache an die Öffentlichkeit kam![8]) Thomas Dehtlefsen bringt in seinem esoterischen Buch „Das Leben nach dem Leben. Gespräche mit Wiedergeborenen“ als Beispiel der „Wiedererinnerung an früheres Leben aus der schwedischen Wochenzeitung ‚Min Värld‘ das Bekenntnis der jungen Schriftstellerin Barbro Karlén: ‚Ich war in meinem früheren Leben Anne Frank.‘“ [9])

---

[5]) „Südkurier“, Nr. 108 v. 10. 5. 1988, S. 4.

[6]) „Südkurier“, Nr. 42 v. 20. 2. 1989.

[7]) „Deutsche Nationalzeitung“, Nr. 24 v. 10. 6. 1985, Artikel: „Lebt Anne Frank noch?“

[8]) „Eidgenoß“, 6/87, S. 3.

[9]) Goldmann, Taschenbuch, 8. A., 1974/78, S. 94 f.

Die vielen Prozesse um die Echtheit des Tagebuches von Anne Frank und das wissenschaftliche Untersuchungsergebnis des Bundeskriminalamtes beweisen eindeutig die Fragwürdigkeit. Neuestens sagte die Holländerin Miep Gies als letzte Überlebende, die Anne Frank persönlich kannte, vor einem Hamburger Gericht aus: „Ich sah Anne am Tisch sitzen und schreiben. Sie sah mich an, mit einem bösen Blick, ich merkte sofort, daß ich störte." Sie, Miep Gies, habe die Tagebücher nach der Verschleppung der Familie Frank in ihren Besitz bekommen. Sie habe die Aufzeichnungen ungelesen aufbewahrt bis zur Rückkehr Otto Franks aus Auschwitz. Gelesen habe sie sie erst nach Veröffentlichung im Jahre 1947. Otto Frank, Annes Vater, habe sie kurz vor seinem Untertauchen gefragt, ob sie bereit wäre, die Familie zu versorgen, bis der Krieg zu Ende ist. Hier ist einmal vom „Untertauchen" des Vaters die Rede, dann von seiner Rückkehr aus Auschwitz; wie reimt sich das zusammen? Miep Gies gibt auch zu, daß sie die handschriftlichen Aufzeichnungen im Original nie gelesen hat, sondern erst das gedruckte, veröffentlichte Tagebuch.[10]) Also ist sie überhaupt nicht in der Lage zu beweisen, daß die von ihr dem Vater übergebenen Schriftstücke das „Tagebuch der Anne Frank" waren.

Auch der Schriftsteller Ernst Schnabel (1913—1986) war an dem Geschäft mit dem Tagebuch von Anne Frank offensichtlich beteiligt. „Aus Schnabels Feder stammt der Umerziehungsklassiker ‚Anne Frank – Spuren eines Kindes', für den er den ‚Hermann-Stahl-Preis' der Jüdischen Gemeinde Berlin erhielt." [11])

In der antideutschen Publizistik während des Krieges waren absolute Höhepunkte das Buch des amerikanischen Ju-

[10]) „Südkurier", Nr. 266 v. 17. 11. 1989.
[11]) „Prominente ohne Maske", 2. Bd., München 1986, S. 307.

den Theodore Kaufman: „Germany must perish" und die Flugschriften des russischen Juden Jlja Ehrenburg ab 1942/43. Sein Flugblatt „Töte den Deutschen" wurde an nahezu alle Soldaten der Roten Armee verteilt. Dort hieß es u. a.: „Die Deutschen sind keine Menschen (...) Für uns gibt es nichts Lustigeres als deutsche Leichen. Zähle nicht die Tage. Zähle nicht die Kilometer. Zähle nur eines: Die von Dir getöteten Deutschen! Töte den Deutschen!" Für die CDU-Fraktion der Bezirksverordnetenversammlung des Berliner Stadtteils Schöneberg scheint Ehrenburg jedoch ein Ehrenmann zu sein. Diese CDU-Fraktion stellte nämlich den Antrag, eine Ausstellung „Russen in Schöneberg" einzurichten. Sie begründete den Antrag damit, die „Erinnerung an die große Zahl russischer Intellektueller, die sich zwischen 1918 und 1930 in Schöneberg aufgehalten hatten", „zu pflegen und ihr Schaffen in geeigneter Weise zu würdigen". Ilja Ehrenburg wurde dabei namentlich erwähnt![12]) Diese „christlich-demokratische Gesinnung" deckt sich mit der Mördergesinnung der britischen Bomberpiloten, die dem Massenmörder Arthur Harris, dem Oberbefehlshaber des britischen Bomber Command, ein Denkmal errichten.[13])

Ein Musterbeispiel britischer Heuchelei und Brutalität ist die Behandlung des einstigen Stellvertreters des Führers Rudolf Heß. Er war im Mai 1941 wohl im geheimen Auftrag Hitlers nach England geflogen, um Friedensverhandlungen anzubieten. Dort wurde er von den Briten widerrechtlich gefangen gehalten und 1945 nach Nürnberg überstellt. Obwohl dem Friedensboten keine „Verbrechen" gemäß Londoner Statut nachgewiesen werden konnten, wurde er zu lebenslänglicher Haft verurteilt. Heß nahm in Nürnberg eine

---

[12]) „Deutsche Nationalzeitung", Nr. 15 v. 5. 4. 1991.

[13]) „Südkurier", Nr. 232 v. 7. 10. 1991: „Kritik an Harris-Denkmal."

bewundernswerte Haltung ein. Als einziger der Angeklagten tat er das Richtige und erkannte das Siegergericht nicht an. Sein Schlußwort vor dem Siegertribunal ist ein Denkmal deutscher Mannhaftigkeit und menschlicher Würde:[14])

„Ich verteidige mich nicht gegen Ankläger, denen ich das Recht abspreche, gegen mich und meine Volksgenossen Anklage zu erheben. Ich setze mich nicht mit Vorwürfen auseinander, die sich mit Dingen befassen, die innerdeutsche Angelegenheiten sind und daher Ausländer nichts angehen. Ich erhebe keinen Einspruch gegen Äußerungen, die darauf abzielen, mich oder das ganze deutsche Volk in der Ehre zu treffen. Ich betrachte solche Anwürfe von Gegnern als Ehrenerweisungen. Es war mir vergönnt, viele Jahre meines Lebens unter dem größten Sohne zu wirken, den mein Volk in seiner tausendjährigen Geschichte hervorgebracht hat. Selbst, wenn ich es könnte, wollte ich diese Zeit nicht auslöschen aus meinem Dasein. Ich bin glücklich zu wissen, daß ich meine Pflicht getan habe, meinem Volk gegenüber – meine Pflicht als Deutscher, als Nationalsozialist, als treuer Gefolgsmann das Führers. Ich bereue nichts! Stünde ich wieder am Anfang, würde ich wieder handeln, wie ich handelte, auch wenn ich wüßte, daß am Ende ein Scheiterhaufen für meinen Flammentod brennt. Gleichgültig, was Menschen tun, dereinst stehe ich vor dem Richterstuhl des Ewigen: Ihm werde ich mich verantworten, und ich weiß: Er spricht mich frei!“

Seit 1941 in britischer Haft, 1945/46 in Nürnberg inhaftiert, kam Heß in das „Kriegsverbrechergefängnis“ Spandau mit anderen Verurteilten. Nach deren Entlassung lebte er seit 1966 im Spandauer Gefängnis allein, von den vier Siegermächten im monatlichen Wechsel auf Kosten der Bundes-

[14]) Wolf Rüdiger Heß: Mord an Rudolf Heß? Der geheimnisvolle Tod meines Vaters in Spandau, Leoni 1989, S. 171; Mit einem Vorwort seines Verteidigers Dr. Alfred Seidl.

republik Deutschland bewacht. Dort wurde er am 17. August 1987 – wahrscheinlich vom britischen Geheimdienst – ermordet.[15])

Sein Verteidiger, Rechtsanwalt Alfred Seidl, stellt fest, „daß das Urteil des IMT gegen Rudolf Heß jeder Rechtsgrundlage entbehrt und nichtig, in Wahrheit ein Nichturteil ist".[16]) Seidl fährt fort: „Die 46 Jahre andauernde rechtswidrige Einschließung von Rudolf Heß stellte einen Verstoß gegen zwingendes Völkerrecht dar, insbesondere eine Verletzung der allgemeinen Erklärung der Menschenrechte der Generalversammlung der Vereinigten Nationen vom 10. Dezember 1948 und der Konvention über politische und Bürgerrechte vom 16. 12. 1966. Sie erfüllte aber außerdem nach dem Recht aller zivilisierter Nationen den Tatbestand von Verbrechen und Vergehen, nach deutschem Recht den Tatbestand eines Verbrechens der schweren Freiheitsberaubung mit Todesfolge nach § 239 Abs. 2 und 3 StGB in Tateinheit mit einem Vergehen der Vollstreckung gegen Unschuldige nach § 345 StGB, der unterlassenen Hilfeleistung nach § 323 c StGB und – wegen der rechtswidrigen Verwendung von mehr als dreißig Millionen DM öffentlicher Mittel – der Untreue nach § 266 StGB." Aber nicht nur das Nürnberger Urteil war als Fehlurteil null und nichtig, die unmenschliche Einzelhaft verstieß auch gegen die von der UNO 1948 und 1966 festgelegten Menschen- und Bürgerrechte. Die Regierung der Bundesrepublik Deutschland hat sich feige und kriecherisch dem Standpunkt der drei Mächte (Westmächte) am 9. März 1979 angeschlossen: „Die drei Mächte sind der Auffassung, daß für eine Freilassung von Rudolf Heß nur humanitäre Gründe in Betracht kommen. Die Bundesregie-

[15]) „Südkurier", Nr. 51 v. 2. 3. 1989, Artikel: „Pfleger: Rudolf Heß wurde ermordet. Tunesier wies offizielle Selbstmordtheorie im BBC-Fernsehen zurück."

[16]) Rüdiger Heß: Mord an Rudolf Heß?, S. 12.

rung teilt diese Auffassung“ [17]), weil sie keine eigene Meinung hat und gehorsames Vollzugsorgan der Rachejustiz der Sieger- und Besatzungsmächte ist. Sie wäre verpflichtet gewesen, mit Berufung auf die von der UNO festgelegten Menschen- und Bürgerrechte den Fall „Rudolf Heß“ zu bereinigen.

Die pseudowissenschaftliche Aufarbeitung des Dritten Reiches als singuläres Kriminalstück der Geschichte gipfelte schließlich 1986/87 im sogenannten „Historikerstreit“. [18]) Er wurde durch einen Artikel des Berliner Zeitgeschichtlers Ernst Nolte, bekannt als „Faschismus-Forscher“, ausgelöst, unter dem Titel: „Vergangenheit, die nicht vergehen will“, veröffentlicht in der „Frankfurter Allgemeinen Zeitung“ vom 6. Juni 1986, und durch eine dagegen gerichtete Polemik des „Philosophen“ Jürgen Habermas, betitelt: „Eine Art Schadensabwicklung. Die apologetischen Tendenzen der deutschen Zeitgeschichtsschreibung“ in der Wochenzeitung „Die Zeit“ vom 11. Juli 1986. Es geht bei diesem Streit keineswegs um eine grundsätzliche Revision des von den Siegermächten festgelegten Geschichtsbildes, von den bundesrepublikanischen Zeitgeschichtlern und Politologen bedingungslos übernommen und nachgebetet, sondern um einen Vorschlag Noltes und anderer Zeitgeschichtler, das Dritte Reich und die ihm von den Siegern angedichteten Greueltaten zu „historisieren“. Diese Diskussion wurde bezeichnenderweise in der Tagespublizistik ausgetragen. Die „Meinungsmacher“ bestimmten Ton und Inhalt der Diskussion. Mit Wissenschaft und Wahrheitsforschung hat sie überhaupt nichts zu tun.

---

[17]) Vorwort von Rechtsanwalt Dr. Alfred Seidl zu Rüdiger Heß: Mord an Rudolf Heß, S. 7—22, hier S. 19.

[18]) S. dazu: „Historikerstreit“. Die Dokumentation der Kontroversen um die Einzigartigkeit der nationalsozialistischen Judenvernichtung, München 1987; ferner Rolf Kosiek: Historikerstreit und Geschichtsrevision, Tübingen 1987.

Kurt Ziesel charakterisiert in seinem Buch „Die Meinungsmacher“ die oben genannte Wochenzeitung „Die Zeit“ als „Organ des Rufmords und der Manipulationen“.[19]) Sie ist als „Lizenzblatt der britischen Besatzungsmacht und linksliberales Sprachrohr dieser Überlieferung treu geblieben. Deshalb war es kein Zufall, daß Habermas, bekanntester Schüler der „Frankfurter Schule“ und Verfechter ihrer Umerziehungspolitik, in diesem Rufmordorgan veröffentlichte. Habermas, selbst nicht Historiker, nennt sich „Philosoph“. Er hat mit seinem Artikel den „Streit“ ausgelöst, wie das Organ, das er benützte, ein Zeichen für die Abhängigkeit der „Zeitgeschichte“ von den Meinungsmachern und Manipulatoren. „Zeitgeschichte“ in der Bundesrepublik ist ex ovo antifaschistische Reklame, hat also mit „Wissenschaft“ und „Wahrheitsforschung“ überhaupt nichts zu tun. „Man kann sich kaum des Eindrucks erwehren“, meint Kosiek, „daß die amtliche Zeitgeschichte eher im Dienst der Umerziehung und der Feindmächte steht als vom Ethos der Wissenschaft getragen wird, von der Verpflichtung Volk und Vaterland gegenüber ganz zu schweigen“.[20]) Kosieks Eindruck ist richtig. Die „Zeitgeschichte“ in der Bundesrepublik und die Politologie wird von den Lehrstuhlinhabern wie von den „Meinungsmachern“ in den Massenmedien als Fortsetzung der Kriegspropaganda, der psychologischen Kriegführung der westlichen Alliierten, insbesondere Englands und Amerikas, betrieben. Das antifaschistische Credo für die Zeitgeschichtler und Politologen beruht auf dem bedingungslosen Bekenntnis zur alleinigen Kriegsschuld Hitlers – gemeint ist Deutschland – und der Behauptung, es seien sechs Millionen Juden ermordet worden.

---

[19]) München 1987, S. 165 ff.

[20]) Kosiek, a.a.O., S. 47.

Obwohl die Behauptung, Hitler sei allein „schuld" am Zweiten Weltkrieg, schon nach den Grundgesetzen menschlicher Logik ein Irrsinn ist – kein einzelner kann allein eine solche Völkerkatastrophe auslösen! – und die Zahl der jüdischen Opfer im 2. Weltkrieg höchst umstritten ist, wird von „Historikern" und Politologen gläubig der Unsinn der Umerzieher nachgebetet, weil er amtlich vorgeschrieben ist. Bundespräsident Weizsäcker, Oberlehrer für Nationalmasochismus, hielt selbst am Historikertag in Bamberg im Oktober 1988 mit erhobenem Zeigefinger eine Rede: „Auschwitz geschah in deutschem Namen durch Deutsche". Darin betonte er die „Singularität" der „Naziverbrechen" durch Massenvergasungen von Juden. Das Staatsoberhaupt gab damit den „Historikern" die Leitlinie für ihre Tagung. Auch in diesem Fall muß man auf den Unsinn der Aussagen als solche hinweisen. Alle geschichtlichen Vorgänge sind einmalig, unwiederholbar und unumkehrbar. Niemand wagte es auf der Tagung, auf die „Singularität" des Luftterrors der Alliierten hinzuweisen, die Flächenbombardements der Wohnviertel mit dem Massenmord an Frauen und Kindern. Die „Zeitgeschichte" in der Bundesrepublik ist also weisungsgebunden durch die Besatzer und ihre deutschen Vollzugsorgane, die Behörden der Bundesrepublik. Es wird grundsätzlich nicht zur Kenntnis genommen, daß die Diskussion um die „Vernichtungslager" nicht abgeschlossen ist, wie das Gutachten des amerikanischen Gaskammerspezialisten Fred A. Leuchter und laufende Prozesse beweisen.

In dem 1987 vom Piper-Verlag, München, herausgegebenen Buch: „Historikerstreit. Die Dokumentation der Kontroverse um die Einzigartigkeit der nationalsozialistischen Judenvernichtung" sind 42 Beiträge von 27 Autoren aufgeführt. Davon ist die Hälfte als „Historiker" aufgeführt, darunter dreizehn als Professoren für Neuere und Neueste Geschichte. Dazu kommen vier Politologen, ein Erziehungswissenschaftler, zwei „Philosophen“, vier Journalisten, der Medienpublizist Richard Löwenthal als „Direktoriumsmitglied des Forschungsinstituts der Deutschen Gesellschaft für Auswärtige Politik in Bonn“. Der Zufall fügte es, daß die Namensliste alphabetisch vom „Spiegel“-Herausgeber Augstein angeführt wird, ein wahres Sinnbild für die bundesrepublikanische Zeitgeschichte als „Wissenschaft“, ähnlich der stellvertretende Chefredakteur der Wochenzeitung „Die Zeit“, Robert Leicht. Der dritte Journalist ist Hanno Helbling, Leiter der Feuilletonredaktion der „Neuen Zürcher Zeitung“, die sich immer schon durch liberale und antideutsche Haltung ausgezeichnet hat. Der vierte Journalist ist Joachim Fest, Mitherausgeber der FAZ und bekannt geworden durch seine Hitlerbiographie.

Auf dieser Journalistenebene trafen sich die Professoren für „Zeitgeschichte“!

Für den geistigen und charakterlichen Zusammenbruch der akademischen Oberschicht Deutschlands spricht noch mehr als die obige Zusammenstellung die Tatsache, daß von allen Universitätsprofessoren der älteren Generation nur ein einziger es gewagt hat, gegen die Kriegsschuldlüge mit einer selbständigen Veröffentlichung anzugehen: Professor Bolko Freiherr von Richthofen, Ordinarius für Vorgeschichte an der Universität Königsberg bis 1945, brachte 1968 im Arndt-Verlag, Vaterstetten bei München, ein Buch heraus: „Kriegsschuld 1939—1941. Der Schuldanteil der anderen“ (2. Auflage 1975). Wie schon oben hervorgehoben, hat, im Gegensatz zur Nachkriegszeit des Ersten Weltkrieges, die Professorenschaft nach dem Zweiten Weltkrieg eine totale Kapitulation vollzogen! So schreibt Bernd Rüthers, Professor für Bürgerliches Recht, Arbeitsrecht und Handelsrecht an der Universität Konstanz in einem Artikel: „Aschenputtels Geburtstag – 40 Jahre Bundesrepublik und DDR": „Diese Welt war zerrüttet durch einen Krieg, den Deutschland, besser gesagt: Hitler und seine Mannen, mutwillig vom Zaun gebrochen hatten." [21]) Ist das Dummheit, Unwissen oder Bosheit, oder alles zusammen?

Augsteins „Der Spiegel" ist zweifelsohne das beste Spiegelbild des geistigen Zustandes der Bundesrepublik Deutschland, „als Giftspritze der Nation".[22]) Als gelehriger Schüler der britischen Besatzer und in ihrem Sinne umerzogen, hat er sich für seine publizistische Tätigkeit die Propagandaregeln der psychologischen Kriegführung Englands nach dem Vorbild von Sefton Delmer zu eigen gemacht. Dieser bezeichnet sich selbst in seinen Erinnerungen als „Spezialist für Fälschungen und Lügen".[23]) In diesem Sinne wurde der 1923 geborene Rudolf Augstein, im Kriege auch Mitarbeiter der Goebbelschen Zeitschrift „Das Reich", zuletzt Leutnant in der Wehrmacht, von den britischen Besatzern nach dem Kriege – 1945 war Rudolf Augstein 22 Jahre alt – umerzogen zum „Umerzieher". Er ist eines der erfolgreichsten Umerziehungsprodukte der Besatzungsmächte auf publizistischem Gebiet. Sein geschäftlicher Grundsatz: „Je größer der Stiefel, desto höher der Absatz" weist ihn als einen der tüchtigsten Geschäftemacher auf publizistischem Gebiet aus. Er erhielt im Jahre 1947 von der britischen Besatzungsmacht eine Lizenz für sein Nachrichtenmagazin „Der Spiegel", das er nach dem Vorbild der amerikanischen Zeitschrift „Time" gestaltete. „Der Spiegel" repäsentiert die bundesrepublikanische Publizistik im Ausland an erster Stelle.

Es fällt auf, daß die wichtigsten Organe der veröffentlichten Meinung in der britischen Besatzungszone, in Hamburg,

---

[21]) „Südkurier", Nr. 296 v. 23. 12. 1989.

[22]) Ziesel: Die Meinungsmacher, S. 25 ff.

[23]) Delmer: Die Deutschen und ich, S. 688.

lizensiert wurden: „Der Spiegel“, „Die Zeit“ und „Stern“. Auch der Springer-Verlag mit der Tageszeitung „Die Welt“ hatte seinen Sitz in Hamburg.

Kurt Ziesel hat in seinem Buch „Die Meinungsmacher“ 1987 das verderbliche Wirken der genannten Organe dargestellt, dazu noch als süddeutsche Ergänzung die „Süddeutsche Zeitung“, das linksliberale Sprachrohr in der bayerischen Landeshauptstadt. Die genannten „Meinungsmacher“ sind, je ihrem jugendlichem Alter entsprechend, schon Propagandisten im und für das Dritte Reich gewesen, so Henri Nannen, der Herausgeber des „Stern“, der Hauptschriftleiter der Wochenschrift „Die Zeit“, Müller-Mahrein, und Werner Friedmann bei der „Süddeutschen Zeitung“. Die drei Genannten beschäftigten auch ehemalige „Nazis“, die sich als Wendehälse mit ähnlicher Skrupellosigkeit wie ihre neuen Brötchengeber am 9. Mai umgedreht hatten.

Im Jahre 1848, dem Honigmond der Journalistik im deutschen Mitteleuropa, hatte der Gründer der Wiener Zeitung „Presse“ die Parole für die Journalistik ausgegeben: „Meine Zeitung ist ein Kramladen, ich verkaufe Publizität“.[24]) Das war in der angelsächsischen Welt schon immer der leitende Grundsatz gewesen. Mehr denn je ist das Zeitungswesen ein großes Geschäft mit Lügen, Halbwahrheiten, Fälschungen, Verdrehungen, Entstellungen, Auslassungen, mit erfundenen Sensationen oder übertriebenen und verzerrten Berichten. Die Presseorgane werden von der Industrie mit großen Anzeigen und Werbeschlagern finanziert. Die Industrie, die „freie“ Wirtschaft, verleiht der Journaille und den anderen Massenmedien jene Macht, die es ihnen erlaubt, nicht nur die Öffentlichkeit falsch zu unterrichten, sondern auch Minister zu stürzen, sogar mit Hilfe von „Quellenmaterial“ aus

---

[24]) Georg Franz-Willing: Liberalismus. Die deutschliberale Bewegung in der Habsburger Monarchie, München 1955, S. 475, Anm. 3 zu S. 184.

dem kommunistischen Osten, sei es aus Pankow, sei es unmittelbar aus Moskau. In diesem Zusammenhang sei hier z. B. an den Fall des Bundesvertriebenenministers Theodor Oberländer erinnert, oder an jenen des Verteidigungsministers Franz Josef Strauß. „‚Der Spiegel‘ entspricht nicht dem demokratischen Mitteilungsbedürfnis des Volkes, sondern nur dem Gestapo-Bedürfnis einer Minderheit. Seine Reporter kündigen ihre Angriffe, aller journalistischen Ethik widersprechend, im voraus an, ziehen mit ihren Tonbandgeräten durchs Land, so daß sie keine Reporter mehr sind, sondern nur noch Agenten, die der lieb gewordenen Gestapo-Libido entgegenkommen (...)“ schrieb der jüdische Publizist und Umerzieher Hans Habe alias Bekessy, an Augstein.[25]) Hans Habe, 1945 mit den Amerikanern als Sieger einmarschierter Leiter der ersten amerikanischen Besatzungszeitung in München „Neue Zeitung“, charakterisierte Henri Nannen und seine Illustrierte „Stern“ wie folgt: „Sie haben den perfekten Cocktail aus Unterleib und Oberklugheit, aus echter Nacktheit und falscher Enthüllung, aus Mammutgehältern und sozialem Mitleid, aus Unternehmerbeschimpfung und Inseratengewinnung erfunden, der von einem grauhaarigen Operntenor ohne Stimme ausgeschenkt wird und seine Abnehmer findet.“ [26])

Und die Schweizer Zeitung „Vaterland“ brachte am 8. Januar 1971 über Nannen folgenden Artikel aus der Feder ihres Bonner Korrespondenten:[27])

„Der Saubermann der bundesdeutschen Demokratie und Tugendwächter der Nation, der sich über Jahre hinweg mit musterhafter Akribie darum bemüht, auch den kleinsten braunen Flecken auf der Weste ihm nicht genehmer Zeitge-

---

[25]) Ziesel: Die Meinungsmacher, S. 69.

[26]) Ebda, S. 84.

[27]) Ebda, S. 98.

nossen zu entdecken und sie moralisch zu vernichten, biederte sich einst in geradezu widerlicher Weise bei den Nazis an. Der Mann, den Willy Brandt zum Prototyp des deutschen Journalisten beförderte, war zu allen Zeiten ein gewissenloser Opportunist, der den Heros Hitler feierte, wo sich ihm eine Gelegenheit dazu bot (...) Es geht um jenen Nannen, der die Form des Gesinnungsterrors zu einem journalistischen Mittel erhob, wenn es darum ging, Braune anzuschwärzen, der aber selbst über und über mit brauner Farbe bekleckert ist."

Einer der engsten Mitarbeiter ist Hans Weidemann, ein Altparteigenosse aus dem Jahre 1926, Reichsleiter der NSDAP und Vizepräsident der Reichsschrifttumskammer. Sein Name wurde im Zusammenhang mit den gefälschten Hitler-Tagebüchern „rühmlich" bekannt. Nannen verstand es auch, sich in Moskau durch seine antiamerikanische und prokommunistische Berichterstattung über den Vietnamkrieg beliebt zu machen. Anläßlich des Umsturzes in Chile 1973 verbreitete der „Stern" die Lüge, Allende sei ermordet worden; in Wirklichkeit hatte er Selbstmord begangen. Ähnlich wie „Der Spiegel" funktioniert auch der „Stern" Berichte seiner Mitarbeiter und Korrespondenten nach Belieben um, ganz im Sinne seiner Pressefreiheit. Bezeichnenderweise erfreute sich die Illustrierte „Stern" der Unterstützung der sozialliberalen Koalitionsregierung Willy Brandt und dessen Nachfolger Helmut Schmidt. Nachdem die in München erscheinende Massen-Illustrierte „Quick", schärfstes Konkurrenzblatt des „Stern", aber auf der rechten Seite, die Moskau-Papiere Egon Bahrs in Zusammenhang mit der Ostpolitik der roten Regierung veröffentlicht hatte, kam die Zusammenarbeit der SPD mit Moskau sowie den tschechischen wie auch italienischen Kommunisten ans Tageslicht. Darauf führte „Stern" einen Rachefeldzug gegen den

Quick-Chefredakteur Nouhuys, „in einem geradezu kriminellen Zusammenspiel mit der damaligen Bundesregierung, dem Kanzleramt und dem von ihm damals gesteuerten BND“, so schildert Ziesel die Angelegenheit.[28]) Die „kriminellen Einzelheiten dieser Kumpanei zwischen Regierung und ‚Stern‘ enthüllte der Prozeß, den der Bauer-Verlag der ‚Quick‘ gegen die Hamburger Rufmord-Gazette führte. In diesem Spionage-Thriller des ‚Stern‘ spielten die Bundesregierung und vor allem die SPD-Genossen Horst Grabert, Chef des Kanzler-Amtes, und dessen Parteifreund Dieter Blötz, Vizepräsident des Bundesnachrichtendienstes, eine maßgebende Rolle. Sie übernahmen Prüfungs- und Handlangerdienste für die Verleumdungskampagne des ‚Stern‘ in einem Umfang, der auch als grober Mißbrauch von Steuergeldern bezeichnet werden kann. Die zur Veröffentlichung bestimmten Artikel des ‚Stern‘ wurden sowohl von Grabert wie auch von Blötz und seinem Ministerialrat Heinrich Rieck – mittels Flügen von München nach Hamburg und Bonn – eingehend geprüft und zur Veröffentlichung freigegeben, so als sei der ‚Stern‘ Regierungsorgan.“ [29]) Beide sozialdemokratischen Bundeskanzler, Helmut Schmidt und Willy Brandt „und fast die gesamte linksgedrallte Intelligenzia“ stellten sich hinter die Illustrierte und ihre Macher; finanziell lebt die Massen-Illustrierte von den riesigen Anzeigen aus der Industrie und der ganzen Wirtschaft.

Dieses Zusammenspiel zwischen Journaille, Regierung und Wirtschaft beleuchtet das geistige und sittliche Klima der Bundesrepublik. Zu den Mitarbeitern des „Stern“ zählt auch Sebastian Haffner, der in Wirklichkeit Raimund Pretzel heißt. Pretzel-Haffner, vor dem Krieg Rechtsanwalt in Berlin und Mitarbeiter der „Vossischen Zeitung“, gibt sich

---

[28]) Ebda, S. 135 f.

[29]) Ebda, S. 146 f.

als NS-Verfolgter, ausgewandert nach England im Jahre 1938. Die Wirklichkeit des Pretzel-Haffner sieht jedoch anders aus: 1933 erklärte er seinen Eintritt in den Reichsverband deutscher Schriftsteller. „Ich bin arischer Abstammung. Ich bin preußischer Staatsangehöriger. Ich erkläre mich vorbehaltlos bereit, jederzeit für das deutsche Schrifttum im Sinne der nationalen Regierung einzutreten und den Anordnungen des Reichsführers des RDS in allen den RDS betreffenden Angelegenheiten Folge zu leisten." Sein Bruder teilte auf Anfrage dem Präsidenten der Reichsschrifttumskammer am 13. 2. 1939 mit, „daß mein Bruder im Herbst vorigen Jahres mit einem Auftrag des Deutschen Verlages für ein Jahr nach England beurlaubt worden ist". Da der Deutsche Verlag dem Zentralverlag der NSDAP in München angehörte, entpuppte sich die angebliche Emigration des Herrn Pretzel, als „Auftrag dieses Verlages in England". Bei Kriegsausbruch wurde er in England zunächst interniert, dann wurde er Mitarbeiter der britischen psychologischen Kriegführung und trat eifrig für eine Aufteilung Deutschlands in mehrere Staaten ein, so in seinem 1940 veröffentlichten Buch „Jekyll und Hyde". Die Rache an der SS stellte er sich in Form eines Massenmordes an einer halben Million SS-Männer vor. Nach dem Krieg mit den Siegern nach Deutschland zurückgekehrt, predigte er eifrig die Aufteilung Deutschlands und betrachtete eine deutsche Wiedervereinigung als „Todsünde".[30]) Bekannt wurde er in der Bundesrepublik durch sein 1978 veröffentlichtes Buch „Anmerkungen zu Hitler".

Die Büßerrolle der Bundesrepublik wurde vom Bundestag anläßlich der Gedenkfeier des fünfzigsten Jahrestages des Judenpogroms vom 9. November 1938 im Bundestag in ei-

[30]) „Prominente ohne Maske", Bd. I., S. 182.

ner geradezu lächerlichen Weise der Weltöffentlichkeit vorgespielt. Der Bundestagspräsident Philipp Jenninger hatte in seiner Ansprache versucht, die Begeisterung des deutschen Volkes für Adolf Hitler mit dessen großen Erfolgen zu erklären. Das wollten die Abgeordneten nicht hören; fünfzig Abgeordnete verließen den Sitzungssaal während der Rede des Präsidenten. „Die Fähigkeit zum Zuhören“, so kommentierte Herbert Kremp den Vorgang treffend, „als Voraussetzung sinngemäßen Verstehens, hat in den letzten zwanzig Jahren auch in der Bundesrepublik nachgelassen. Die Neigung zur vorgefaßten, dem Argument unzugänglichen Meinung spielt eine verstärkende Rolle. Sie führt zur Häufung von ‚gewollten Mißverständnissen‘. Eingeübt, schwächen sie die Rezeptionskraft (...) Der Bundestagspräsident hätte wissen müssen“, so fährt Kremp fort, mit dieser Formulierung in fataler Weise an die alliierten Militärgerichte in ihren Anklage- und Urteilsbegründungen erinnernd, „daß die meisten Abgeordneten nicht belesen sind“! Dieses geistige Armutszeugnis stellt ein Journalist den gewählten Volksvertretern aus. Kremp fährt weiter: „Die meisten Abgeordneten kennen die umfangreiche Hitler-Biographie von Joachim Fest und die inhaltsreichen ‚Anmerkungen zu Hitler‘ von Sebastian Haffner (1978) nicht. Aus diesen Quellen bezog Jenninger jene Teile seiner Darstellung, die den erregtesten Anstoß fanden.“ „Die etwa fünfzig Abgeordneten“, so stellt Kremp fest, „die den Saal verließen, formulierten in der Lobby das Vorurteil aufgrund des Fehlverständnisses des ersten Teils der Rede und trotz der Unkenntnis des zweiten Teils“. Der Bundestagspräsident legte unverzüglich sein Amt nieder, offensichtlich leichten Herzens, mit der Bemerkung „Nicht alles darf man beim Namen nennen in Deutschland“.[31])

[31]) Herbert Kremp: „Jenningers Mondfahrt oder die Verweisung aus dem Bonner Orbit“, in: „Welt am Sonntag“ v. 20. 11. 1988.

In diesem Zusammenhang muß hier die Festrede des Bundeskanzlers Helmut Schmidt angeführt werden, die er anläßlich der Feier des 85sten Geburtstages von Nahum Goldmann, dem langjährigen Präsidenten des jüdischen Weltkongresses, am 8. Juli 1980 in Amsterdam gehalten hat. Dort führte der sozialdemokratische Bundeskanzler u. a. aus:[32])

„Ich habe es auch als ein besonderes Privileg und einen Neubeginn in den Beziehungen zwischen unseren beiden Völkern angesehen, daß ich im Herbst 1978 gebeten wurde, in der Großen Synagoge in Köln zusammen mit Dr. Goldmann und Dr. Nachmann vierzig Jahre nach jenem 9. November 1938 zu sprechen, als in Deutschland die Synagogen in Flammen aufgingen. Damals sind viele Deutsche schuldig geworden, weil sie untätig zusahen. Wie wir alle wissen, war die schändliche Brandschatzung jüdischer Gotteshäuser aber nur das Fanal, das die furchtbaren Massenmorde in Auschwitz und anderen Vernichtungslagern ankündigte (...) Die heutige Jugend hatte das Glück, keinen Krieg und kein Massensterben zu erleben. Die Tatsache, daß sechs Millionen Juden getötet wurden, ist ihr einfach unverständlich (...) Und ich weiß, daß viele junge Deutsche zu begreifen begannen, was ein Leben in ständiger Furcht bedeutet, als sie das ‚Tagebuch der Anne Frank' lasen. Vor genau 38 Jahren, am 8. Juli 1942, schrieb Anne Frank in ihr Tagebuch: ‚Es ist unendlich viel geschehen, es ist als wäre die Erde verwandelt.' Von der SS war eine Vorladung gekommen, und die Familie Frank zog daraufhin in jenes Achterhuis in der Prinsengracht, hier in Amsterdam, das als Versteck vorbereitet war. Im August 1944 wurde die Familie verhaftet. Anne Frank starb im KZ Bergen-Belsen. Ihr Tagebuch aber

---

[32]) Nahum Goldmann: „Mein Leben. USA – Europa – Israel." 2. Band der Autobiographie. Der 1. Band ist unter dem Titel „Mein Leben als deutscher Jude" erschienen. München 1981, S. 430 ff.

lebt weiter. Ich empfehle allen jungen Deutschen, es zu lesen." Der sozialdemokratische Bundeskanzler, der intelligenteste unter den führenden Männern der SPD, hat hier wieder einmal ein Bekenntnis zum antifaschistischen Credo seiner Partei und der Bundesrepublik abgelegt.

Der christdemokratische Bundespräsident Weizsäcker des westdeutschen Staates hat während seiner Amtszeit dieses Credo mehrfach nach- und vorgebetet, so auch auf dem oben schon erwähnten westdeutschen Historikertag in Bamberg im Jahre 1988: „Auschwitz geschah in deutschem Namen!" Diese amtlichen Nutznießer des Wohlstands um den Preis der Wahrheit und der Ehre des deutschen Volkes bekennen sich bewußt zu den alliierten und jüdischen Propagandalügen und lassen den Kampf gegen diese Lügen strafrechtlich verfolgen.

Bei der Feier des 85. Geburtstages von Nahum Goldmann war die ganze Prominenz Bundesdeutschlands vertreten. Außer dem amtierenden Bundeskanzler Helmut Schmidt sprach der Vorsitzende der CDU, Helmut Kohl, als Vertreter der FDP trat der amtierende Außenminister Genscher auf. Die amtlichen Vertreter der drei staatstragenden Parteien der Bundesrepublik, vor 1933 der Weimarer Koalitionsparteien, erwiesen im Namen ihrer Parteien und des von ihnen getragenen Verwaltungsapparates der Besatzungsmächte in Deutschland dem führenden Vertreter des Weltjudentums ihre Reverenz.

Die Sozialdemokratie, von der Entstehung her von Juden maßgeblich geprägt, ideologisch und parteipolitisch, weist sich als solche von Anfang an aus. So schrieb das „Jüdische Volksblatt" in Wien bereits im Jahre 1899:[33]) „Fördern wir die Sozialdemokratie, wie es nur angeht, aber seien wir hier-

[33]) „Staatsbürgerzeitung" vom 3. August 1899, zit. nach Aurelia Gerlach: Der Einfluß der Juden in der österreichischen Sozialdemokratie, Wien 1939, S. 89.

bei vorsichtig, damit die breiten Massen es nicht merken, daß die Sozialdemokratie nur eine Judenschutztruppe ist, und damit für die Gegner kein Anlaß vorhanden sei, die betreffende Partei als Judenknechte, und wie dergleichen liebenswürdige Ausdrücke noch lauten, zu bezeichnen."

Der CDU-Vorsitzende Helmut Kohl trat als Bundeskanzler natürlich in die Fußstapfen seines Vorgängers Helmut Schmidt und vollzog bei allen Gelegenheiten Kotau vor den Siegermächten von 1945, jüngst auch bei seinem Besuch in Polen. Selbstverständlich absolvierte er dort nicht nur die Pflichtübung in Auschwitz. Den Polen brachte er Kredite in Höhe von drei Milliarden Mark, à fonds perdus. Er verzichtete auf den vorgesehenen Besuch auf dem Annaberg, weil die Polen ihn dort nicht haben wollten. In Kreisau, dem schlesischen Sitz von Widerständlern (Moltke), feierte er zusammen mit dem polnischen Ministerpräsidenten den Widerstand gegen den NS. Von den Greueltaten der Polen an Deutschen weiß er natürlich nichts. Er weiß nicht, daß zwischen 1919 und 1939 nahezu anderthalb Millionen Deutsche von den Polen enteignet und vertrieben wurden. Unbekannt ist ihm auch, daß der Zweite Weltkrieg mit der polnischen Generalmobilmachung am 30. August 1939 begann, als man in Berlin den polnischen Unterhändler vergeblich erwartete. Ahnungslos ist er hinsichtlich der Tatsache, daß der erste Massenmord an Zivilisten im Zweiten Weltkrieg von den Polen am „Blutsonntag" von Bromberg begangen wurde (5. September). Die Vertreibung von rund fünfzehn Millionen Deutschen, der Besitz- und Landraub in den Reichsgebieten östlich der Oder-Neiße-Linie (Schlesien, Pommern, Ostbrandenburg, Danzig, Westpreußen, ein großer Teil Ostpreußens) läßt ihn kalt. Die Greueltaten der Polen an der von ihnen vertriebenen deutschen Zivilbevölkerung, die Milliardenwerte geraubten privaten deutschen Besitzes an Hausrat, Kleidern, Möbeln, an Immobilienbesitz will er nicht zur Kenntnis nehmen. Er weiß nur von Auschwitz! Als Kanzler der Alliierten – so hatte der sozialdemokratische Parteivorsitzende Kurt Schumacher schon den ersten Kanzler der Bundesrepublik, Konrad Adenauer, benannt – redet und handelt Kohl wie alle anderen Kanzler vor ihm nur im Interesse der Alliierten. Die Menschenrechte, für die sie angeblich kämpften, gelten nicht für die Deutschen.

Father Emanuel J. Reichenberger (1888—1968) hat in seinem Buch „Europa in Trümmern“ [34]) immer wieder nachdrücklich hervorgehoben, daß das größte Verbrechen der nachchristlichen Geschichtsära die Massenvertreibung von rund achtzehn Millionen Deutschen aus ihrer angestammten Heimat ist. Das Heimatrecht, ein elementares Grund- und Menschenrecht, wird von den alliierten Kanzlern der Bundesrepublik großzügig übergangen. Die Polen haben den größten Anteil an dem Heimatraub, der an den Deutschen begangen wurde. Die Bonner Regierungen bekennen sich mit kriecherischer Unterwürfigkeit ständig zur Kollektiv- und Alleinschuld und sind zu feige, auf die viel größere Mitschuld der Sieger am Ausbruch des Zweiten Weltkrieges hinzuweisen. Sie haben mit den Friedensdiktaten von Versailles und St. Germain den Grund für den Zweiten Weltkrieg gelegt. Die Greueltaten der Siegermächte im Krieg haben bei weitem alle Untaten des NS-Regimes übertroffen: Vor allem der hemmungslose Bombenkrieg gegen die Zivilbevölkerung war das größte Kriegsverbrechen während des Krieges. Dieser krasse Verstoß gegen die Haager Landkriegsordnung und die Genfer Konvention wurde bereits in Friedenszeiten vorbereitet. Nach der Kapitulation der

[34]) 1. Auflage, Graz, 1952, Neuauflage 1985.

Wehrmacht bis zur offiziellen Beendigung des Krieges durch die westlichen Alliierten im Jahre 1951 wurden von den Siegern nahezu fünf Millionen Deutsche ermordet. Diese erschreckend hohe Mordzahl, beispiellos in der ganzen Kriegs- und Nachkriegsgeschichte Europas, erklärt sich aus der Massenvertreibung der deutschen Bevölkerung aus Ostmitteleuropa und den Reichsgebieten östlich der Oder-Neiße-Linie, den Massenmorden an gefangenen deutschen Soldaten durch die vier Besatzungsmächte sowie durch die Tschechen, die Polen, die Tito-Partisanen, die Rumänen und Ungarn unter kommunistischer Herrschaft.[35])

Das deutsche Volk zählte nach vorsichtigen Schätzungen achteinhalb Millionen Tote. Die materiellen Verluste werden auf zwölf Billionen DM geschätzt.[36]) „Die Sieger erbeuteten allein 340 000 Inlands- und mehr als 200 000 deutsche Auslandspatente. Sie selbst haben den Wert dieser geistigen Güter des deutschen Volkes auf 1500 Milliarden Mark geschätzt, wobei zugegeben wurde, daß der Wert zahlloser Patente nicht abzuschätzen war. Die Maßnahmen zur Ausbeutung der geistigen Kraft gingen aber über die Kapitulation zeitlich hinaus. Am 27. Juli 1946 unterzeichneten tatsächlich 27 alliierte Staaten in London ein Abkommen, nach dem alle deutschen Auslandspatente, die bis zum 1. August 1946 angemeldet wurden, das heißt 14 Monate nach Beendigung der Feindseligkeiten (!), enteignet werden konnten. Darüber hinaus wurden, um die deutsche Wissenschaft zu schädigen, 32,1 % aller Professoren und Dozenten aus ihren Forschungs- und Lehrstätten entlassen. Demgegenüber ist

---

[35]) Heinz Nawratil: Die deutschen Nachkriegsverluste unter Vertriebenen, Gefangenen und Verschleppten, München 1986, S. 66 f., ferner: Erwin Pitsch: 1945, 2. Teil: Kapitulation – Besatzungszeit – Vertreibung. Eckartschriften Nr. 94, Wien 1985, passim. Neuerdings: James Bacque: Der geplante Tod (1989) über die amerikanischen und französischen Verhungerlager auf Befehl Eisenhowers mit rund einer Million geschätzter an Hunger- und Hungerkrankheiten verstorbener gefangener deutscher Soldaten.

[36]) Pitsch, a.a.O., S. 114.

zu erwähnen, daß von 1933 bis 1945 nur 9,5 % der deutschen Hochschullehrer entlassen wurden." (...)

„Ein Beamter in Washington nannte diesen Wissenschaftsraub ‚eine einzigartige Quelle dieser Art in der Welt, die erste vollständige Aussaugung der Erfinderkraft eines großen intelligenten Volkes'. Ferner starteten die Amerikaner nach Kriegsende sofort die Aktion ‚Paper Clips' (Büroklammer), die die Aufgabe hatte, sich aller deutschen Erfindungen, Betriebseinrichtungen und Betriebsorganisationserkenntnisse und Erfahrungen, die für ihre eigene Wirtschaft Bedeutung hatte, zu bemächtigen. Um diese Aktion zu erleichtern, wurden alle dafür ausgewählten Betriebe, gleichgültig, ob sie militärisch wichtig waren oder nicht, besetzt und durften ohne Genehmigung die Arbeit nicht wieder aufnehmen. Die Folgen waren große Arbeitslosigkeit, geringe Einnahmen, Hungersnot und Schwarzhandel. Außerdem wurden Fahndungen nach Wissenschaftlern und Spitzenfachleuten organisiert und diese aufgefordert, in allen alliierten Ländern für die Siegerstaaten zu arbeiten. Man scheute sich auch nicht, Druck hinter diese Wünsche zu setzen". Australien zum Beispiel hat bekanntgegeben, daß es 6000 deutsche Industrieberichte sowie 46 deutsche Wissenschaftler und Techniker auf diese Weise erhalten hat. Deutschland blieb auf vielen Gebieten durch Diktat der Sieger weitere Forschungsarbeit verboten. „Nur dadurch war es dem Ausland möglich, das bis dahin führende Entwicklungsland langsam, aber sicher auf einen untergeordneten Platz in der Völkergemeinschaft abzudrängen." [37])

Wer denkt da nicht an Lenins Äußerung bezüglich des Ersten Weltkrieges: „Wir wissen, daß Jahrzehnte drei Räuber (die Bourgeoisie und die Regierungen Englands, Frank-

---

[37]) Pitsch, a.a.O., S. 117 f.

reichs und Rußlands) sich zur Plünderung Deutschlands rüsteten." [38]) Er konnte freilich nicht wissen, daß mit dem Zweiten Weltkrieg, vom jüdischen Amerika angezettelt, die Amerikaner sich als die größten Räuber auswiesen.

Der Franzose Chaunu schreibt in seinem Buch: „Die verhütete Zukunft" über „Das deutsche Modell": [39])

„Ab 1880/1890 aber wird das vereinigte Deutschland zum Zugpferd der Industriewelt. Zwischen 1900 und 1914 ziehen die deutschen Zuwachsraten sogar mit denen der Vereinigten Staaten gleich, ja, überholen sie. Zwischen 1870 und 1913 stößt der Zuwachs des deutschen Bruttosozialprodukts – auch pro Kopf – an die Spitze der Großmächte vor: nur Schweden und Dänemark, die im übrigen dem germanischen Kulturkreis angehören, liegen noch etwas höher. Mit dieser wirtschaftlichen Überlegenheit geht ein wissenschaftlicher und kultureller Sprung nach vorne einher. Vor 1914 wird in Deutschland so viel veröffentlicht wie in England, Amerika und Frankreich zusammen. Deutsch ist die Sprache der Wissenschaft. Die Liste der Nobelpreisverleihungen bestätigt dies eindrucksvoll. Dieser kulturelle Vorsprung übersteht sogar den Ersten Weltkrieg und bleibt bis 1930/32 erhalten. Das deutsche Wirtschaftswunder von 1948 bis 1960 ist nichts anderes als die Teilrückkehr zu einer Entwicklungskurve, die von der Last der beiden Weltkriege, der erzwungenen Emigration eines Teils der Elite zwischen 1933—1935 und vom politischen Zusammenbruch von 1945 nachhaltig gestört worden war. Heute hat die Bundesrepublik Deutschland wieder die Spitzenposition wirtschaftlicher und technischer Leistungsfähigkeit erreicht, die das kaiserliche Deutschland von 1900 und 1914 ganz selbstverständlich eingenommen hatte. Nachdem es seinen Platz unter den

[38]) I. W. Lenin: Über Krieg, Armee und Militärwissenschaft. Berlin (Ost) 1958, Bd. I, S. 455.

[39]) Pierre Chaunu, Die verhütete Zukunft, Stuttgart 1981, S. 196 ff.

führenden Industriemächten der Welt wiedergewonnen hatte, traf Deutschland 1966 der ungemilderte Schlag der Verhütungsrevolution (...) Eng mit Amerika verbunden, allen amerikanischen Strömungen und Moden aufgeschlossen, hat die Bundesrepublik Deutschland noch schneller als Amerika selbst das verwirklicht, was dem Unheil in der fortgeschrittenen Industriewelt Tür und Tor öffnet." Chaunu prophezeit: „In Deutschland entscheidet sich das Schicksal der Industriewelt. Hier also muß man es abfangen, ehe es zu spät ist. Rettet sich Deutschland, so rettet es mit sich auch uns. Entgeht Deutschland nicht mehr zu Zeiten dem Todesurteil, das es eben gegen sich selbst unterzeichnet hat, dann wird es uns und die gesamte Industriewelt mit sich in den Abgrund reißen." [40])

Der Liberalismus als Emanzipation des Individuums mit der vollen Enthemmung und Befreiung von allen Bindungen, Verpflichtungen und Werten zum triebhaften Ausleben der ungebundenen Einzelperson mit dem alleinigen Streben nach Lust und Gewinn ist der Höhepunkt des Individualismus mit dem Endergebnis der Selbstzerstörung des Einzelnen wie der Gemeinschaft gemäß dem Grundsatz: „Nach mir die Sintflut!" Das ist herrschender Geist des „freien" Westens, dem die wohlstandsbesessenen Bundesrepublikaner weitgehend verfallen sind.

Für England bringt Sefton Delmer folgende Schilderung dieser Entwicklung: „Die englischen Liberalen, die in einer Wahl nach der anderen solange geschlagen wurden, bis sie praktisch nicht mehr existierten, hatten sich so erfolgreich in die Parteien der Tories und der Sozialisten eingeschlichen, daß es kaum noch darauf ankam, ob man seine Stimme für Attlee und Gaitskell oder für Macmillan und Butler

---

[40]) Chaunu, a.a.O., S. 203. – Zur „Verhütungsrevolution": Hepp: Die Endlösung der deutschen Frage, passim.

abgab – man stimmte in jedem Fall für den Liberalismus. Für den Liberalimus mit all seiner Stimmungshascherei, dem es nicht so sehr darauf ankam, zu lenken und zu führen, als vielmehr, sich beliebt zu machen und zu beschwichtigen, mit seiner ‚von erhabenen Grundsätzen' bestimmten Prinzipienlosigkeit und seiner ewigen Bereitschaft, unsere Freunde an unsere Feinde zu verraten und sich Terroristen zu unterwerfen." [41]) Diese Prinzipienlosigkeit, diese geistige Entleerung und sittliche Verwahrlosung ist für die Entwicklung in der Bundesrepublik Deutschland genau so kennzeichnend. Der Wohlstandsmaterialismus beherrscht in gleichem Maße die sozialdemokratische Partei und die Christliche-Demokratische Union, geistig getragen von der liberalen Prinzipienlosigkeit der „Freien Demokraten".

„Es gibt nichts Schlimmeres als diese Rotten von Halbintellektuellen. Eine Halbkultur zerstört den Instinkt, ohne ihn durch ein Gewissen zu ersetzen. Alle diese Aristokraten des Denkens halten darauf, daß sie nicht so denken wie das gemeine Volk. Man merkt das sehr gut. Sie fühlen sich nicht mehr in einer spontanen Übereinstimmung mit der Gruppe, zu der sie gehören, und sie erheben sich nicht bis zur Klarsicht, die ihnen eine reflektierte Übereinstimmung mit den Massen zurückgeben würde. Arme Einfaltspinsel, die sich schämen, so zu denken wie einfache Franzosen." Diese Sätze stammen aus einem Artikel von Maurice Barrès als Antwort auf das „Manifeste des intellectuels" vom 14. Januar 1898, mit der der Ausdruck „Intellektueller" in den Sprachgebrauch eingeführt wurde.[42])

Goethe hat bereits in den „Wahlverwandtschaften" den gleichen Gedanken, den gleichen Hinweis auf die Gefahr von seiten der „Halbintellektuellen" gebracht: „Toren und

---

[41]) Delmer, a.a.O., S. 660.

[42]) Zit. nach „Criticón", Nr. 118, März/April 1990, S. 56, „Ohne Kommentar".

gescheite Leute sind gleich unschädlich. Nur die Halbnarren und Halbweisen, das sind die Gefährlichsten."

Eben dieser Typ von Hetzern und Schwätzern ist durch Liberalismus und Parlamentarismus zur Macht gelangt. Die Gesinnung all dessen, was man unter „Linke" versteht, im weitesten Sinne des Wortes, der Linksintellektuellen, ist „linksliberal". Sie ist dadurch gekennzeichnet, daß die Leute keine Begriffe mehr haben. Sie sind ausgerichtet auf zwei Lebensziele: Geld- und Lustgewinn, also den Amerikanismus. Alle anderen Bindungen als an Geld und Lustgewinn verneinen sie: Ehe, Familie, Heimat, Volk, Vaterland, Gottglaube sind ihnen bestenfalls Privatsache. Das gilt ihnen auch für alle moralischen Werte: Ehre, Treue, Tapferkeit, Redlichkeit, Schamgefühl, Gemeinschaftssinn überhaupt sind bedeutungslos für sie und lächerlich, weil sie Hindernisse auf dem Weg zu Geld- und Lustgewinn sind. Die „Leistungsgesellschaft" der Bundesrepublik Deutschland beruht auf dieser linksliberalen Gesellschaft, auf dem hemmungslosen Wettlauf um Geld und Lust. Der ständige Appell an den „inneren Schweinehund" im Menschen ist die stärkste Triebfeder für diesen Wettlauf.

Das gilt auch für die Vergangenheitsbewältigung: Sie ist das große, ideologisch verbrämte Schmutzgeschäft der Meinungsmacher und der amtlichen Nutznießer der nationalen Katastrophe von 1945 geworden.

Die staatstragenden Parteien der Bundesrepublik nehmen die gleiche Stellung in Gesinnung und Haltung ein, die nach dem Ersten Weltkrieg allein die „Unabhängige Sozialdemokratische Partei" einnahm: offene Zusammenarbeit mit den Feinden Deutschlands, Verrat der nationalen Interessen um den Preis des persönlichen Wohlstands.

Und die Massenmedien betreiben dieses Geschäft der nationalen Selbstbeschmutzung, der Preisgabe der deutschen

Geschichte im trauten Verein mit den genannten Parteien, zu denen natürlich auch die „Grünen“ zählen.

Neuerdings wird zur Aufwertung des „Widerstandes“ ein neuer „Held“ aufgebaut: der Attentäter vom 8. November 1939, Georg Elser. Sein Bombenanschlag gegen Hitler kostete acht Menschen das Leben, 63 wurden verletzt. Natürlich wird nicht erwähnt, daß er zum Mörder an unschuldigen Menschen geworden ist, ohne sein Ziel, Hitler zu töten, zu erreichen. Nur der Bombenheld wird gerühmt, der angeblich ganz allein das Attentat vorbereitet und durchgeführt hatte. Auch in diesem Falle wird mit der Gedankenlosigkeit und Unkenntnis der Leser bzw. Hörer in Fernsehen und Rundfunk gerechnet. „In monatelanger Kleinarbeit, mit ungeheurer Energie und Ausdauer, hat der Einzelgänger Elser heimlich die Bombe in die Säule im Bürgerbräukeller installiert. Nächtelang höhlte er die tragende Säule aus und schaffte den Bauschutt in einer Aktentasche fort. Nächtelang rutschte er bei seiner gefährlichen Arbeit auf den Knien herum. Seine Knie, die er nach seiner Festnahme vorzeigen mußte, waren entzündet und wund – und sie verrieten ihn: der Täter, das stand fest, hatte kniend arbeiten müssen, weil sich die Sprengstelle in der Säule dicht über den Fußboden befand.“ So lautet das Loblied der Konstanzer Regionalzeitung „Südkurier“.[43])

Schon der Titel „Er wollte Deutschland vor dem Krieg bewahren. Georg Elser, der vergessene Hitler-Attentäter“ zeigt die Ungereimtheit der Darstellung auf. Der Krieg hatte bereits am 1. September 1939 begonnen, mehr als zwei Monate vor dem Attentat. Aus britischen Quellen ist außerdem inzwischen längst bekannt, daß der Anschlag von britischer Seite finanziert wurde; wahrscheinlich stammte von dort auch der Sprengstoff. Elser konnte auch seine Arbeit im

[43]) „Südkurier“, Nr. 258 v. 8. 11. 1989.

Bürgerbräukeller nur mit Duldung und Wissen des zuständigen Personals im Bürgerbräukeller durchführen, „in monatelanger Kleinarbeit“! Am 15. Dezember 1946 schrieb die britische Zeitung „Sunday Pictorial“: „Heute kann zugestanden werden, daß der begüterte George Russel Strauß, parlamentarischer Staatssekretär beim Minister für Verkehrswesen und Unterhausmitglied des Wahlkreises Lambeth North, einer inoffiziellen kleinen Gruppe in England angehörte, welche kurz vor Kriegsausbruch die deutsche Untergrundbewegung finanzierte, von der das Bombenattentat im Bürgerbräukeller geplant wurde. Es handelt sich da, wie G. R. Strauß mitteilte, um folgende Tatsachen: Am 1. Mai 1939 war Hilda Monte (mit anderem Namen Miß Olday), eine der heldischen Mitspielerinnen der deutschen sozialistischen Untergrundbewegung, bei Herrn Strauß erschienen und hatte ihm einen Plan zur Tötung Hitlers vorgelegt. In jener Zeit gehörte Herr Strauß schon selbst zu den Stützen einer in London im Sommer 1938 unter dem Namen ‚Union‘ gegründeten geheimen Organisation gegen den Nationalsozialismus (an). Herr Strauß berief einen der anderen Stützen, Dr. Werner Knop, zu sich, und man entschloß sich, der Gruppe ‚Unabhängige Sozialisten‘, der Hilda Monte diente, hinreichende Mittel zur Ausführung ihres Planes zukommen zu lassen.“ Strauß, später Wirtschaftsminister im Kabinett Attlee, bestätigte noch 1950, „daß er jenes Attentat vermittelt habe, und daß jene Hilda Monte während der Kriegsjahre mehrfach mit politischen Aufträgen nach Deutschland gesandt wurde, wo sie dann übrigens im letzten Kriegswinter den unerwarteten und zerstörenden amerikanischen Bombenteppichangriff auf die deutsche V-Waffen-Basis zu Peenemünde leitete“.[44])

[44]) Hans Grimm: Warum – Woher – Aber wohin? Vor, unter und nach der geschichtlichen Erscheinung Hitler, Lippoldsberg 1954, S. 197 f., 287 f., 437.

Negativ-Ereignisse zu feiern, Negativ-Personen, Mörder, Attentäter, als „Widerstandskämpfer“ zu rühmen, gehört zum Wesen der Bundesrepublik Deutschland, die sich wie eine Kolonie gebärdet. Die gescheiterte Revolution von 1848, die Niederlage von 1918, das gescheiterte Attentat vom 20. Juli 1944, neuerdings auch das vom 8. November 1939 – die Niederlage von 1945 als „Befreiung“ zu feiern, ist Zeugnis der sittlichen Perversion und des geistigen Verfalls der Träger dieses Systems des Wohlstands und der „Kollektivschuld“.

Nietzsche prophezeite das Heraufsteigen des Nihilismus. Er ist in der geistigen Herrschaft des Linksliberalismus im „freien Westen“ unter jüdisch-amerikanischem Vorzeichen Wirklichkeit geworden, im sozialistischen Osten unter der Herrschaft der marxistisch-leninistischen Ideologie. Die Bundesrepublik Deutschland ist von allen europäischen Staaten in diesem Sinne am meisten amerikanisiert, ihre Intellektuellen am stärksten denationalisiert. Die Entwertung aller Werte wird in keinem europäischen Land so systematisch betrieben und so zynisch verwirklicht wie von der intellektuellen Linken der Bundesrepublik. Zu ihr zählen gesinnungsmäßig auch viele in FDP und CDU. Gerade die „Christlich-Demokratische Union“ ist ein Beispiel für den Zynismus: „christlich“ ist nur der mißbrauchte Name des Erlösers, sonst ist diese Partei unter dieser heuchlerischen Maske geradezu die Verkörperung des Wohlstandsmaterialismus.

Ein damals 25jähriger schrieb Mitte der achtziger Jahre: „Die heute praktizierte Vergangenheitsbewältigung dient als moralische Keule, mit der man jeden Ansatz deutschen Denkens mit Wucht umhaut. Dieser Antifaschismus ist übrigens keine Auseinandersetzung mit dem Nationalsozialismus; dieser ist Geschichte. Der heutige Antifaschismus hat die Funktion eines Lähmungsgiftes zur Verlängerung der Knechtschaft der Deutschen. Die Verauschwitzierung der deutschen Geschichte hat dieselbe zu einem Gruselkabinett, zu einer Jauchegrube werden lassen, in der jedermann, sobald er in ihren Bereich kommt, besudelt wird. Dies hat dazu geführt, daß der Deutsche Angst vor seiner eigenen Geschichte hat und sein Heil in einem fragwürdigen Weltbürgertum, allenfalls noch einem anonymen Europa-Gefühl sucht.[45]) Dazu passen die Worte des CDU-Büßer-Kanzlers Helmut Kohl bei seinem Bußgang nach Auschwitz am letzten Tag seines Polenbesuches (November 1989): „Was haben wir der Welt getan!“ Er legte an der Todeswand einen Kranz nieder. „An dieser Stelle hatten vier Jahre lang Massenerschießungen stattgefunden“, lautet der Lügenbericht der Zeitung.[46])

Die Verlogenheit dieser Bild-Berichterstattung auf der ersten Seite der Zeitung geht schon aus der Tatsache hervor, daß es in Auschwitz keine Massenerschießungen gab. Massenvergasungen zu bestreiten, steht in „diesem unserem Lande“ bekanntlich unter Strafe.

Waldstein fuhr in seiner „Diagnose“ fort: „Die stolze Tradition des deutschen Idealismus wurde abgelöst durch den anglo-amerikanischen Nihilismus. Im Deutschland von heute tut niemand etwas – so scheint es – wofür er nicht bezahlt wird. Natürliche und in Deutschland zu seltener Blüte entwickelte Werte wie Heimat, Liebe, Familie, Kinder usw. wurden abgelöst durch die Invasion ‚westlicher Werte‘. Dreh- und Angelpunkt der Besatzer-Wert-Skala ist allein die materielle Befriedigung des Menschen.“

---

[45]) Thor von Waldstein: „Der kranke Mann am Rhein. Diagnose und Therapie“, Privatdruck 1985.
[46]) „Südkurier“, Nr. 264 v. 15. 11. 1989, S. 1.

Armin Mohler, Schweizer, habilitierter Politologe an der Universität Innsbruck und freier Schriftsteller, bekannt geworden vor allem mit seinem Standardwerk „Die Konservative Revolution", hat im Jahre 1989 sein viertes Buch über „Vergangenheitsbewältigung" unter dem treffenden Titel: „Der Nasenring. Im Dickicht der Vergangenheitsbewältigung" herausgegeben.[47]) Sein Vorwort schließt mit einem die vergiftete „geistige" Atmosphäre der Bundesrepublik ebenso charakterisierenden wie für das Wohlstands- und Wirtschaftswunderland Bundesrepublik beschämenden Satz: „Daß ich das Buch unseren beiden Söhnen widme, hat seinen guten Grund. Es ist nicht leicht, mit einem Vater aufzuwachsen" – Mohler ist 1920 geboren – „der über lange Jahre von den Medien mit Schmutz beworfen wird. Daß das unsere Familie ausgehalten hat, stimmt mich vor allem anderen dankbar."

Damit weist Mohler schon im Vorwort auf die gemeinschaftszerstörende Tendenz und Wirkung der Vergangenheitsbewältigung hin, in Fortsetzung der Entnazifizierung: nämlich die Zerstörung der Familie durch das Aufhetzen der Kinder gegen die Eltern, darüber hinaus auch die Zerstörung der Ehe durch Ausspielen der Ehepartner gegeneinander aus ideologischen Gründen. Das einleitende Kapitel ist betitelt: „Die instrumentalisierte Vergangenheitsbewältigung." Dieser Titel zeigt an, daß Vergangenheitsbewältigung nur Mittel zum Zweck für Geschäftemacher geworden ist. Vergangenheit bewältigen kann kein Mensch, geschweige denn eine große Nation. Die Moral predigenden Heuchler mit ihren scheinheiligen Vorwürfen von Kollektivschuld und „Singularität" der NS-Verbrechen wissen nicht oder wollen nicht wissen, daß Geschichte mit Tinte geschrieben,

---

[47]) Dazu die ausführliche Besprechung in „Criticón", von Hans-Joachim Arndt, Nr. 114, Juli/August 1989.

aber seit eh und je mit Blut gemacht wird. Die puritanischen Heuchler haben mit der Eroberung eines Weltreiches dafür selbst ein Musterbeispiel gegeben, nach dem Zweiten Weltkrieg neuerdings mit dem zwölfjährigen Vietnamkrieg. Ein Schweizer Medizin-Professor schrieb 1988 an Mohler: „Sie wenden sich gegen die, milde gesagt, Unsitte der Deutschen, das Bild ihrer Nation in den Dreck zu ziehen, um sich nach vollbrachter Tat als Tugendbolde präsentieren zu können, die es ihnen nun einmal gezeigt und sich beim Aufräumen vergangener Peinlichkeiten als nützlich erwiesen haben." [48]) Mohler deutet diese deutsche Unart richtig: „Die Deutschen haben einen Hang zum Selbsthaß, der sich in diesem Ausmaß sonst nur noch bei den Juden findet. Ohne diese deutsche Tradition des Nationalmasochismus, diesem Hang zur Selbstgeißelung, wäre die Vergangenheitsbewältigung in ihrem heutigen Ausmaß gar nicht möglich gewesen." [49])

Der christlich-demokratische Arbeitsminister Dr. Norbert Blüm äußerte sich: „Ich habe die Gesänge von der tapferen Pflichterfüllung nie verstanden, wenn nicht zuvor geklärt wird, in wessen Dienst diese Pflicht steht. Ob einer im KZ Hitler gedient hat oder an der Front, macht in meinen Augen nur einen graduellen Unterschied aus. Das KZ stand schließlich nur solange, wie die Front hielt." [50]) Nachträglich entschuldigte sich Blüm für seine niederträchtige Äußerung. Warum eigentlich? Er hatte doch nur seine wahre Gesinnung geäußert, die Gesinnung eines Wohlstandslumpen. Die Entschuldigung erfolgte wohl aus wahltaktischen Gründen. Auch weiß *dieser Schmalspur-Zeitgeschichtler* nicht,

---

[48]) Mohler, a.a.O., S. 242 f.

[49]) Ebda, S. 245.

[50]) Soziale Ordnung/Zeitschrift für Sozialausschüse der CDU, Nr. 7/1978 v. 3. 7. 1978, S. 12; Mohler, a.a.O., S. 95.

daß die Konzentrationslager weiterbestanden nach der Kapitulation der Wehrmacht, nicht nur in den kommunistischen Staaten, sondern auch bei den Westmächten. Dort nannte man sie Gefangenen- oder Internierungslager, in denen Hunderttausende gefangener deutscher Soldaten an Hunger und Hungerkrankheiten elend zugrundegingen. Ob der promovierte Bundesarbeitsminister Blüm auch weiß, daß das zwanzigste Jahrhundert von den Briten mit ihren Konzentrationslagern in Südafrika eröffnet wurde? Dort ließen die Briten 27 000 burische Frauen und fünftausend Kinder im Krieg gegen die Buren (1899—1902) elend zugrundegehen.

Werfen wir einen Blick auf die Gesinnungstradition der Sozialdemokraten. August Bebel, Gründer und Führer der SPD bis zu seinem Tode im Jahre 1913, betätigte sich von 1910—1913 als Landesverräter zugunsten Englands. Als Reichstagsabgeordneter und Angehöriger des Finanzausschusses lieferte er dem britischen Generalkonsul in Zürich seine Berichte. Sie machten die Runde im britischen Kabinett.[51])

Die klassenkämpferische Propaganda der Sozialdemokratie deckte sich weitgehend mit der antideutschen Propaganda der Alliierten im Ersten und Zweiten Weltkrieg. Kampf gegen den „preußischen Militarismus", gegen den „Junkerstaat" waren identische Parolen der Sozialdemokraten und der Alliierten. Das Ziel des amerikanischen Präsidenten Wilson war vom Kriegseintritt der USA an der Sturz des Kaisers und der Monarchie.[52]) Der linke Flügel der SPD blieb der landesverräterischen Überlieferung Bebels treu. Die Unabhängige Sozialdemokratische Partei (USPD) arbeitete seit ihrem Bestehen im Jahre 1917 Hand in Hand

---

51) Helmut Bley: Bebel und die Strategie der Kriegsverhütung 1904—1913, Göttingen 1975, passim.

52) The intimate Papers of Colonel House, vol. 3, passim.

mit der alliierten Propaganda am Sturz der Monarchie. Die dritte Note des Präsidenten Wilson vom 23. Oktober 1918 war der zündende Funke für den Umsturz in Deutschland und ganz Mitteleuropa. Die entscheidenden Sätze in dieser von Staatssekretär Lansing unterzeichneten Note lauteten: „Wenn mit den militärischen Beherrschern und monarchischen Autokraten Deutschlands jetzt verhandelt werden muß, oder wenn es wahrscheinlich ist, daß wir auch später mit ihnen bei der Regelung der internationalen Verpflichtungen des Deutschen Reiches zu tun haben werden, dann kann Deutschland über keine Friedensbedingungen verhandeln, sondern muß sich ergeben. Diese wesentlichen Dinge können nicht unausgesprochen bleiben." [53]) Mit dieser Note gab Präsident Wilson der revolutionären Partei in Deutschland (USPD) die Mittel zum Sturz der Monarchie in die Hand. Die hungernden Massen fielen leicht auf diese verlogene Propaganda herein und folgten ihren sozialistischen Verführern. Trotz des Sturzes der Monarchie, der „Autokraten und militärischen Beherrscher" mußte sich das Reich ergeben und durfte nicht über die Friedensbedingungen verhandeln. Der Friede wurde von den Siegern diktiert, ohne Teilnahme deutscher Vertreter an den Verhandlungen in Paris. 1933 wanderten viele sozialdemokratische Funktionäre aus, in die Schweiz, nach England, in die USA, in die Tschechoslowakei, und hetzten im Ausland zum Krieg gegen das wieder erstarkte Deutsche Reich.

Sozialdemokraten und Kommunisten waren nach der Kapitulation der Wehrmacht die willigsten und wichtigsten Henkersknechte und Büttel der alliierten Rache- und Besatzungspolitik. Nach dem Tode des nationalgesinnten SPD-Vorsitzenden Kurt Schumacher im Jahre 1952 schwenkte die sozialdemokratische Partei vollends auf die Linie der

[53]) Ploetz, Konferenzen und Verträge, Teil II, Bd. 4 1914—1959, S. 34.

USPD nach dem Ersten Weltkrieg ein. Im Laufe der Zeit folgten ihnen die FDP und die CDU immer mehr. Die Linksliberalen, die Linksintellektuellen, die „Linke", von Haß gegen den nationalen Gedanken, gegen alles Deutsche erfüllt, nicht zuletzt vom Selbsthaß, lebt geistig nur noch von der Negation aller Werte.

Wilhelm Heinrich Riehl wies Mitte des 19. Jh. prophetisch auf die verhängnisvolle Rolle des geistigen Proletariats in Deutschland hin: „Die gebildeten Proletarier sind bei uns der Sauerteig, der das gesamte übrige Proletariat erst in Gärung versetzt. Das eigentlich gefährliche Proletariat unseres Vaterlandes geht nicht in der Bluse, sondern in Oberrock und Frack, es fängt bei apanagierten Prinzen und mediatisierten Reichsfürsten an und geht bis zum letzten Literaten abwärts. Der verarmte und zurückgekommene Adel hat in Deutschland eine erstaunliche Ausdehnung gewonnen." Die Proletarier der Geistesarbeit „sind die eigentliche Ecclesia militans des vierten Standes". Riehl zählt zum Geistesproletariat „Beamtenproletariat, Schulmeisterproletariat, perennirende sächsische Predigtamtskandidaten, verhungernde akademische Privatdozenten, Literaten, Journalisten, Künstler aller Art". (...) „Diese geistige Überproduktion", so urteilt Riehl, „zeugt von einem krankhaften Zustande der Nationalarbeit (...) Die Wurzeln dieser speziell deutschen Entwicklung ruhen in der geistigen Erhebung durch die Reformation und der klassischen Periode der neueren Nationalliteratur." Die anderen Völker brauchen uns um dieses „Übergewicht des Geistesproletariats über die Proletarier der materiellen Arbeit" nicht zu beneiden. Der Mensch wird nämlich „leichter überstudiert, als er sich mit seinen Händen krank arbeitet, und gerade das Geistesproletariat erzeugt die bösartigeren Krankheitsstoffe. Der Widerstreit des Erwerbs mit dem Bedürfnisse, der eingebildeten gesellschaftlichen Stellung mit der wirklichen ist bei dieser Gruppe des vierten Standes am unversöhnlichsten." Die vielen Studierten, die vergeblich auf eine Amtspfründe warten, bildeten dann die Reserve-Armee der Literaten, der Schriftsteller, der Philosophen.[54]) Riehls Charakteristik des geistigen Proletariats, der „Intellektuellen" – der Ausdruck erscheint im Sprachgebrauch, wie oben erwähnt, erst ab 1898 – trifft im wesentlichen auch für die heutige Zeit zu.

Bismarck hat das Wesen der „Linken", der beiden weltanschaulichen Massenparteien des Zentrums und der Sozialdemokratie, ihre zersetzende und zerstörende Rolle vorausgesehen. Die Regierung und der König seien der Überzeugung, erklärte er 1873 im Preußischen Herrenhaus, „daß der Staat in seinen Fundamenten bedroht und gefährdet ist von zwei Parteien, die beide das gemeinsam haben, daß sie ihre Gegnerschaft gegen die nationale Entwicklung in internationaler Weise betätigen, daß sie Nation und nationale Staatenbildung bekämpfen".[55]) Und im Reichstag rief er anläßlich der Debatte über das Sozialistengesetz im Jahre 1878 den sozialdemokratischen Abgeordneten zu: „Wenn Sie den Leuten glänzende Versprechungen machen, mit Hohn und Spott alles, was ihnen bisher heilig gewesen, als eine Lüge darstellen, den Glauben an Gott, den Glauben an unser Königtum, die Anhänglichkeit an das Vaterland, an Familie, Besitz, Vererbung alles dessen, was sie erwerben – wenn Sie ihnen alles das nehmen, so ist es doch nicht allzu schwer, einen Menschen von geringerem Bildungsgrad dahin zu führen, daß er schließlich mit Faust spricht: ‚Fluch sei der Hoffnung, Fluch dem Glauben und Fluch vor allem der Geduld!' Was bleibt denn einem solchen Menschen übrig als die wilde Jagd nach sinnlichen Genüssen, die ihn allein noch

[54]) W. H. Riehl: Die bürgerliche Gesellschaft, S. 268 ff.
[55]) Gesammelte Werke, XI, S. 298.

mit dem Leben versöhnen kann. (...) Wenn wir unter der Tyrannei einer Gesellschaft von Banditen existieren wollen, dann verliert jede Gesellschaft ihren Wert." [56]

All das, was Bismarck in den siebziger Jahren des neunzehnten Jahrhunderts prophezeit hatte, ist hundert Jahre später volle Wirklichkeit in der Gesellschaft der Wohlstands-„banditen" geworden. Gemäß dem journalistischen Motto „Alles im Eimer" und „Zum Teufel mit allen Tabus" sind alle von Bismarck genannten Werte in der Wohlstandsgesellschaft nach dem Zweiten Weltkrieg „im Eimer", alle Tabus „zum Teufel" geschickt im Zeichen der Vergangenheitsbewältigung. Der zeitlos verlängerte Arm der alliierten Kriegspropaganda wirkt weiter in den Massenmedien, gefördert von staatlicher Seite unter dem Vorzeichen der „Meinungsfreiheit" für jede antifaschistische Reklame.

So fand die psychologische Kriegführung in der Nachkriegszeit einen ersten Höhepunkt in der Hetze gegen Ilse Koch, wie Mohler hervorhebt. Sie wurde als Verkörperung des absolut Bösen zur bestgehaßten Frau der Welt hochstilisiert. „Der Fall Ilse Koch war wie geschaffen für jenen Hochspannungsbereich zwischen extremer Prüderie und sadomasochistischer Faszination, wie er für Länder mit puritanischer Tradition üblich ist", schreibt Mohler. Der „Hexe" von Buchenwald konnten in drei gegen sie angestrengten und durchgeführten Gerichtsverfahren keine strafrechtlich relevanten Taten nachgewiesen werden! Sie stand vor einem SS-Gericht im Kriege, vor einem amerikanischen Militärgericht und einem bundesrepublikanischen Gericht nach dem Kriege. Sie saß 22 Jahre in Haft ohne einen Beweis strafrechtlicher Schuld und endete 1967 in Haft durch Selbstmord, ein Opfer politischer Justiz und der Sensations-

---

[56]) Ebda.

gier der Massenmedien [57]), und das im Jahrzehnt der sexuellen Revolution und des Pillenknicks.

„Das niederschmetterndste Erlebnis, das wir Deutschen, ich glaube, alle Deutschen, in diesen ersten Tagen nach dem Zusammenbruch haben auf uns nehmen müssen, war die Greuelpropaganda der Gegner, mit der wir erstmalig in diesem Umfang Bekanntschaft machen mußten, oder besser gesagt, wie mit einem Kübel von Unrat geradezu übergossen wurden", schildert Rechtsanwalt Friedrich Grimm, der unermüdliche Vorkämpfer für Amnestie, sein Nachkriegserlebnis. „Ich war auf diese Prüfung vorbereitet, denn ich hatte in den letzten Monaten vor dem Zusammenbruch täglich die Schweizer Presse gelesen, hatte mit Sorge festgestellt, daß die deutschen Stellungnahmen nicht mehr beachtet wurden und ahnte also, was uns bevorstehen würde. Trotzdem war auch ich erschüttert über die Wucht der Greuelpropaganda, die dann über uns hereinbrach." Bei seinem Gespräch in Lindau mit einem französischen Offizier, der sich selbst als Angehöriger des „Contre-espionage Bureau" bezeichnete, stellte sich heraus, daß dieser selbst aktiv an der antideutschen Greuelpropaganda mitwirkte. „Das war die entscheidende Waffe in diesem Kriege," erklärte er, „damit haben wir den totalen Sieg errungen (...) Jetzt fängt es erst richtig an", fuhr er fort. „Wir werden fortfahren, jahraus, jahrein! Wir werden diese Propaganda noch steigern, bis in der Welt der letzte Funke der Sympathie für Deutschland ausgelöscht, und das deutsche Volk selbst so restlos zerknirscht sein wird, daß es sich nie wieder erheben kann." [58])

Professor Grimm gelang vermutlich als erstem der Nachweis, „daß das Londoner Statut in der Tat in seinen wesentlichen Bestimmungen auf die Anträge eines Moskauer Uni-

---

[57]) Mohler, a.a.O., S. 131. – Mohler hat den „Fall Ilse Koch" ausführlich dargestellt.

[58]) Grimm, a.a.O., S. 49.

versitätslehrers zurückging". Als gründlicher Kenner der juristischen Literatur Frankreichs stellte er schon bald nach dem Kriege fest, daß bereits im Januar 1945 in Paris eine Grundsatzschrift des jüdischen Professors A. N. Trainine von der Moskauer Universität unter dem Titel: „Die strafrechtliche Verantwortung der Hitleristen" veröffentlicht worden war.[59]) Dort entwickelte Trainine die sogenannte „Komplizentheorie", die im Londoner Statut und allen späteren „Entnazifizierungsgesetzen" ihren Niederschlag fand, in Übereinstimmung mit den „juristischen" Ausarbeitungen des „Instituts für Jüdische Angelegenheiten" in New York unter Leitung der beiden litauischen Juden Robinson. Dem Buch Trainines liegt der Plan zugrunde, stellte Grimm fest, „Deutschlands geistige Elite vernichtend zu treffen, ihr den Makel der Kriminalität aufzuprägen". Trainines System vom „état criminel", vom „Verbrecherstaat" ging davon aus, daß alle Beamten, Soldaten und Techniker, kurz alle Deutschen, die dem Hitlerstaat gedient haben, folgerichtig nun auch als Komplizen des Hauptverbrechers Hitler angesehen und entsprechend bestraft werden müßten.

Nachdem Rechtsanwalt Grimm am 4. Juli 1946 aus französischer Haft entlassen worden war, wurde er am 8. August 1947 von zwei französischen Offizieren neuerdings verhaftet und ins Internierungslager Betzenhausen überführt. Der Lagerkommandant, ein früherer Unteroffizier der Fremdenlegion, von Beruf Metzger, klärte ihn auf: „Was wir Ihnen vorwerfen, das sagen wir Ihnen nicht. Sie können Eingaben machen, die lesen wir nicht. Sie müssen warten, was mit Ihnen geschieht." Über sein Lagererlebnis berichtet Grimm: „Da saßen die Menschen gefangen, monatelang, jahrelang, ohne vernommen zu werden, ohne auch nur zu wissen, weshalb sie verhaftet waren. Die meisten wa-

[59]) La résponsabilité pénale des Hitleriens, Paris 1945.

ren Opfer der sogenannten ‚automatischen Verhaftung'. Sie hatten in Partei und Staat irgendwelchen Rang bekleidet und unterlagen nun der berüchtigten Direktive Nr. 38 – diesem Schanddokument moderner Massenverfolgung, das es ermöglichte, die ganze deutsche Oberschicht hinter Schloß und Riegel zu bringen, ohne Verteidigung, ohne Richterspruch, ohne rechtliches Gehör (...) Da waren hohe und niedere Parteifunktionäre und Beamte, aber auch Ärzte, Rechtsanwälte, Professoren, Schullehrer, Kaufleute (...) Es gab Landgerichtspräsidenten, Oberbürgermeister, Regierungsräte und Direktoren. Daneben waren auch kleine Bauern, die irgendwie Ortsgruppenleiter, Zellenleiter, NSV-Beauftragte, oder sonst etwas gewesen waren (...)" [60])

Grimm wurde im November 1947 nicht als Rechtsanwalt und Verteidiger, sondern als inhaftierter „Zeuge" nach Nürnberg gebracht und dort von dem rachsüchtigen Emigranten Robert Kempner, stellvertretender Hauptankläger der Amerikaner, bis 1934 Oberregierungsrat im Preußischen Innenministerium, auf unverschämte Weise einvernommen. Dann sperrte man ihn im „Zeugenflügel" ein: „. . . ich war jetzt Nr. 265". Nach nochmaliger Vernehmung durch Kempner wurde Grimm wieder ins Lager Betzenhausen zurückgebracht und von dort erst am 13. Dezember 1948 aus der Haft entlassen. Rechtsanwalt Grimm, schwer herzleidend, setzte sich bis zum Ende seines Lebens (1959) energisch für das „tabula-rasa-Prinzip", eine General-Amnestie, ein. Er war im Jahre 1953 als Verteidiger von Dr. Naumann noch erfolgreich tätig und erreichte die Aufhebung des Haftbefehls und die Einstellung des Verfahrens gegen Naumann.[61])

Im Sommer 1947, vor seiner zweiten Verhaftung, hatte Grimm niedergeschrieben: „Daß ich jemals als Rechtsan-

---

[60]) Grimm, a.a.O., S. 261 f.

[61]) Ebda, S. 276 f.

walt, der immer für das Recht der andern gewirkt hat, von Gefängnis zu Gefängnis, von Konzentrationslager zu Konzentrationslager geschleppt werden würde, hätte ich mir nie träumen lassen. (...) Unserer Zeit ist trotz allem Gerede über Fortschritt, Freiheit und Menschlichkeit der Begriff dafür verloren gegangen, was unsere Väter einst mit einfachen Worten ‚Recht' bezeichnet hatten." [62])

Der Schweizer Mohler hat mit dem ausführlichen Hinweis auf die „Sündenbock"-Funktion des von der veröffentlichten Meinung hochgespielten Falles der strafrechtlich unschuldigen Ilse Koch die Forderung nach raschester Beendigung der Vergangenheitsbewältigung erhoben. Der sogenannten „Singularität" der NS-Verbrechen, neuerdings wieder vom Bundespräsidenten v. Weizsäcker unterstrichen, stellte er vergleichsweise den größten Genozid der neueren Geschichte Europas gegenüber: die mehrhundertjährigen Ausrottungsbemühungen der Engländer an den Iren.[63])

Der große schwedische Forscher Sven Hedin nannte den Hunger „das klassische Mittel britischer Politik und Kriegführung".[64]) Die Millionen verhungerter Inder unter britischer Kolonialherrschaft hat niemand gezählt. Wir wissen nur, daß die Briten, die den Ersten Weltkrieg angezettelt hatten, den Krieg gegen Deutschland durch die Hungerblockade gewannen, neben der Propagandalüge ihre wirksamste Waffe.

---

[62]) Ebda, S. 258.

[63]) Mohler, a.a.O., S. 193 ff.

[64]) Sven Hedin: Amerika im Kampf der Kontinente, Leipzig 1943, S. 171. – Neuauflage Kiel 1992.

5. *Wer ist an Hitler schuld?*

Zu groß aber ist die Zahl der Interessenten an diesem Geschäft mit der Vergangenheitsbewältigung. Neben den Juden, die mit dem „Holocaust“ die neueste Version zur Fortsetzung der Vergangenheitsbewältigung „erfunden“ haben, sind vor allem die „staatstragenden“ Parteien der Bundesrepublik und die mit ihnen zusammenspielenden Massenmedien und deren Hintermänner die Hauptinteressenten der unbegrenzten Fortsetzung der Vergangenheitsbewältigung. Für sie gilt es, um jeden Preis zu verhindern, daß die Frage „Wer ist an Hitler schuld?“ aufs Tapet gebracht wird. Diese peinliche Frage, zur öffentlichen Diskussion gestellt und wahrheitsgemäß beantwortet, wäre für die Parteien keine geringere Katastrophe wie jene von 1933 für sie, denn die Antwort auf die Frage lautet: die Dummheit, die Feigheit, die Unfähigkeit der Weimarer Parteien SPD, Zentrum, Demokratische Partei, die „Weimarer Koalition“, haben die Diktatur heraufbeschworen. Die Weimarer Republik beruhte auf dem Versailler Diktat und die erste Österreichische Republik auf jenem von St. Germain mit der Kriegsschuldlüge als Basis.

Es war kein Zufall, daß je ein Vertreter des Zentrums und der SPD ihre Unterschrift unter das Diktat am 28. Juni 1919 setzten. Diese beiden maßgebenden Massenparteien haben 1919 wider ihr Gewissen und wider besseres Wissen die Unterzeichnung beschlossen, aus Feigheit. Sie fürchteten den Einmarsch der Alliierten. Wäre der Einmarsch der Alliierten nach Innerdeutschland 1919 nicht ein weit geringeres Übel gewesen als ein Zweiter Weltkrieg mit der Zerstörung des Deutschen Reiches und der totalen Besetzung Deutschlands? Walther Rathenau hatte Anfang Oktober 1918 einen beschwörenden Aufruf gegen eine Kapitulation veröffentlicht. Nach Bekanntwerden der Bestimmungen des Versailler Diktates durch die Sieger schrieb er am 31. Mai 1919:[1])

„In Versailles muß das Äußerste darangesetzt werden, den Vertrag entscheidend zu verbessern. Gelingt es, gut. Dann unterschreiben. Gelingt es nicht: was dann? Dann darf weder aktiver noch passiver Widerstand geleistet werden. Dann hat der Unterhändler, Graf Brockdorff-Rantzau, das vollzogene Auflösungsdekret der Nationalversammlung, die Demission des Reichspräsidenten und aller Reichsminister den gegen uns vereinten Regierungen zu übergeben und sie aufzufordern, unverzüglich alle Souveränitätsrechte des Deutschen Reiches und die gesamte Regierungsgewalt zu übernehmen. Damit fällt die Verantwortung für den Frieden, für die Verwaltung und für alle Leistungen Deutschlands den Feinden zu; und sie haben vor der Welt, der Geschichte und vor ihren eigenen Völkern die Pflicht, für das Dasein von sechzig Millionen zu sorgen. Ein Fall ohnegleichen, unerhörter Sturz eines Staates; doch Wahrung der Ehrlichkeit des Gewissens. (...)" – Wahrung der ‚Ehrlichkeit und des Gewissens', das kannten die genannten Parteien nicht! Und weil sie auf Unehrlichkeit und Gewissenlosigkeit ihr Dasein aufbauten, deshalb endete der Weimarer Staat so schmählich. Unehrlichkeit und Gewissenlosigkeit sind damals wie heute die „geistige" und „ethische" Grundlage der Parteienherrschaft.

Rathenau hatte seinen Artikel mit dem Satz begonnen: „Noch immer stehen wir in Deutschland unter der geistigen und politischen Vormundschaft der Umlerner."

Wie vertraut klingt unseren Ohren heute dieses Wort, wenn wir an die „Umerziehung" und an die „Umerzieher" wie an die „Umerzogenen" denken! „Es war keine Revolu-

[1]) „Die Zukunft", 31. Mai 1919, zit. nach „Nachgelassene Schriften", Bd. I, Berlin 1928, S. 105.

tion. Bloß ein Zusammenbruch“, so beurteilte Rathenau die Lage 1919: „Unsere Demokratie ist Fäulnis vor der Reife.“ [2])

Das war die Weimarer Republik! Von den „Umlernern“, den Erzbergers und Scheidemanns, führt nach dem Ersten Weltkrieg ein gerader Weg zu den „Umerzogenen“ nach dem Zweiten Weltkrieg, den Frahms und Wehners, den Weizsäckers und Süßmuths.

Linksliberal ist die herrschende Gesinnung der maßgebenden Kräfte der Wohlstandsgesellschaft. Sucht man sie zu definieren, so muß man Mephistos Worte zitieren: „Ich bin der Geist, der stets verneint. So ist denn alles, was ihr Sünde, Zerstörung, kurz das Böse nennt, mein eigentliches Element.“

In der Volksrepublik China wird neuerdings der Mongolenherrscher Dschingis-Khan zum Nationalhelden erhoben. Für den europäischen Geschichtsbetrachter gilt er als einer der furchtbarsten Gestalten der Geschichte. Chinesische Wissenschaftler hatten laut „China Daily“ festgestellt, daß sich Dschingis-Khan mit der Einigung der mongolischen Stämme und der Eroberung Chinas und Nord- und Mittelasiens sowie Osteuropas als großer Stratege, als erstrangiger Staatsmann und bedeutender Denker ausgewiesen habe. Deswegen gilt er jetzt als chinesischer Nationalheld! [3])

Dschingis-Khan, Schreckgestalt als Eroberer und Massenschlächter, ähnlich wie einer seiner Nachfolger, Tamerlan, wurde als „Massenmörder“ noch weit übertroffen von Stalin. Die Zahl der Gesamtopfer der kommunistischen Menschheitsbeglücker wird auf 49 Millionen für die Zeit von 1917 bis 1947 geschätzt; davon fällt der Löwenanteil auf Stalin, der von 1925—1953 regierte.[3a]) Ohne das bolschewistische

---

2) Rathenau, Nachgelassene Schriften, Bd. I, S. 106 f., S. 124 f.

3) Zit. nach „Südkurier“, Nr. 218 v. 24. 11. 1989.

3a) Nach J. Albaz: Geheimimperium KGB, München 1992, S. 80, „über 66 Millionen“ von Oktober 1917 bis 1959.

Rußland, ohne den blutigen Diktator Stalin ist der Gegenspieler Hitler gar nicht verständlich, wäre er gar nicht möglich gewesen. Der serbische Kommunist und Partisanenführer Milovan Djilas, der Stalin persönlich kannte, schreibt über ihn: „Bei Stalin war jedes Verbrechen möglich, denn es gibt kein einziges, das er nicht begangen hätte. Mit welchem Maß wir ihn auch messen wollen, ihm wird jedenfalls – hoffen wir – für alle Zeiten der Ruhm zufallen, der größte Verbrecher der Geschichte zu sein (...) Vom Standpunkt der Humanität und der Freiheit betrachtet, kennt die Geschichte keinen brutaleren und zynischeren Despoten als Stalin. Er war methodisch, allumfassend und total wie ein Verbrecher (...) Er war einer jener seltenen schrecklichen Dogmatiker, die fähig sind, neun Zehntel der Menschheit zu vernichten, um das letzte Zehntel ‚glücklich zu machen' (...) Alles in allem war Stalin ein Ungeheuer, das, während es abstrakten, absoluten und fundamental utopischen Ideen anhing, in der Praxis nur den Erfolg anerkannte, und auch nichts anderes anzuerkennen vermochte, Erfolg, Gewalttat, physische und geistige Vernichtung. Seien wir aber nicht ungerecht gegen Stalin! Was er vollenden wollte und sogar das, was er vollendet hat, hätte auf andere Art nicht vollendet werden können (...) Er war der Schöpfer eines geschlossenen sozialen Systems und zur Zeit auch dessen Werkzeug (...)" [4])

Die Revolution in Mitteleuropa unter sozialistisch-kommunistischem Vorzeichen war im Herbst 1918 durch Präsident Wilsons Politik ausgelöst worden. Die Amerikaner hatten den Krieg gegen Deutschland entschieden, den Sturz der Monarchie zielbewußt angestrebt. Der Gefreite Adolf Hitler war 1919 wie viele national bewußte Soldaten auch zum Kampf gegen die Räterepublik mit der Spartakistenherrschaft in der bayerischen Landeshauptstadt angetreten,

[4]) Milovan Djilas: Gespräche mit Stalin, Frankfurt/Main 1962, S. 237 ff., 242.

gleichzeitig zum Kampf gegen die Friedensdiktate von Versailles und St. Germain. Das ideologische Vorzeichen des Nationalsozialismus hieß Anti-Kommunismus und Antisemitismus, weil die Juden die führende Rolle in der gesamten Umsturzbewegung Ost- und Mitteleuropas spielten. Die Greueltaten der bolschewistischen Revolution in Rußland, der von den Juden Trotzki und Fränkel begründete staatliche Terror mit Konzentrationslagern, dann ab 1925 von Stalin zum Staatsprinzip erhoben zur Erzwingung einer sozialistischen Herrschaft, beruhend auf dem dialektischen Materialismus, dem Marxismus-Leninismus, wirkten prägend auf Entstehung und Entwicklung der nationalsozialistischen Bewegung unter Hitlers Führung.[5])

Der Angreifer bestimmt nicht nur Ort und Zeit des Kampfgeschehens, sondern auch Art und Weise der Kampfmittel und Kampfmethoden. Es handelte sich um den in Rußland zur Staatsidee erhobenen Kommunismus. Die Kommunistische Partei Deutschlands war die am meisten Moskau-hörige Partei unter allen kommunistischen Parteien im „Freien Westen". Sie erhielt ihre Weisungen unmittelbar aus Moskau. Bereits 1923 hatte die KPD auf Befehl Moskaus eine Oktoberrevolution in Deutschland durchzuführen versucht; sie scheiterte am Widerstand der Reichswehr.[6]) Der kommunistische Aufstand in Berlin hatte im Jahre 1919 nicht weniger als 1500 Tote gefordert, die bayerische Räterepublik 700 Tote. Der „Roten Armee" in Deutschland, den paramilitärischen Verbänden des „Rotfrontkämpferbundes" und des sozialdemokratischen „Reichsbanners" trat Hitler mit der von ihm gegründeten SA entgegen, um den herrschenden roten Terror durch einen stärkeren Gegenterror zu bre-

---

[5]) Georg Franz-Willing: Ursprung der Hitlerbewegung 1919—1922, Preußisch Oldendorf 1974, S. 13 ff., 27 ff., ferner ders.: Krisenjahr der Hitlerbewegung, 1975, S. 282 ff.

[6]) Franz-Willing, Krisenjahr, S. 289 ff.

chen und das Recht auf die Straße auch für die „Rechte" zu erkämpfen.[7]) Der Straßenterror ist marxistisch-sozialistischer Herkunft, entstanden im ausgehenden neunzehnten Jahrhundert mit der Parole: „Und willst Du nicht mein Bruder sein, so schlag' ich dir den Schädel ein."

Hitlers geschichtliche Erscheinung ist keine „actio", sondern eine Re-Actio gegen die Diktate der alliierten Siegermächte, gegen den roten Terror des bolschewistischen Imperialismus Rußlands, der Dritten Internationale.

Der „Vater" der Hitlerbewegung sind die genannten Diktate der alliierten Siegermächte, die „Mutter" ist die Weimarer Republik, „die freieste Demokratie der Welt", und Hitler selbst ist ein klassisches Produkt der egalitären Demokratie.

Die ersten fünf Jahre der Weimarer Republik von der Revolution im Herbst 1918 bis zur Jahreswende 1923/24 waren von mehr als zwanzig kommunistischen Aufständen und Umsturzversuchen geprägt.[8]) Dem Versuch einer kommunistischen Machtergreifung in Deutschland lag die Erkenntnis Lenins zugrunde, daß die Bolschewisierung der Welt die kommunistische Eroberung Deutschlands zur Voraussetzung haben. „Die proletarische Revolution in Deutschland wird von der Wurzel her eine noch größere internationale Bedeutung haben als die russische Revolution", stellte Sinowjew unter dem Eindruck der Oktoberereignisse 1923 fest.[9]) Sinowjew war einer der maßgeblichen jüdischen Führer der bolschewistischen Revolution in Rußland. Stalin selbst schrieb in seinem Brief an den deutschen Kommunistenführer Thalheimer am 10. 10. 1923: „Der Sieg der Revo-

---

[7]) Ebda, S. 283.

[8]) Ebda, S. 282 ff.

[9]) Georg Franz-Willing: Krisenjahr, S. 295, zitiert die Schrift von Sinoviev „Les Problèmes de la Révolution Allemande", Paris 1923, S. 41.

lution in Deutschland wird für das europäische und amerikanische Proletariat größere Bedeutung haben als der Sieg der russischen Revolution vor sechs Jahren. Der Sieg des deutschen Proletariats wird ohne Zweifel das Zentrum der Weltrevolution von Moskau nach Berlin verlagern." [10])

Die Kommunistische Partei wuchs unter dem Druck der Deflationskatastrophe von 1929 zu einer echten Bedrohung des Deutschen Reiches heran. Ende 1932 zählte die KPD 6 500 000 Wähler und hatte 106 Abgeordnete im Reichstag. Unter solchen Vorzeichen übernahm Hitler am 30. Januar 1933 die Regierung. Das wird heute von der herrschenden, linksliberal bestimmten veröffentlichten Meinung totgeschwiegen!

---

[10]) Ebda, S. 290, Anm. 40.

6. *Hexenjagd im westlichen Ausland in den siebziger und achtziger Jahren*

Die Hexenjagd gegen „Nazi-Verbrecher“ wird unter jüdischem Druck in Großbritannien, den USA und in Frankreich auf gesetzlichem Wege weiterbetrieben. So beschloß das britische Unterhaus im Dezember 1989 eine entsprechende Vorlage der konservativen Regierung Thatcher mit 348 gegen 123 Stimmen. Betroffen sind davon zunächst 126 Ukrainer und Balten, die nach dem Krieg Zuflucht in Großbritannien suchten. Laut der neuen Bestimmung ist es möglich, das englische Recht nachträglich zu ändern. Bisher durfte niemand strafverfolgt werden, der zum Zeitpunkt der ihm vorgeworfenen Tat kein britischer Staatsbürger war und dessen Straftat, angeblich oder wirklich, nicht auf britischem Staatgebiet geschah. [1]) Die große Mehrheit der Stimmen für die beispiellose Rechtsmanipulation war nur möglich, weil die Vorlage der konservativen Regierung weitgehend von der Linken, d. h. der Labour Party, unterstützt wurde. Das britische Oberhaus hat sich der Entscheidung des Unterhauses jedoch nicht angeschlossen. [2])

In Frankreich las man im Jahre 1990: „Die französische Nationalversammlung hat schärferen Gesetzen zur Bekämpfung von Rassismus, Antisemitismus und Fremdenfeindlichkeit in erster Lesung zugestimmt. Dadurch ist unter anderen auch das Leugnen von Nazi-Verbrechen unter Strafe gestellt.“ [3])

In den USA sind aufgrund des von der zionistischen Abgeordneten Holtzmann veranlaßten Gesetzes von 1979, das

---

[1]) „Deutsche Nationalzeitung“, Nr. 52 v. 22. 12. 1989, S. 5: „Jetzt ‚Nazi-Prozesse‘ in Großbritannien; Ebda, Nr. 1/2 v. 5. 1. 1990, S. 4: „Rabbi-Lord auf Nazi-Jagd“.

[2]) „Südkurier“ Nr. 128 v. 6. 6. 1990, S. 5: „Oberhaus lehnt NS-Gesetz ab.“

[3]) „Südkurier“, Nr. 102 v. 4. 5. 1990.

auch zur Gründung der oben erwähnten „OSI" innerhalb des Justizministeriums geführt hatte, bisher sechzig US-Bürger vor Gericht gekommen. Einige wurden an Jugoslawien, die Sowjetunion und an Israel ausgeliefert. Zur Zeit sind vier Auslieferungs- und 31 Gerichtsverfahren gegen Betroffene anhängig. Gemäß jüngsten Berichten aus Washington stehen noch 600 Untersuchungsfälle an. [4])

Bei der immer neu angeschürten antideutschen Hetze dürfen natürlich die Polen nicht fehlen. Über den frommen Katholiken und Gewerkschaftsführer Lech Walesa weiß die französische Zeitung „Le Figaro" am 4. April 1990 zu berichten: „Lech Walesa meint, daß im Falle einer Destabilisierung Europas durch Deutschland man ‚Deutschland einfach von der Landkarte ausradieren' sollte. In einem Interview, das gestern in der niederländischen Wochenzeitung ‚Elsevier' veröffentlicht wurde, erklärte der Friedensnobelpreisträger, daß er allen Grund habe, sich wegen der deutschen Vereinigung Sorgen zu machen. ‚Ich schrecke selbst nicht vor einer Erklärung zurück, die mich in Deutschland unpopulär macht. Wenn die Deutschen erneut Europa in der einen oder anderen Art destabilisieren, sollte man nicht mehr zu einer Aufteilung Zuflucht nehmen, sondern dieses Land einfach von der Landkarte ausradieren. Der Osten und der Westen besitzen die notwendige fortgeschrittene Technologie, um diesen Urteilsspruch durchzuführen". Zu diesem frommen Zeugnis polnischer Humanität bemerkt der bekannte Militärexperte Ferdinand O. Miksche, Officier de la Légion d'Honneur, der den Artikel an die FAZ eingesandt hatte:

„Es liegt am Nobelpreiskomitee, darüber zu entscheiden, ob der zum Kriegshetzer gewordene Friedensnobelpreisträger und weltweit gefeierte Lech Walesa nach seinen skandalösen

[4]) „Deutsche Nationalzeitung", Nr. 1/2 v. 5. 1. 1990, S. 4: „600 Fälle für US-Nazijäger."

Erklärungen in der holländischen Zeitschrift überhaupt noch der Ehre würdig ist, die ihm zuteil wurde.“ [5])

Der Zusammenbruch des „Realen Sozialismus“ in Mittel- und Osteuropa seit der zweiten Hälfte des Jahres 1989, die größte ideologische Katastrophe der europäischen Geschichte, hat die Wiedervereinigung der zwei verstümmelten Rumpfstaaten Bundesrepublik Deutschland und Deutsche Demokratische Republik ermöglicht. Natürlich fehlen bei der spontanen Euphorie nicht die bitteren Wermutstropfen. Nicht nur die „Wendehälse“ der DDR zählen dazu. Die maßgebenden Parteien der Bundesrepublik Deutschland sorgen als Initiatoren des sich entfaltenden Parteienlebens in Mitteldeutschland dafür, daß der Umschwung sich durchaus im antifaschistischen und projüdischen Sinne vollzieht. So legte die im März 1990 frei gewählte erste Volkskammer gleich ein unterwürfiges „Schuld“bekenntnis zu Lasten des ganzen deutschen Volkes ab:

„Wir, die ersten frei gewählten Parlamentarier der DDR, bekennen uns zur Verantwortung der Deutschen in der DDR für ihre Geschichte und ihre Zukunft und erklären einmütig vor der Weltöffentlichkeit: Durch Deutsche ist während der Zeit des Nationalsozialismus den Völkern der Welt unermeßliches Leid zugefügt worden. Nationalismus und Rassenwahn führten zum Völkermord, insbesondere an den Juden aus allen europäischen Ländern, an den Völkern der Sowjetunion, am polnischen Volk und am Volk der Sinti und Roma (...)“ [6]

Anläßlich der Gedenkstunde zum 45. Jahrestag des Kriegsendes und „der Befreiung vom Faschismus“ erklärte die Volkskammerpräsidentin Sabine Bergmann-Pohl: „Wir

---

[5]) Artikel: „Walesa und Deutschland“ von Ferdinand Otto Miksche, in: FAZ v. 27. 4. 1990.

[6]) Zit. nach „Südkurier“, Nr. 87 v. 14. 4. 1990, S. 5 „Die Volkskammer bekennt . . . Wortlautauszüge der gemeinsamen Erklärung der Volkskammer“.

sind nicht nur mitverantwortlich für Demütigung, Vertreibung und Ermordung jüdischer Frauen, Männer und Kinder, wir sind auch verantwortlich für die erneute Verfolgung und Entwürdigung jüdischer Mitbürger nach dem Kriege in unserem Land, für eine Politik der Heuchelei und Feindseligkeit gegenüber dem Staat Israel." „Und so erinnerte die Präsidentin", heißt es weiter in dem Bericht, „die zuvor gemeinsam mit Regierungschef Lothar de Maizière Kränze an den Ehrenmalen der sowjetischen und polnischen Soldaten niedergelegt hatte, an die Überzeugung, mit denen nach dem Krieg ‚Kommunisten, Sozialdemokraten, christliche Demokraten und Christen in den Kirchen' angetreten waren, ein neues, besseres Deutschland zu bauen. Auf das Fundament der antifaschistischen Überzeugungen, ‚auf die damalige entschiedene Wendung gegen den Faschismus können wir stolz sein', bekundete sie ihren Respekt vor den Gründungsvätern der DDR, ‚den Verfolgten des Nationalsozialismus, den Emigranten und Widerstandskämpfern, die unseren neuen Staat schufen'. Doch die Chancen, die in der Befreiung gelegen hätten, seien nicht wahrgenommen worden. ‚Die Versuchung, allzuschnell auf der Seite der Sieger stehen zu können, machte manchen bald wieder zum Handlanger gewaltsamer Machtausübung. Im deutschen Namen wurde erneut das freie Denken unterdrückt.' " [7])

Die antifaschistisch-jüdische antideutsche Überlieferung ist von der DDR getreulich gewahrt, wie die obigen kriecherisch unterwürfigen Kollektiv-Schuldbekenntnisse zeigen. Die grausigen Funde von tausenden in den sowjetischen Konzentrationslagern auf dem Boden der DDR zwischen 1945 und 1950 Ermordeten werden natürlich amtlich ebensowenig wie die von den kommunistischen Schergen der DDR Ermordeten erwähnt. Man denke nur an die ‚Justiz'

[7]) Zit. nach „Südkurier", Nr. 106 v. 9. 5. 1990, S. 5 „Das Vergangene ist nicht tot".

der Hilde Benjamin, langjährige Leiterin des Justizministeriums in den ‚goldenen' Zeiten der Herrschaft von Ulbricht und Pieck. Zwischen 90 000 bis 100 000 Gefangene des NKWD sind in den Lagern Buchenwald, Sachsenhausen u. a. umgebracht worden. Immerhin hat die sowjetrussische Regierung unter Gorbatschow die Ermordung von 15 000 polnischen Offizieren unter Stalin in den ersten Kriegsjahren amtlich zugegeben. Man hatte „Katyn", wo die deutsche Wehrmacht 1943 die halbverwesten Leichen von 4000 polnischen Offizieren gefunden hatten, natürlich den Deutschen angelastet! [8])

Selbstverständlich hat der Jüdische Weltkongreß unter Leitung des Spirituosenhändlers Bronfman die Gelegenheit des bevorstehenden Zusammenschlusses von BRD und DDR gleich genützt, um Wiedergutmachungsforderungen zu erheben. So traf sich der Jüdische Weltkongreß zum ersten Mal nach dem Krieg am 8. Mai 1990 in Berlin. „In einer Gedenkveranstaltung vor dem Tagungsort der berüchtigten ‚Wannsee-Konferenz', auf der im Januar 1942 die Ausführung der sogenannten ‚Endlösung der Judenfrage' und damit die organisierten Deportationen in die Vernichtungslager beschlossen wurden, verlasen Teilnehmer des Kongresses eine ‚Wannsee-Deklaration' des Friedensnobelpreisträgers Elie Wiesel. Auch die DDR-Volkskammer gedachte der Opfer", heißt es in dem Zeitungsbericht. Natürlich wird hier laufend gelogen: Auf der Wannsee-Konferenz wurde überhaupt kein „Beschluß" gefaßt, „Vernichtungslager" gab es nicht, und die „organisierten Deportationen" liefen bereits

---

[8]) „Südkurier", Nr. 87 v. Ostern 1990, Seite 1, Schlagzeile: „Moskau bekennt sich zu Katyn. Die Ermordung von 15 000 polnischen Offizieren 1940 ‚eines der schwersten Verbrechen des Stalinismus'." – Kadell, Franz: Die Katyn-Lüge. Geschichte einer Manipulation. München 1991.

seit Oktober 1941, aber nicht in „Vernichtungs-“, sondern in „Arbeitslager“.

Elie Wiesel, als Holocaust-Hetzer berüchtigt, führte u. a. aus: „Was die Deutschen hier auslöschen wollten, war die Geschichte der Juden, was Deutschland hier auf ewig vernichten wollte, war die Erinnerung der Juden.“ Der Präsident des Weltkongresses, Bronfmann, sagte: „Gott wandte sein Antlitz ab von diesem Orte wie von Auschwitz.“ Galinski, Statthalter des Jüdischen Weltkongresses in der Bundesrepublik, sagte, „das mit dem Namen Auschwitz, Treblinka, Majdanek und Sobibor verbundene Entsetzen haben in Wannsee seinen Ursprung. Die Teilnehmer sangen zum Abschluß der Veranstaltung, an der auch der Vizepräsident der DDR-Volkskammer, Wolfgang Ullmann, und die Bürgermeister aus beiden Teilen Berlins teilnahmen, die israelische Nationalhyme und sprachen ein Gebet.“

Lothar de Maizière, der neue Ministerpräsident der DDR, erklärte: „Für das Volk der DDR geht es darum, mit der unheilvollen Tradition einer vierzigjährigen Veränderung deutscher Schuld und Verantwortung gegenüber den Juden zu brechen.“ Natürlich fehlte nicht der amtliche Vertreter der Bonner Regierung, in diesem Falle Bundesinnenminister Schäuble, um den Kotau gegenüber dem Jüdischen Weltkongreß zu erweisen. Er „würdigte den Beitrag der jüdischen Mitbürgerinnen und Mitbürger nach Kriegsende ‚zum Aufbau unserer freiheitlichen Demokratie‘ und versicherte, er sehe in einem geeinten Deutschland ‚eine Chance auch für die Juden auf ein sicheres gedeihliches Zusammenleben auf der Grundlage rechtsstaatlicher Ordnung, gegenseitigen Verständnisses und praktizierter Toleranz‘. Das Grundgesetz der Bundesrepublik knüpfe an ‚gute liberale und demokratische Traditionen der deutschen Geschichte‘ an, ‚zu denen nicht wenige Juden maßgeblich beigetragen haben‘. Mit aller Kraft werde man den Kampf gegen Rechtsextremismus und Antisemitismus fortsetzen." [9])

Für das wiedervereinigte Rumpfdeutschland ist somit die jüdisch-antifaschistische Tradition mit der unbegrenzten Fortsetzung der Vergangenheitsbewältigung, rückwirkend auch in Mitteldeutschland, gesichert.

Das Geschäft mit der Nazi-Jagd und der Nazi-Hetze wird unbegrenzt unter dem Vorzeichen „Holocaust" fortgesetzt. In den USA soll ein Holocaust-Museum errichtet werden, und das OSI macht weiter Jagd auf US-Bürger, die nach dem Krieg aus Mittel- und Osteuropa eingewandert und eingebürgert sind.

Die Bundesrepublik ist vorbildlich bei der Fortsetzung der Jagd auf „Kriegsverbrecher". Neuerdings wurde auf Anforderung von Argentinien Josef Schwammberger ausgeliefert. Der Südtiroler Schwammberger (geb. 1912) stand vor Gericht als ehemaliger KZ-Kommandant. 28 Jahre fahndete der Staatsanwalt nach ihm; siebzehn Jahre dauerte das Auslieferungsverfahren. Der schwerkranke Mann wurde vom Flughafen Frankfurt/Main nach Stuttgart geschafft. „In Stammheim wurde ihm der Haftbefehl eröffnet, anschließend wurde der von einem Anwalt und einem Arzt begleitete 78jährige ins Krankenhaus Hohenasperg gebracht." [10]) Fiat Justitia, pereat mundus!

Die allumfassenden Methoden der antideutschen Hetze werden auch mit dem Psychokrieg gegen die große Filmkünstlerin Leni Riefenstahl (geb. 1902) deutlich gemacht. „Bei einem internationalen Kongreß über Propaganda-Me-

---

9) „Südkurier", Nr. 106 v. 9. Mai 1990, Titelseite mit Schlagzeile: „ ‚Mahnung an künftige Generationen' Gedenkfeier des Jüdischen Weltkongresses in Berlin zum 8. Mai. – Auch DDR-Volkskammer gedachte der Opfer."

10) „Südkurier", Nr. 101 v. 3. 3. 1990, S. 13: „Josef Schwammberger wird ausgeliefert. Prozeß gegen mutmaßlichen Kriegsverbrecher in Stuttgart; ferner, ebda, Nr. 102 v. 4. 5. 1990, S. 12 „Ankunft. Der mutmaßliche Kriegsverbrecher und frühere Lagerkommanmdant Josef Schwammberger ist gestern von Argentinien aus an die Bundesrepublik ausgeliefert worden . . . Unser Bild zeigt ihn bei der Ankunft auf dem Frankfurter Flughafen. . ."

thoden des Dritten Reiches soll im Februar 1986 in Tel Aviv als Beispiel für die psychologische Vorbereitung auf die Judenverfolgung der Film „Triumph des Willens“ von Leni Riefenstahl aufgeführt werden“, berichtete der „Südkurier“ mit einem Artikel betitelt: „Riefenstahl-Archiv in Tel Aviv“.[11]) „Der Film über die Reichsparteitage in Nürnberg 1933 und 1934 gelte als ‚bester Propagandafilm aller Zeiten‘, schreibt der Leiter der israelischen Forschungsstätte Harry Haren in Hezlia, Professor Baruch Gitlis, in der Zeitung ‚Jediot Acharonot‘. Der Kongreß werde zeigen, mit welchem Geschick es gelungen sei, ‚das deutsche Volk in ein Volk von Mördern zu verwandeln‘. Die Schirmherrschaft habe unter anderem die Deutsche Botschaft in Israel und die Münchener Hanns-Seidel-Stiftung.“

Die Vergangenheitsbewältigung wird unter jüdischer Regie auch auf Theaterbühnen der Bundesrepublik betrieben. „Wie stehen Kinder von Naziverbrechern zu ihren Eltern? Eine Antwort auf diese Frage versuchte der jüdische Autor Peter Sichrovsky in seinem Buch „Schuldig geboren“ zu geben, das in einer szenischen Fassung im „Theater im Depot“, der Studiobühne des Württembergischen Staatstheaters Stuttgart, zur Aufführung kam“. So beginnt ein Artikel „Ohne Schuld und Sühne? Peter Sichrovsky Stück über Kinder aus Nazifamilien in Stuttgart“.[12]) Der von einem W. Ludewig gezeichnete Artikel schließt mit dem Satz: „Ohne Schuld und Sühne? Diese Frage bleibt jedoch offen, da der Autor die Gespräche, die er führte und aufzeichnete, unkommentiert läßt.“

Ein großer Vergangenheitsbewältiger ist der Professor für neuere Geschichte an der Universität Stuttgart, Eberhard Jäckel. Er führt sich als Hitlerspezialist auf. Zusammen mit

---

[11]) „Südkurier“, Nr. 291 v. 17. 12. 1985, S. 7.

[12]) „Südkurier“, Nr. 249 v. 26. 10. 1988.

dem Dozenten Axel Kuhn der gleichen Universität gab er „Hitler. Sämtliche Aufzeichnungen 1905—1924“ heraus.[13])
Im Klappentext des Buches heißt es stolz und angeberisch:

„Dieses Quellenwerk ist die erste Gesamtausgabe der Reden, Aufsätze, Briefe und anderen Texte Hitlers (...) Die Ausgabe ist streng wissenschaftlich (...) Das so entstehende Bild geistiger Dürftigkeit steht in merkwürdigen Widerspruch zur politischen Wirkung. Die spätere moralische Skrupellosigkeit ist bereits erkennbar. Was dieser gewalttätige Mann nach 1933 über Deutschland und die Welt bringen sollte, war alles gelegt und vorgezeichnet in seinen ersten 35 Jahren, die hier vollständig dokumentiert werden.“

Mit der strengen Wissenschaftlichkeit war es aber nicht weit her. Im Aprilheft 1981 der „Vierteljahrshefte für Zeitgeschichte“ bringen Jäckel und Kuhn unter dem unverfänglichen Titel „Notiz zu einer Edition von Aufzeichnungen Hitlers“ das verschämte Eingeständnis, daß sie Fälschungen aufgesessen sind.

Unredlich und mit wissenschaftlichem Ethos unvereinbar ist schon der Titel „Sämtliche Aufzeichnungen“. Es kann sich nur um „Gesammelte Aufzeichnungen“ handeln, angesichts der Tatsache, daß das Schriftgut Hitlers in alle Winde und alle Welt von den Siegern verschleppt und verstreut wurde. Beispielsweise fehlt Hitlers Denkschrift an die Staatsanwaltschaft von 1923! Das Flugblatt „Adolf Hitler, Verräter?“ von 1921 zitieren die Herausgeber auszugsweise aus der sozialdemokratischen „Münchner Post“. Der vollständige Text ist veröffentlicht von Georg Franz-Willing in „Ursprung der Hitlerbewegung“. Das wissen Jäckel und Kuhn nicht. Aus Masers Buch entnahmen sie einen Brief mit der Anrede „Lieber Herr Doktor“ und dem Vermerk „An einen

---

13) Stuttgart 1980, Deutsche Verlagsanstalt. Veröffentlicht in der Schriftenreihe des „Instituts für Zeitgeschichte“, München: Quellen und Darstellungen zur Zeitgeschichte, Bd. 21.

Unbekannten". Der „Unbekannte" ist bekannt, aber weder den Herausgebern, noch Herrn Maser. Es handelt sich um Dr. Emil Gansser.[14]) Die Dokumentation kostete im Laden DM 228,—. Wie kann der Käufer und Leser erfahren, daß diese „streng wissenschaftliche" Dokumentation Fälschungen enthält, wenn er nicht zufällig als zeitgeschichtlicher Interessent auch die „Vierteljahrshefte" kennt und regelmäßig und kritisch verfolgt?

Unbeschadet dessen hat der „große" Hitlerforscher Eberhard Jäckel, geb. 1929, Professor für Neuere Geschichte und Direktor des Historischen Instituts der Universität Stuttgart (Veröffentlichungen: „Hitlers Weltanschauung" [1969], „Frankreich in Hitlers Europa" [1966]) sich rühmlichst bloßgestellt mit seinem Reinfall auf den Stuttgarter Fälscher der „Hitler-Tagebücher", Konrad Kujau alias Dr. Konrad Fischer.

„Der in Untersuchungshaft sitzende Konrad Kujau hat, wie das Institut in München bekanntgab, nicht nur ‚Hitler-Tagebücher' gefälscht und an die Zeitschrift ‚Stern' verkauft. Er versorgte den Sammlermarkt auch mit gefälschten Unterschriften Napoleons, Wilhelms II, Hindenburgs, des Herzogs von Windsor und anderer historischer Persönlichkeiten. Als Vorlagen dienten ihm ausschließlich gedruckte Quellen. Doch auch Historiker sind auf die zweifellos fast perfekten Fälschungen hereingefallen, wie das Institut für Zeitgeschichte auf Grund von Vergleichen und chemischen Untersuchungen ‚bedauerlicherweise' feststellen mußte. So gelangten Kujaus Texte frei nach Hitler in die 1980 herausgegebene, von dem Institut betreute Edition ‚Hitler. Sämtliche Aufzeichnungen 1905—1924'. Diese enthält – außer

---

[14]) S. die Besprechung der Dokumentation von Georg Franz-Willing in: „Deutsche Monatshefte", Heft 9, Sept. 1982, S. 31 ff.; ferner die Rezension von Georg Demmler in „Nation Europa", Heft 10, 1982, S. 45 ff.: „Gefälschten Dokumenten aufgesessen."

den Fälschungen – authentische, aber historisch-politisch unbedeutende Kriegslyrik des Weltkriegsgefreiten. Die Herausgeber Eberhard Jäckel und Axel Kuhn, der Verlag und das Institut für Zeitgeschichte wollen der 694 Dokumente umfassenden Hitler-Edition jetzt eine entsprechende Information beigeben und für eine revidierte Neuausgabe sorgen. Außerdem soll dieser Vorgang in der Januarausgabe der ‚Vierteljahrshefte für Zeitgeschichte' ausführlich veröffentlicht werden." [15])

Es kann hier nicht erörtert werden, ob das Millionengeschäft mit den gefälschten Tagebüchern Hitlers nicht auch einen wahren Kern enthält. Auffallend war, daß renommierte Zeitgeschichtler wie der Engländer Trevor-Roper sich anfangs für die Echtheit einsetzten und dann rasch einen Rückzieher machten. Die Möglichkeit, daß es sich dabei um teilweise echte Tagebücher mit Fälschungen handelte, die wegen ihrer Brisanz aus dem Verkehr gezogen werden mußten, ist nicht von der Hand zu weisen. Jedenfalls, Herr Jäckel war auch dabei. Interessant ist, daß das Institut für eine revidierte Neuausgabe von Hitlers „Sämtlichen Aufzeichnungen" sorgen wollte, die bis heute nicht erschienen ist! Auch ist in dem obigen Bericht, der von Dezember 1983 stammt, nicht erwähnt, daß Jäckel und Kuhn bereits im April 1981 in Gestalt der oben angeführten „Notiz" ihren Reinfall eingestanden hatten.

Geschäft ist Geschäft! Wissenschaftliches Ethos ist bei der bundesrepublikanischen „Zeitgeschichte" weder erwünscht noch gefragt. Professor Jäckel, als fortschrittlicher Zeitgeschichtler eine demokratische Persönlichkeit von Rang und Namen, stellt nun im Jahre 1990 seine bereits mehrfach bewiesene antifaschistische „Gesinnung" als Vorkämpfer für Holocaust-Bewältigung neuerlich mit einer vierteili-

[15]) „Südkurier", Nr. 295 v. 22. 12. 1983, Artikel: „Nach Hitlers Tagebuch Napoleons Name."

gen Fernseh-Dokumentation unter Beweis: „Der Tod ist ein Meister aus Deutschland", 1. Teil am Sonntag, dem 29. April 1990 im Ersten Programm ausgestrahlt abends um 21.50 Uhr. Das „Programm" dieser Sendung laut Fernsehmagazin:

„Der Mord an den europäischen Juden. Eine vierteilige Dokumentation von Lea Rosh und Eberhard Jäckel (Die weiteren Folgen werden in den Dritten Fernsehprogrammen ausgestrahlt). Nach mehrjährigen Recherchen und Dreharbeiten ist die aufwendigste Produktion des deutschen Fernsehens zum Holocaust entstanden." [16])

Diese Art von Vergangenheitsbewältigung dürfte für Herrn Professor Dr. Eberhard Jäckel dank der Mitarbeit von Lea Rosh sicher ein besseres Geschäft sein als jenes mit Kujaus gefälschten Dokumenten in seiner Dokumentation „Sämtliche Aufzeichnungen Hitlers 1905—1924".

Professor Jäckel und seine Kollegen Rosendorfer, Schneider und Arno Meyer luden im Herbst 1989 den bekannten britischen Zeitgeschichtler David Irving zur Fernsehdiskussion „Berliner Salon" ein und dann im letzten Augenblick wieder aus. Infolge der Plakatdemonstration Irvings vor dem Gebäude des Sender Freies Berlin waren sie „durch den Hintereingang geschlüpft". Irving war eingeladen worden, über das Leuchter-Gutachten, für das er ein Vorwort geschrieben hatte, zu sprechen. Nach seiner Ausladung durch die genannten Historiker veranstaltete Irving eine Medienkonferenz am 3. Oktober 1989 im Hotel Kempinski und

---

[16]) TRV Das Fernsehmagazin Ihrer Zeitung. 29. April bis 4. Mai 1990, S. 20 Nr. 17. Der Obertitel: „Der Tod ist ein Meister aus Deutschland" stammt von Paul Celan (1920—1970). Celan heißt in Wirklichkeit ‚Antschel' und stammt aus Czernowitz (Bukowina), jüdischer Abkunft. Die Brockhaus-Enzyklopädie führt ihn als ‚Lyriker' und beschreibt Antschels Lyrik wie folgt: ‚Seine anfänglich von P. Eluard und Yvan Goll beeinflußte melodische Lyrik ist Geflecht (‚Sprachgitter'), die über jeden Sinn hinaus ins logisch nicht Erfaßbare weisen. Anrufe in assoziativer Reihung sind in Sprache übersetzte Fugen. Manche seiner Gedichte enden im Verstummen vor dem Unsagbaren. Bes. bekannt ist sein Gedicht ‚Todesfuge', die Elegie von der Ermordnung der Juden im Konzentrationslager." Celan lebte in Paris und endete durch Selbstmord (Brockhaus-Enzyklopädie, Bd. 3, 1967, S. 656 und Bd. 22, 1975, S. 280).

stand den fragenden Berichterstattern Rede und Antwort. Er kam auch auf den von Jäckel in der „Frankfurter Allgemeinen Zeitung“ veröffentlichten Aufsatz vom 26. Januar 1980 zu sprechen. Dort hatte Jäckel u. a. erklärt, „geschichtliche Unwahrheiten über jüngere deutsche Vergangenheit seien begrüßenswert“.

Irving fuhr dann wörtlich fort: „Auch die Überdrehung geschichtlicher Proportionen rechtfertigt Herr Jäckel in seinem Aufsatz. Dieser Herr diskutiert heute abend in der Sendung ‚Berliner Salon‘ über deutsche Geschichte. Er weiß vom Leuchter-Gutachten. Aber er scheut die Wahrheit und möchte unter keinen Umständen meinen Argumenten ausgesetzt sein. Deshalb sorgte er dafür, daß ich an dieser Runde nicht teilnehmen konnte.“ Irving stellte sich deshalb der Pressekonferenz unter dem Motto: „Wahrheit macht frei!“ Er gab auf bohrende Fragen genaue und ausführliche Antwort, z. B. auf die Frage: „(...) Sie bezeichnen die Gaskammern als Märchen bzw. als Propaganda. Wer hat demzufolge dieses Märchen oder diese Propaganda erfunden? Darauf antwortete der Engländer: „Wir, die Engländer haben uns das ausgedacht. Die Abteilung für politische Kriegführung (PWE, Political Warfare Executive) dachte sich diese Propagandalüge bereits im Jahre 1942 aus. Im August 1943 trafen sich Churchill und Roosevelt in Quebec. Dort wurden beide Staatsmänner sowohl von der tschechischen als auch von der polnischen Exilregierung aufgefordert, diese Propaganda über die planmäßige Ausrottung der europäischen Juden durch Giftgas in den deutschen Konzentrationslagern zu inszenieren. Das deutsche Volk sollte mit dieser Lüge verleumdet und die Völker der Alliierten gegen Deutschland aufgehetzt werden (...)“ Auf die Vorhaltung des Journalisten, es seien doch sechs Millionen Menschen getötet worden, erwiderte Irving: „Ich möchte niemandem seinen Glauben nehmen. Aber es gab auch viele Menschen, die glaubten an das Leichentuch Christi in Turin. Und nun stellten laborwissenschaftliche Untersuchungen fest, daß das Leichentuch höchstens tausend Jahre alt ist." Als der Journalist weiterfragte: „Wo sind die sechs Millionen hingekommen?" erwiderte Irving: „... Ich habe eingangs erwähnt, daß das sowjetische Rote Kreuz die Totenbücher von Auschwitz der Öffentlichkeit zugänglich gemacht hat. Und in diesen Büchern sind alle in Auschwitz während des Lagerbestehens umgekommenen Menschen mit 74000 angegeben. Vergleichen Sie darüber hinaus die jüdischen Bevölkerungsstatistiken der Nachkriegszeit. Vielleicht werden dann auch Sie von Ihrem ‚Sechs-Millionen-Glauben' lassen."

Der Forderung nach Erstellung eines zweiten laborwissenschaftlichen Gutachtens von einer unabhängigen Experten-Kommission zur Überprüfung des Leuchter-Gutachtens stimmte Irving mit nachdrücklichem Hinweis auf das Versagen der deutschen Historiker voll zu: „Mein besonderer Vorwurf gilt den deutschen Historikern. Diese hätten schon längst ein solches Gutachten erstellen lassen müssen. Aber sie weigern sich sogar verbissen, das Vorhandene zu diskutieren. Eine unglaubliche Haltung. Der Leiter des Instituts für Zeitgeschichte, Herr Martin Broszat, veröffentlichte beispielsweise das gefälschte Tagebuch von General Engel. Ich habe auch dieses Tagebuch durch Laboruntersuchungen als Fälschung entlarvt. Herr Broszat mußte daraufhin das Tagebuch aus seinem Archiv entfernen. Wie springen die deutschen Historiker mit Vorliebe und ohne jeden Vorbehalt auf jede Fälschung? Auch den deutschen Historikern stehen Labors zur Verfügung. Sollten nicht gerade sie alle Dokumente ganz besonderen Analysen unterziehen? Es ist doch hinlänglich bekannt, daß über den geschichtlichen Abstand von 1933 bis 1945 mehr gelogen wurde, als über jeden anderen Zeitraum der Weltgeschichte. Ja, die Historiker lügen sogar noch tatkräftig mit.“ Auf die Frage des Journalisten nach Auschwitz antwortete Irving, es sei ein Arbeitslager gewesen, kein Vernichtungslager, wie die Presse und die deutschen Historiker schreiben. „Es ist eine Verleumdung des deutschen Volkes, wenn man von Vernichtungslagern und Todesfabriken spricht. Und es ist eine Schande, daß die deutschen Historiker ihr eigenes Volk nicht vor diesen Verunglimpfungen schützen. Deshalb nenne ich die deutschen Historiker Lügner und Feiglinge.“ Zum Schluß der Demonstration erklärte Irving:

„Ich habe heute die deutschen Historiker herausgefordert. Ich habe sie Lügner und Feiglinge genannt. Ich hätte mir gewünscht, die Anschuldigungen vor Euren Augen zurücknehmen zu müssen. Ich hatte bis zuletzt gehofft, daß die Herren Jäckel, Schneider, Rosendorfer und Mayer letztlich zustimmen würden, daß ich an der Debatte teilnehmen dürfte. (...) Es handelt sich bei diesen Herren nicht um gewöhnliche Feiglinge. Nein, es sind erbärmliche Feiglinge. Ich hätte niemals zuvor geglaubt, daß Menschen vor der Wahrheit soviel Angst haben könnten (...) Es ist eine Schande,“ so schloß Irving seine Ausführungen, „daß ein Engländer kommen und für die Wahrheit für das deutsche Volk und für seine Ehre kämpfen muß.“ [17])

Die „Historische Zeitschrift“, führendes Organ der deutschen Geschichts„wissenschaft“ in der Bundesrepublik Deutschland (1860 von Leopold von Ranke als Sprachrohr einer deutschen Geschichtswissenschaft gegründet!), bringt im Dezember 1990 von einem führenden Vergangenheitsbewältiger auf den Lehrstühlen der Bundesrepublik, Klaus Hildebrand (geb. 1941) den Aufsatz: „Die Entfesselung des Zweiten Weltkrieges und das internationale System. Proble-

[17]) Historische Tatsachen, Nr. 42, hsgb. v. Udo Walendy, Vlotho 1990, S. 37 ff.

me und Perspektiven der Forschung." [18]) In den Bahnen der antifaschistischen Sprachregelung wandelnd gemäß seinem „Vorbild", dem Schweizer Professor Walther Hofer, der die „Entfesselung" erfand, schreibt Hildebrand:

„Denn daß Hitler und Deutschland für seinen Beginn die Hauptverantwortung trägt, steht außer Zweifel (...) Fortentwickelt worden ist inzwischen die für lange Zeit dominierende Auffassung von der planmäßigen ‚Entfesselung des Zweiten Weltkrieges' [19]) durch Hitler". „Zusammenfassung: Der Aufsatz behandelt zentrale Probleme des Untersuchungsgegenstandes und zeichnet Perspektiven, die für das zukünftige Vorgehen der Historiographie maßgebend sein können. Er betont die Wechselwirkung des internationalen Geschehens in Ostasien und in Europa und akzentuiert den Befund eines in der Zwischenkriegsära vielfach existierenden Ungleichgewichts, dessen Existenz die Entfesselung des Zweiten Weltkrieges durch Hitler und Deutschland förderte."

Bezeichnend für die „wissenschaftliche" Arbeitsweise Hildebrands ist es, daß weder Gespräche und Briefe Roosevelts und Churchills noch Werke über diese beiden Hauptverantwortlichen angeführt werden, geschweige denn irgendeine Erwähnung Bernard Baruchs, der führenden und mächtigsten Persönlichkeit des amerikanischen Judentums, gebracht wird. Obwohl die „Wechselwirkung des internationalen Geschehens in Ostasien und Europa" betont wird, führt er nicht einmal das wichtige Buch des engen Mitarbeiters Pandit Nehrus und indischen Diplomaten, K. M. Panikkar: „Asien und die Herrschaft des Westens 1498 bis 1945", Zürich 1955, an, ebensowenig dessen bedeutende Erinnerungen an seine Botschafterzeit in China „In two Chinas".

---

[18]) Historische Zeitschrift, Bd. 251, Heft 3, 1990, S. 608—625.

[19]) Walther Hofer: Die Entfesselung des Zweiten Weltkrieges, Frankfurt 1964.

7. *Rückblick und Ausblick*

„Übergroße Freiheit schlägt in nichts anderes um als in übergroße Knechtschaft. Das gilt für den einzelnen wie für den ganzen Staat“, schreibt Plato und fährt fort: „So darf man annehmen, daß die Tyrannis aus keiner anderen Staatsform hervorgeht als aus der Demokratie, die ärgste und härteste Sklaverei aus der doch wohl größten Freiheit.“ [1]) Hitler war das klassische Produkt der von den Siegern von 1918 dem deutschen Volk bescherten egalitären Demokratie.

Die Zerstörung der institutionellen Autorität der Monarchie, gefordert vom amerikanischen Präsidenten Woodrow Wilson, führte aufgrund der durch die Friedensdiktate von Versailles und St. Germain geschaffenen politischen, wirtschaftlichen und sozialen Verhältnisse zur Überbetonung und zum Übergewicht personaler Autorität. Die moralische Belastung des deutschen Volkes mit der Lüge von der Alleinschuld am Weltkrieg versetzte das besiegte Volk in einen völkerrechtlichen Ex-Lex-Zustand und durch die dauernde Diskriminierung in eine psychopathische Lage. Verzweiflung, Empörung, Auflehnung personifizierten sich schließlich in Adolf Hitler. Die Verfassung, in die das deutsche Volk im Jahre 1919 von den Siegern versetzt wurde, fand ihren Ausdruck in zwei Dokumenten: dem Friedensdiktat von Versailles und St. Germain und in der Weimarer Reichsverfassung. Das im Reichsgesetzblatt veröffentlichte „Friedens“instrument der Sieger drückte weit mehr als die Verfassung mit der papierenen freiesten Demokratie der Welt die Wirklichkeit des deutschen Lebens aus.

---

[1]) Plato, Der Staat, 8. Buch, Kröner-Verlag, Leipzig o. J., S. 287 f.

Die Alliierten hatten angeblich für die Demokratie gekämpft. Mit ihren Friedensbestimmungen aber würgten sie den demokratischen Willen Deutschlands schon im Entstehen ab. Sie hatten den Krieg gewonnen, mit diesem Diktat aber den Frieden verloren. Für die Nachkriegsordnung trägt der Sieger die Hauptverantwortung, nicht der Besiegte. Die USA hatten den Ausgang des Ersten Weltkrieges entschieden und waren als die führende Weltmacht aus ihm hervorgegangen. Sie tragen auch die Verantwortung für den Ausbruch des Zweiten Weltkrieges mit seinem Ergebnis einer zweigeteilten Weltherrschaft, der Zerstörung Deutschlands und Europas. Viel krasser noch als nach dem Ersten Weltkrieg drückte sich die politische Unfähigkeit und das moralische Versagen der Amerikaner und ihrer jüdischen Berater wie Bernard Baruch, Felix Frankfurter, Henry Morgenthau im Jahre 1945 aus; dazu heißt es in dem großen Werk von Potter-Nimitz:

„Die Politik der bedingungslosen Kapitulation lief gegen das frühere Drängen britischer und amerikanischer Führer, nicht das Volk, sondern dessen Führer zu bekämpfen, die es mißleitet hatten. Diese Politik war eine Art von Fehler, den die Staatsmänner des siebzehnten und achtzehnten Jahrhunderts nie begingen. Sie verstanden besser als irgendeiner ihrer Nachfolger, daß der heutige Feind als Verbündeter von morgen benötigt werden könnte. Und ein Krieg, zum Punkt totalen Sieges getrieben, könnte den Sieger ebenso wie den Besiegten ruinieren.“[2])

Die Amerikaner haben durch ihre materielle Überlegenheit den Zweiten Weltkrieg gewonnen – und wieder den Frieden verloren! Da sie 1945 das Deutsche Reich zerstörten und das deutsche Volk in ein vorstaatliches Sklavendasein

[2]) Potter-Nimitz, The Great Sea War, London 1960, S. 129.

zurückschleuderten, gibt es bis heute keinen Friedensschluß. Das Gleichgewicht der Mächte haben sie durch das Gleichgewicht des Schreckens ersetzt, ein gewaltiger Fortschritt auf dem Wege zu Freiheit, Frieden, Demokratie und Humanität! Präsident Truman, der den Befehl zum Einsatz der Atombomben gab, verkündete im Mai 1945: „Dies ist der Tag der Freiheit, dies ist der Tag der Demokratie." Die größten Kriegsverbrechen der Weltgeschichte haben die Alliierten, voran die Amerikaner und Briten, verübt: den uneingeschränkten Bombenkrieg gegen die europäische Zivilbevölkerung, den Abwurf der beiden Atombomben über Japan, für den keine militärische Notwendigkeit bestand, und die Massenaustreibung der Deutschen aus ihren angestammten Wohnsitzen der Reichsgebiete östlich der Oder-Neiße-Linie, aus Ostmitteleuropa und Südosteuropa (Tschechoslowakei, Ungarn, Rumänien, Jugoslawien). Die Meinungsindustrie der Siegermächte hat, um von diesen ihren Verbrechen abzulenken, die Kriegspropaganda in Gestalt der Umerziehung und der Vergangenheitsbewältigung fortgesetzt. Die beiden Hauptanklagepunkte gegen Deutschland bei dieser Propaganda sind die unsinnige Behauptung von der Alleinschuld des Deutschen Reiches am Ausbruch der beiden Weltkriege und die unbewiesene und auch nicht beweisbare Behauptung der geplanten Massenausrottung der Juden, genannt Holocaust.

Auch die Konzentrationslager sind keine deutsche Erfindung. Sie kamen um die Wende vom 19. zum 20. Jahrhundert in Amerika auf. Nach Ausbruch des Kuba-Aufstandes im Jahre 1895 errichtete der spanische General Weyler solche Lager zur Festsetzung von Zivilpersonen. Im Burenkrieg 1899—1902 übernahmen die Engländer das System der Konzentrationslager. Die Amerikaner richteten erneut Konzentrationslager zur Niederkämpfung des Aufstandes der Filipinos ein. [3]) Im bolschewistischen Rußland wurden sie zu einem wichtigen Teil des Herrschaftssystems ausgebaut (Archipel GULAG), als Straf- und Zwangsarbeitslager. Maßgebend dafür waren die Juden Fränkel und Trotzki-Bronstein.

„Das ‚Über den Roten Terror' genannte Dekret vom 5. September 1918 verfügte Massenerschießungen und die Inbetriebnahme von Konzentrationslager. In der ‚Prawda' schrieb ein Mitglied der Tscheka im November 1918: „Wir führen nicht gegen einzelne Personen Krieg. Wir rotten die Bourgeoisie als Klasse aus." Und Lenin erklärte im Jahre 1922: „Das Gericht soll den Terror nicht beseitigen – das zu versprechen, wäre Selbstbetrug oder Betrug – sondern ihn prinzipiell ohne Falsch und ohne Schminke begründen und gesetzlich verankern." [4])

Der „Rote Terror" war also das staatliche Werkzeug des bolschewistischen Regimes, von Lenin und seinen jüdischen Mitarbeitern eingerichtet zur Ausrottung der Bourgeoisie, zur Sicherung der Diktatur des Proletariats, d. h. der revolutionären, überwiegend jüdischen Intellektuellen. Das Zentralkomitee der Bolschewistischen Partei, später Politbüro genannt, bestand zur Zeit der Ermordung der Zarenfamilie am 17. Juli 1918 ausschließlich aus Juden, mit Ausnahme von Lenin. Vorsitzender des Zentralkomitees war damals Swerdlow, Lenin war Vorsitzender des Rates der Volkskommissare. Swerdlow hatte die Regie der Ermordung der Zarenfamilie und der Ausrottung der Romanows. Ihm zu Ehren wurde deshalb Jekaterinburg, wo die Zarenfamilie ausgerottet wurde, umgetauft in Swerdlowsk. Mitglieder des

---

[3]) Hermann Leusser: Ein Jahrzehnt deutsch-amerikanischer Politik (1897—1906), München 1928, S. 13, Anm. 1. Adolf Rock: Kurze Geschichte der USA, Wiesbaden 1947, S. 165; Antonio Ballesteros y Beretta, Geschichte Spaniens, München 1943, S. 529.

[4]) Hanns Wahls: Drachensaat, 1989, S. 37 ff.

Zentralkomitees im Juli 1918 waren: Swerdlow, Jankel, Apfelbaum (= Sinowjew), Leo Bronstein (= Trotzki), Goldstein (= Wolodarski), Lurje (= Larin), Nachamkes (= Steklow), Rosenfeld (= Kamenew), Ssmidowitsch, Moses Uritzki, Krylenko, Lunatscharski, Uljanow (= Lenin). Uritzki war der erste Leiter der Tscheka, ernannt von Lenin.[5]) Er wurde am 30. 8. 1918 ermordet; sein Nachfolger wurde Dsershinski, ein Pole.

Deutschland war das nächste und wichtigste Ziel der bolschewistischen Revolution. Die Bedrohung aus Moskau und die Art des bolschewistischen Angriffs mußte zwangsläufig auf Mittel und Methoden des Angegriffenen in der Abwehr abfärben. Der Angreifer bestimmt nicht nur Ort und Zeitpunkt, sondern auch weitgehend die Kampfmittel.
Das bolschewistische Regime erkannte keine Spielregeln in der Auseinandersetzung mit der Bourgeoisie, dem Kapitalismus, dem Faschismus an. Krieg ist gleich Bürgerkrieg, und sein Ziel ist die Ausrottung und Vernichtung des Gegners. Hitler hatte diese Einstellung der Kommunisten von Anfang an richtig erkannt und verkündete daher den Gegenterror gegen den Roten Terror. Der Gefahr, den Bolschewismus mit bolschewistischen Mitteln und Methoden zu bekämpfen, konnte er nicht ausweichen. Schon in der Frühzeit der Bewegung, in den frühen zwanziger Jahren, wurde vor dieser Gefahr gewarnt. „Schlagt die Faschisten, wo ihr sie trefft", so lautete die Kampfmoral der Kommunisten. Entsprechend artete bereits die innenpolitische Auseinandersetzung in Deutschland im Lauf der Weimarer Jahre mehr und mehr aus. Eine Unterwanderung der NSDAP durch die Kommunisten war gar nicht zu vermeiden. Der Reichsinnenminister Wilhelm Gröner schätzte 1931, daß in der Reichshauptstadt

---

[5]) Heinrich W. Luig: Die Ermordung des Zaren und der kaiserlichen Familie. Unveröff. Manuskript.

etwa neunzig Prozent der NSDAP, besonders in der SA, ehemalige Kommunisten waren. Mag diese Schätzung übertrieben sein, so zeigt sie doch, wie man von staatlicher Seite die Entwicklung beurteilte.

Die Komintern hat die in Sowjetrußland geltenden Grundsätze international verbreitet. Die unmittelbar von Moskau gesteuerte Kommunistische Partei Deutschlands hat entsprechend gehandelt. Die größte Lügen- und Fälscherzentrale errichtete das führende Mitglied der Kommunistische Internationale, Willi Münzenberg, in Paris. Von dort wurde dann auch nach der Machtübernahme Hitlers die antideutsche Propaganda gelenkt. Es versteht sich, daß sich im Krieg mit der Sowjetunion diese ungehemmte Kampfesweise entsprechend steigerte. So gab Stalin u. a. eine Weisung: „Fordert die Deutschen in den besetzten Gebieten zum Begehen von Untaten bei der Unterdrückung der Zivilbevölkerung heraus." Der Zweck dieser Anordnung war, die Zivilisten zum Widerstand gegen die Besatzungsmacht anzufeuern; der Partisanenkrieg mit all seinen Greueln wurde amtlich organisiert, gefördert, gesteigert. So steckte beispielsweise einer der bolschewistischen Kommissare eine Guerillabande in erbeutete deutsche Uniformen. Diese setzte während des Kampfes Häuser in Brand und schoß aus den Häusern fliehende Zivilisten nieder. Der Kommissar ließ jedoch einen Teil der Zivilisten absichtlich entkommen, damit sie überall verkünden könnten, daß die deutschen Soldaten Mörder seien. Diese Kampfesweise wurde zunehmend von den kommunistischen Kommissaren angewandt. In Balta ließ der Kommissar die Kinder eines hohen Besatzungsbeamten rauben und für zwölf Tage festhalten, damit die Deutschen Zeit zu entsprechenden Repressalien hatten. Dann wurden die Köpfe der Kinder, in bunte Tücher gehüllt, auf dem Stadtplatz zurückgelassen. Der

Kommissar, der diese barbarische Handlungsweise angeordnet hatte, war der spätere Generalsekretär der Kommunistischen Partei Sowjetrußlands, Leonid I. Breshnew.[6]) Sowjetrußland gehörte logischerweise nicht zu den Unterzeichnern der Genfer Konvention (1929) und richtete sich auch nicht nach der Haager Landkriegsordnung, die vom zaristischen Rußland anerkannt worden war. Trotzdem hatte auch dieses sich bei der Behandlung der Kriegsgefangenen im Ersten Weltkrieg weitgehend nicht daran gehalten. Die USA, formell neutral bis 1917, haben als Schutzmacht für die gefangenen deutschen und österreichisch-ungarischen Soldaten nichts unternommen.

Die auf Stalins Befehl durchgeführte Ermordung von 15 000 polnischen Offizieren im Frühjahr 1940, also zu einer Zeit, als die Sowjetunion sich in keinem Kriegszustand befand, wurde 1945 den Deutschen zur Last beim Prozeß in Nürnberg gelegt. Die Sowjets veranstalteten dazu im Jahre 1945 noch einen Schauprozeß gegen zehn deutsche Offiziere als die angeblichen Täter. Sieben wurden zum Tode verurteilt und gehängt, drei zu lebenslänglich. Erst 1990 hat Moskau amtlich den Mord an den polnischen Offizieren zugegeben.

Die westlichen Alliierten haben über die ihnen bekannten Greuel der Sowjets hinweggesehen, um den Verbündeten nicht zu verärgern, und sich bemüht, an Untaten mit ihm zu wetteifern. Dazu gehörte der uneingeschränkte Bombenkrieg gegen die europäische Zivilbevölkerung, das völlige Beiseiteschieben von Genfer Konvention und Haager Landkriegsordnung aufgrund des Londoner Status mit der Kriminalisierung des deutschen Volkes und die Auslieferung von zweieinhalb Millionen sowjetrussischer Flüchtlinge an

---

[6]) Incident at Balta. By Allan Callahan. It wasn't German brutality that turned the Russian peasants against the German invaders. In „American Mercury" Spring 1976, S. 57.

Stalin zwischen 1945—1947. Erst mit Beginn des Kalten Krieges ab 1947 begannen die Westmächte, sich allmählich einer veränderten Haltung gegenüber dem deutschen Volk zu befleißigen. Die Ausplünderung Deutschlands, Kollektivschuld und Kollektivstrafe gingen jedoch weiter. Die antideutsche psychologische Kriegführung lebt in der Vergangenheitsbewältigung fort. Die Sieger und ihre deutschen Hilfswilligen handeln dabei nach dem Grundsatz: „Ich tu das Böse und schreie selbst zuerst. Das Unheil, das ich heimlich angestiftet, leg' ich den andern dann zur schweren Last." [7])
Stalins Weisungen für den Partisanenkrieg galten natürlich für alle kommunistischen Parteien. Die Widerstandsbewegungen in allen von deutschen Truppen besetzten Gebieten Europas handelten danach, tatkräftig unterstützt vor allem von der britischen Regierung und den Amerikanern. Die Widerstandsbewegungen in Jugoslawien unter Tito, in Italien und in Frankreich, vorwiegend von den Kommunisten beherrscht, haben nach dem Sieg der Alliierten ihre mörderische Tätigkeit fortgesetzt. Die vielen politischen Prozesse nach der Kapitulation der Wehrmacht und schon seit Beginn der anglo-amerikanischen Invasion in West- und Südeuropa waren fast durchwegs kommunistische Racheakte und Schauprozesse nach Moskauer Muster. Beispielsweise hat der italienische Kommunistenführer Togliatti den Befehl zum Attentat in der Via Rasella zu Rom, bei dem insgesamt 44 Menschen ums Leben kamen, mit der Absicht erteilt, „die deutsche Führung zu Repressalien herauszufordern". Die Attentäter erklärten: „Unser Blut ist wichtig für die Welteroberungspläne der kommunistischen Idee, dagegen fällt das Leben einiger Italiener nicht ins Gewicht." [8])

---

[7]) Shakespeare: König Richard III.

[8]) Rudolf Aschenauer: Der Fall Herbert Kappler, München 1968, S. 16.

Die Rechtsverwilderung der Nachkriegszeit mit der totalen Politisierung der Justiz durch die Siegermächte zu ihren Gunsten schreitet durch die Aufhebung der Verjährungsfrist, durch die demokratisch antifaschistische Propaganda der „Umerziehung“, der „Vergangenheitsbewältigung“, der Holocaust-Hetze, immer weiter fort. Kommunisten und Zionisten sind die Träger dieser „Rechtsentwicklung“. Sie begann bereits in der zweiten Kriegshälfte in den befreiten Gebieten auf den östlichen und westlichen Kriegsschauplätzen und fand ihre Fortsetzung in größtem Ausmaß nach der Kapitulation der Wehrmacht durch die Nürnberger Kriegsverbrecherprozesse. Die einzelnen Besatzungsmächte veranstalteten in ihren Besatzungszonen ihre eigenen Schauprozesse, immer nach dem kommunistischen Muster Moskaus, sowie auch in den eigenen Ländern, soweit sie ganz oder teilweise von deutschen Truppen besetzt gewesen waren. Ebenso folgte ein wahrer Rattenschwanz solcher Schauprozesse in der Sowjetunion, Polen, der Tschechoslowakei, Ungarn, Rumänien, Griechenland, Jugoslawien, Italien, Norwegen, Luxemburg, Belgien, Holland, Frankreich. Es ging nicht um Recht und Gerechtigkeit, sondern um Haß und Rache unter antifaschistischem Vorzeichen.

Besonders eifrig erweist sich die Bundesrepublik Deutschland als Vollzugsorgan jüdischer Rache. Der Nazi-Jäger Wiesenthal gibt mit seiner Parole: „Recht statt Rache!“ den Ton an. Damit meint er die Rache in der Verkleidung eines Schauprozesses. Er findet dabei Billigung und uneingeschränkte Förderung durch die Bundesregierung, durch den Bundespräsidenten v. Weizsäcker, durch den Bundeskanzler Kohl. 1992 lief beispielsweise der NS-Prozeß gegen den achtzigjährigen Josef Schwammberger in Stuttgart. Da eine echte Rechtsfindung fünfundvierzig Jahre nach den angeblich oder wirklich begangenen Verbrechen nicht mehr mög-

lich ist, werden fehlender Rechtswille und fehlende Wahrheitsliebe ersetzt durch materiellen Aufwand: Die Strafkammer berief sich nicht nur auf verstorbene Zeugen, sondern reiste zur Vernehmung weiterer Zeugen nach New York und Toronto und plante auch eine Reise der Richter nach Tel Aviv! [9]) Das bezahlt alles der deutsche Steuerzahler!
Die geheime Beherrscherin Italiens seit der „Befreiung", die Mafia, die auch in der amerikanischen Unterwelt und Politik eine Rolle spielt, treibt nach bewährtem kommunistischen Rezept die Unterwühlung und Zersetzung des Freien Westens weiter. So sind neuerdings niederländische Behörden einer Organisation auf die Spur gekommen, „die russische Kriminelle nach Holland einschleust. Diese Organisation hat ihren Sitz in Moskau". [10])

Auf die Gefahr des Rechtsverfalls und der Rechtsverwilderung hatte bereits im Jahre 1948 die Fuldaer Konferenz der römisch-katholischen Bischöfe Deutschlands den amerikanischen Militärstatthalter General Lucius Clay aufmerksam gemacht. In dem Pro-Memoria der Bischofskonferenz, unterzeichnet vom Kölner Kardinal Frings, datiert vom 26. August 1948, heißt es u. a.: [11])

„In den letzten Jahren ist dieser Glaube an die Gerechtigkeit schwer erschüttert worden. Im bürgerlichen Leben wie in der Beziehung zu anderen Völkern war vielfach Gewalt an Stelle des Rechts getreten und die Rechtskomödie an die Stelle des Gerichts. So hat die enttäuschte, aber willige Jugend unseres deutschen Volkes in großer Erwartung aufgehorcht, als nach dem Zusammenbruch das amerikanische Volk an der Spitze der Siegermächte die Aufgabe für sich in

---

9) „Südkurier", Nr. 1 v. 2. 1. 1992: Artikel: „Zeuge: Schwammberger ließ Geiseln erschießen."

10) „Südkurier", Nr. 299 v. 28. 12. 1991.

11) Voller Wortlaut des Pro-Memorias der Fuldaer Bischofskonferenz mit der Antwort des Generals Clay und der Erwiderung des Weihbischofs Neuhäusler, s. Anhang III.

Anspruch nahm, begangenes Unrecht zu sühnen und die Gerechtigkeit wieder herzustellen (...) Es bestand die Bereitschaft, vergangene Verirrungen einzusehen und die Hoffnung, ein neues Leben zu beginnen, in dem nicht Gewalt, sondern das Recht die Führung hätte. – Sollte diese Zuversicht enttäuscht werden und die Überzeugung sich durchsetzen, daß auch die jetzigen Inhaber der Macht nur von Recht sprechen, während sie Machtpolitik treiben, so ist die Demoralisierung unseres Volkes unaufhaltsam geworden. Daraus erwächst uns Bischöfen die Verantwortung, die uns zu sprechen zwingt. Die letzten drei Jahre haben manche weitere Erschütterung des Glaubens an die Gerechtigkeit gebracht, z. B. der Umfang und die Abwicklung der Internierung, die Art und Weise der Entnazifizierung. Um so entscheidender ist es, daß nun wenigstens die Prozesse, die eine Sühnung des Unrechts in feierlicher Form darstellen sollen, ohne jeden Makel der Ungerechtigkeit und des machtpolitischen Mißbrauchs dastehen". Die Bischöfe beanstandeten das „Sonderrecht" aufgrund des Londoner Statuts, das nur gegen das deutsche Volk angewandt wurde. Damit werde der Grundsatz „Gleiches Recht für alle" außer Kraft gesetzt. „Die Nürnberger Gerichtshöfe verurteilen also deutsche Menschen nach einem Recht, das bislang in Deutschland unbekannt war, und dem die Völker, die es gegen Deutschland anwenden, sich zu beugen nicht bereit sind (...) [12]

Die Nachkriegsprozesse in Italien und Frankreich, aber auch in anderen befreiten Ländern, standen und stehen alle unter dem roten Vorzeichen der kommunistischen Widerstandsbewegungen. Für Italien sind charakteristisch die Prozesse gegen Herbert Kappler und Walter Reder. Sie wurden widerrechtlich wegen angeblicher Kriegsverbrechen zu

---

[12]) Ebda.

lebenslanger Haft unter dem Druck der kommunistischen Partei in einem liberal-demokratischen Staat verurteilt. Kappler wurde 1978 dank der Hilfe seiner mutigen Frau aus dem Gefängnis befreit. Bezeichnend für die liberale Demokratie Italiens ist es, daß Frau Kappler 1991 aus Italien ausgewiesen wurde! [13]) Kommunisten, Mafia, Camorra sind die eigentlichen Beherrscher Italiens.

Der österreichische Journalist Ingomar Pust schrieb über Reder am 29. 4. 1991 unter der Überschrift „Reder gestorben": „In einem Wiener Krankenhaus starb im Alter von 75 Jahren Walter Reder, eine tragische Gestalt der Nachkriegszeit. Er wurde in Italien zu einem Symbolgefangenen, weil in seinem Abschnitt der italienische ‚Tito' gefallen war. Er wurde nicht als Kriegsverbrecher verurteilt. Mit seiner Verurteilung zum Kriegsgefangenen auf Lebenszeit wurde er Symbol für den Bruch mit dem Faschismus. Man ließ Reder den Rang als Major und hielt ihn, mit Offiziersdiener, in der Festung Gaeta in Ehrenhaft." [14]) Diese Tatsache störte die bundesrepublikanische Journaille nicht, „Kriegsverbrecher Reder gestorben" zu melden.[15])

In Frankreich spielten die kommunistischen Partisanen zu de Gaulles Zeit eine wahrhaft makabre Rolle. Neben den Massenmorden an eigenen Leuten, Kollaborateuren, Adeligen, deren Zahl über hunderttausend geschätzt wird, haben die kommunistischen Schauprozesse von Tulle und Oradour besonderes Aufsehen erregt. Hier seien nur noch der Fall des Obersten Joachim Peiper und der Prozeß gegen General Albert Praun erwähnt. Peiper lebte als friedlicher Bürger in Frankreich und wurde von Kommunisten auf schauerliche

---

[13]) „Südkurier", Nr. 289 v. 14. 12. 1991. – Über den „Fall" Herbert Kappler s. Rudolf Aschenauer (Rechtsanwalt), München 1968/69.

[14]) Hansi und Heinz Kiessler: Nachruf auf Walter Reder.

[15]) Z. B. „Südkurier", Nr. 103 v. 4. 5. 1991.

Weise ermordet.[16]) General Praun wurde von dem kommunistischen Partisanengericht 1955 völlig unschuldig zum Tode verurteilt. Trotz der Bemühungen der Regierung Adenauer um Revision und Freispruch wagte es die französische Regierung nicht, den Urteilsspruch aufzuheben.[17])

Die politische Justiz im „Freien Westen“, der sich „christlich“ nennt, stand und steht unter dem Vorzeichen und dem Diktat der Kommunisten und Zionisten. Amerikanische Behörden leisten den kommunistisch-zionistischen Betreibern im Ostblock „Rechtshilfe“, wie der Fall Artukovic (Auslieferung an das kommunistische Jugoslawien) und Demjanjuk (Auslieferung an Israel) beweist. Maßgebend dafür sind das „Office of Special Investigation“ (OSI) im amerikanischen Justizministerium und das Wiesenthal-Center in Los Angeles.

Der geistige Zusammenhang zwischen Linksliberalen und Kommunisten lag und liegt auch der amerikanisch-sowjetischen Zusammenarbeit seit Roosevelts Zeiten und selbstverständlich dem Kondominium der beiden Weltmächte zugrunde. Roosevelts Botschafter in Moskau von 1937—1939, Joseph E. Davies, brachte die gemeinsame ideologische Basis der beiden Supermächte auf den gemeinsamen Nenner „christlich“ bereits während des Krieges zum Ausdruck. Die christliche Religion konnte den kommunistischen Grundsätzen auferlegt werden, ohne ihren wirtschaftlichen und politischen Zwecken Gewalt anzutun, da die menschliche Bruderschaft die gemeinsame Grundlage sei. Dagegen könne der Nazismus nicht mit dem Christentum ausgesöhnt werden.[18]) Der antifaschistische Generalnenner der Linksliberalen, Kommunisten und Zionisten liegt der Umerziehung und

---

16) Lothar Greil: Oberst der Waffen-SS Joachim Peiper und der Malmédy-Prozeß, München 1977.

17) Mündliche Mitteilung (Erlebnisbericht).

18) Joseph E. Davies: Mission to Moscow, New York 1943, S. 428, 470 f.

Vergangenheitsbewältigung zugrunde, auch nach dem Zusammenbruch des „Realen Sozialismus“ in Mittel- und Osteuropa. Darauf beruht auch die eifrig gepflegte Vergangenheitsbewältigung der staatstragenden Parteien der Bundesrepublik Deutschland und der Massenmedien.

Die Vergangenheitsbewältigung geht natürlich weiter, zeitlich unbegrenzt über das Jahr 2000 hinaus. Laut Mitteilung der Ludwigsburger Zentralstelle standen im Jahre 1990 noch 10 000 Kriegsverbrecherprozesse an! [19])

Die jüdische Politologin und Soziologin Hannah Arendt hat wohl das einzig vernünftige Urteil über die „Rechtskomödie“ der Vergangenheitsbewältigung gefällt:

„Bewältigen können wir die Vergangenheit so wenig, wie wir sie ungeschehen machen können. Wir können uns aber mit ihr abfinden (...) Sofern es überhaupt ein ‚Bewältigen der Vergangenheit‘ gibt, besteht es in dem Nacherzählen dessen, was sich ereignet hat; aber auch dies Nacherzählen, das Geschichte formt, löst keine Probleme und beschwichtigt kein Leiden, es bewältigt nichts endgültig. Vielmehr regt es, solange der Sinn des Geschehens lebendig bleibt, – und dies kann durch sehr lange Zeiträume der Fall sein – zu immer wiederholendem Erzählen an (...)“ [20])

Chaim Herzog, der israelische Staatspräsident, hat allerdings ganz andere Zeichen anläßlich seines Staatsbesuches in der Bundesrepublik Deutschland im Jahre 1987 gesetzt. „Er symbolisiert den Widerstand des jüdischen Volkes gegen die Nazi-Herrschaft mit seiner Verwundung als britischer Offizier bei den Kämpfen um Bremen“, heißt es in seiner Lebensbeschreibung von Charles A. Landsmann, der fortfährt: „den Holocaust als einer der Befreier des Konzen-

---

[19]) „Deutsche Nationalzeitung“, Nr. 23 v. 1. Juni 1990, S. 8.

[20]) Zitat nach Albert Wucher: Marksteine der deutschen Zeitgeschichte 1914—1945, Frankfurt 1991. Wucher stellte es als Motto seinem Buch voran.

trationslagers Bergen-Belsen; und den Sieg über den Nationalsozialismus als Verhörer höchster Nazis, wie den SS-Führer Heinrich Himmler und Gestapo-Chef Kaltenbrunner". Ein Höhepunkt seines Lebens als Jude war ihm, laut eigenen Worten, als „mir, dem jungen jüdischen Offizier, der oberste Nazi-Feind des jüdischen Volkes, Heinrich Himmler, vorgeführt wurde und unterwürfig stramme Haltung annahm".[21]) Bei seinem Besuch im Konzentrationslager Bergen-Belsen hielt er eine Ansprache und sagte u. a.: „Ich war vor 42 Jahren zum ersten Mal hier, als jüdischer Soldat (...) Heute kehre ich zurück als Präsident des Staates Israel, um vor Euch zu bezeugen, daß die Ewigkeit Israel nicht Lügen straft und daß das Volk Israel lebt. Kein Verzeihen habe ich mit mir gebracht und kein Vergessen." [22])

Bemerkenswerter Weise bezeichnete sich Herzog, damals (1945) in der Uniform eines britischen Offiziers, im Jahre 1987 als „jüdischen Soldaten". Durchaus in diesem Sinne gab der Sprecher der Juden in der Bundesrepublik, Heinz Galinski, im Jahre 1987 die Weisung: „Wir geben den Weg zu einer schrankenlosen Geschichtsdiskussion nicht frei." [23]) Sein oberster bundesrepublikanischer Befehlsempfänger, Deserteur und Bundespräsident Richard von Weizsäcker, begleitete den israelischen Staatspräsidenten nicht nur nach Bergen-Belsen, sondern zu allen Besuchsstationen. Der Bundespräsident erklärte bei seiner Ansprache zu Ehren des Staatsgastes auf Schloß Augustusburg: *„Einen Schlußstrich zu ziehen, erlaubt die Geschichte nie."* [24])

---

[21]) „Südkurier", Nr. 79 v. 4. 4 1987, Art. v. Charles Landsmann: „Chaim Herzog Symbol des Israels von heute."

[22]) „Deutsche Nationalzeitung", Nr. 17. v. 17. 4. 1987, S. 3: „Kein Verzeihen, niemals Schlußstrich."

[23]) Zit. nach Ernst Nolte: Das Vergehen der Vergangenheit.

[24]) „Deutsche Nationalzeitung", Nr. 17 v. 17. 4. 1987, S. 3.

Anhang 1

Das Bekenntnis des Monsignore Morgenschweis (†)

Nachstehende Rede des einstigen katholischen Seelsorgers im sog. Kriegsverbrecher-Gefängnis (WCP) in Landsberg am Lech, Monsignore Karl Morgenschweis, der schon seit 1932 in der „Strafanstalt Landsberg“ als Gefängnisgeistlicher tätig gewesen war und als solcher bei Kriegsende von der amerikanischen Besatzungsmacht daselbst übernommen wurde, wurde am 25. November 1966 vor einem größeren Kreis in München gehalten. Ihr Wortlaut ist authentisch, zumal diese Rede auf Tonband festgehalten worden ist. Ihr Inhalt ist erschreckend und wert, einer breiten Öffentlichkeit bekanntgemacht zu werden, zumal der leider zu früh verstorbene Monsignore Morgenschweis, der unzählige Opfer nicht nur betreute, sondern viele von ihnen auch auf ihrem letzten Gang zum Galgen begleitete, Niederschriften hinterlassen hat in der Absicht, daß sie der Allgemeinheit zur Kenntnis gelangen. Da diese Absicht, ein Herzensanliegen des Monsignore, zunächst vereitelt zu sein scheint, soll diese Persönlichkeit auf diese Weise zu Wort kommen. Daß es sich bei dieser Rede um ein Dokument ersten Ranges handelt, wird jeder Leser bestätigen.

I.
Vorwort und Würdigung

Als ich anläßlich des Volkstrauertages am 7. 11. 1965 den kleinen Friedhof unweit der Landsberger Strafanstalt besuchte, kam ich angesichts der Grabkreuze der Gehenkten beiläufig mit einem Bürger von Landsberg zu einem Zwie-

gespräch. Dabei pries der Gesprächspartner den Edelmut des Pfarrers Morgenschweis, was mich dazu ermutigte, mit ihm in Verbindung zu treten. Mit meinem ersten Brief vom 5. 12. 1965 leitete ich einen Briefwechsel ein, der sich über drei Jahre hinzog und einen Umfang von fünf Briefen von ihm an mich und 10 von mir an ihn ausmachte. Dabei ging es um hauptsächlich zwei von mir aufgegriffene Anliegen, nämlich erstens darum, ob und auf welche Weise er zu einem Vortrag über seine Erlebnisse und sein Wirken im Gefängnis Landsberg vor einem entsprechenden Interessenkreis zu gewinnen sei, und zweitens, ob von ihm bereits authentische Aussagen über die leidvolle Epoche veröffentlicht worden seien bzw. wenn nicht, ob ein solches Vorhaben in absehbarer Zeit von ihm ins Auge gefaßt werde. Außerdem haben in diesem Zeitraum auch zwei Unterredungen in seiner Wohnung stattgefunden, an welcher noch zwei weitere Interessenten teilgenommen haben; Monsignore hat in gleicher Weise wie in seinen Briefen auch bei dieser Zusammenkunft freimütig über sein Vorhaben berichtet, das Erlebte irgendwie für die Zeitgenossen und nicht minder für die Nachwelt zu verwerten. Dieser Plan, der unbestreitbar ein Herzensanliegen von ihm gewesen ist, ist leider infolge baldiger schwerer Erkrankung und allzu rasch folgendem Sterben nicht mehr zum Tragen gekommen.

Seine immense Sammlung von Aufzeichnungen und Dokumenten befindet sich seit seinem Tod im Archiv des Erzbischöflichen Ordinariats in München in Verwahrung und kann auf Grund vorgefaßter Meinung der Verantwortlichen dieser Kirchenbehörde weder eingesehen noch zwecks historischer Auswertung erlangt werden, obgleich diese Weigerung dem Vermächtnis des verewigten Monsignore zuwiderläuft. Indem man weiß, daß die Aufzeichnungen und die Dokumenten-Sammlung des verehrungswürdigen Zeugen nachdrücklichst die positive Einflußnahme der kirchlichen Würdenträger auf eine korrekte Rechtsfindung bei den Nachkriegsprozessen hervorheben und dafür Anerkennung zollen, ist die starre Abweisung des Auswertungsersuchens unverständlich.

Und deshalb ist es als ein Glücksfall zu verzeichnen, daß die Erlebnisse im Gefängnis in Landsberg und deren Deutung sowie seine wesentliche Mitwirkung zur größtmöglichen Verhinderung von Justizverbrechen in anderer Weise festgehalten worden sind und publik gemacht werden können, nämlich daß sein am 25. 11. 1966 auf einer Veranstaltung des „Deutschen Kulturwerkes Europäischen Geistes e. V., Pflegstätte München" gehaltener Vortrag mit dem Thema „Für Wahrheit und Gerechtigkeit" auf Tonband aufgenommen worden ist. Sein Verdienst, aus eigenem Antrieb einen Feldzug gegen Lüge und Unrecht begonnen und mit beträchtlichem Erfolg geführt zu haben, kann nicht hoch genug bewertet und gewürdigt werden. So war es Msgr. Morgenschweis in erster Linie zu verdanken gewesen, daß die beabsichtigt gewesene Hinrichtung der völlig zu Unrecht zum Tode verurteilten SS-Männer und SS-Offiziere der Panzer-Vorausabteilung Peiper, die im Raum von Malmedy die Front der Amerikaner aufgerissen hatte, vereitelt werden konnte.

Von der Unschuld der aus blinder Rachsucht und in Bausch und Bogen verurteilten SS-Soldaten überzeugt, hat er einen Sturm der Entrüstung entfacht und dadurch erreicht, daß kirchliche Stellen durch Interventionen beim Obersten amerikanischen Gericht die Aufhebung der Todesurteile und die Ingangbringung sachgerechter Untersuchungen und Verhandlungen erwirken konnten. Monsignore Morgenschweis hat es mit einem zum damaligen Zeitpunkt seltenen Wagemut und Geschick verstanden, der Rache-

„Justiz" bestimmter amerikanischer Gruppen Einhalt gebieten zu lassen. Auch sein mit Eifer betriebenes Sozialhilfswerk für die Häftlinge und deren in Not geratene Familien war beispielhaft gewesen. Er erfreute sich deshalb auch einer allseitigen Verehrung und Hochschätzung nicht nur seitens der von ihm herzlich Betreuten, sondern auch von seiten der Landsberger Bürger, die sein Hilfswerk freudig unterstützten.

Es wird ihm sicherlich von allen, die sein mannhaftes Einstehen für die deutsche Sache kennengelernt haben, und insbesondere von denen, welchen er in schwerster Zeit beigestanden ist, ein ehrendes Gedenken bewahrt werden.

(Georg Ernst Nätscher)

Der Wortlaut der Rede:

„Meine sehr verehrten Damen und Herren, zunächst darf ich recht herzlich danken für Ihren Willkommgruß, den Herr Dr. Koeppen geboten hat und Sie alle geboten haben.

Es ist ja schon seit vorigem Jahr im Gange, daß ich hierherkommen soll zu einem Vortrag über meine Erlebnisse in Landsberg mit dem Kriegsverbrechergefängnis. Es hat sich leider nicht früher ermöglichen lassen als bis eben jetzt zu dieser Zeit. Aber ich bin sehr gerne gekommen, davon dürfen Sie überzeugt sein. Wenn ich gerne über die Sache spreche, dann tue ich das vor allem aus einem inneren Pflichtbewußtsein. Es ist mir eine Gewissenssache, daß die Wahrheit bekanntgegeben wird und daß unser Volk zu einem Urteil kommt über diese ganze Kriegsverbrecherfrage, ganz besonders auch über Landsberg zu einem Urteil, das der Wahrheit entspricht. Es sind ja nicht bloß sehr viele Gerüchte während dieser Zeit von 1945 an gegangen, in der die Exekutionen stattgefunden haben, sondern man tatsächlich, wie Dr. Koeppen schon gesagt hat, ja alles das unterschla-

gen hat, und heute noch wird's unterschlagen, wird uns noch nicht die Wahrheit über die Kriegsverbrecherfrage gesagt. Ich spreche nicht meinetwegen, davon dürfen Sie überzeugt sein. Ich bin so alt, daß es mir vielleicht angenehmer wäre, am Abend zu Hause sein zu können, als über diese Frage zu sprechen.

Noch dazu ist es ja ganz klar, daß das für mich immer wieder ein neues Erleben dessen bedeutet, was ich erlebt habe. Ich träume öfters davon, daß ich selbst aufgehängt werde und daß ich mitgehen muß und so weiter, das ist ganz klar, aber, wie gesagt, einmal ist es für mich eine Gewissensfrage, daß ich hier spreche, und dann geschieht es vor allem auch im Interesse derjenigen, die Kriegsverbrecher gewesen sind, und vor allem derjenigen, die am Galgen gestorben sind. Wir sind ihnen das schuldig, daß unser Volk, die Öffentlichkeit, die Wahrheit erfährt und daß auf diese Weise ihnen Gerechtigkeit zuteil wird. Wir sind es auch den Angehörigen schuldig.

Sehen Sie: Damals, es war 1948, da hat mir einer von denen, die zum Tod verurteilt waren, der dann das Glück hatte durchzukommen, einen Brief geschrieben, in dem es unter anderem heißt:

‚Zum Schluß möge man auch einmal an die zahlreichen Frauen und Kinder denken, welche auch in diese Not der Verurteilten mit einbezogen wurden. Frauen, welche sich niemals um Politik kümmerten, Frauen, welche niemals einer NS-Organisation angehörten, und Kinder, die damals noch nicht geboren waren, als der Vater Soldat war, sind heute aus der Volksgemeinschaft ausgeschlossen, indem man ihnen Wohnung, Kleidung und sonstige Lebensmöglichkeiten nahm. Die Not dieser Familienangehörigen haben alle in Landsberg Gefangenen heute noch mitzutragen.'

Welche Menschen an führenden Stellen und welche Ver-

treter der Demokratie bringen heute den Mut auf, in christlichem Sinne, nach welchem sie leben und von welchem sie schreiben, auch diese Frage an das christliche deutsche Volk und das christliche Ausland zu richten? Das ist die Frage und der Ruf von Landsberg. So hat man damals schon empfunden, und ganz mit Recht.

Ich möchte hier auch ein Wort von Bischof Neuhäusler erwähnen. Ich werde noch darauf zu sprechen kommen. Seine Exzellenz Bischof Neuhäusler hat sich ja, obwohl er KZ-Häftling gewesen ist, für die Landsberger mit allen Möglichkeiten eingesetzt, soweit das überhaupt tragbar war.

Er hatte ein Interview mit Radio München, und da wurde ihm die Frage gestellt: ‚Welches Ziel verfolgen Sie nun mit Ihren Bemühungen?' Und Neuhäusler gab zur Antwort: ‚Mich leitet nicht etwa die Absicht, von mir reden zu machen oder zu hetzen gegen die amerikanische Justiz oder gegen einzelne Zeugen oder gegen Juden, Kommunisten, ehemalige KZ-Kameraden, auch nicht die Absicht, einzelne Personen zu verteidigen, sondern einzig und allein der Wunsch zu helfen, daß die Wahrheit gefunden und daß Gerechtigkeit werden kann.

Exzellenz ist es auch, die mich immer wieder aneifert, ich soll doch meine Erlebnisse von Landsberg niederschreiben, wie er mir geschrieben hat heuer im Sommer: Es ist jetzt Zeit!

Dem will ich mich nun in der Zukunft auch widmen, soweit es meine Ruhezeit zuläßt, um das ganze Material einmal zu sichten und zusammenzustellen.

Das ist es, was auch mich leitet: das Streben nach Wahrheit und Gerechtigkeit.

Da erhebt sich vor allem eine Frage, auf die ich eingehen möchte, die viele nicht beantworten können: Wie kam es überhaupt zu diesen Prozessen?

Es gibt an Literatur darüber nicht mehr viel, denn was da war, erscheint nicht mehr. Zum Beispiel das Buch ‚Über Galgen wächst kein Gras'. Es ist nicht mehr zu haben. Das war sehr aufschlußreich, denn dieses Buch bringt im Original, dokumentarisch also, die Verhandlungen im Senat in Amerika über diese Kriegsverbrecherfrage. Und es bringt auch alles das, was die Senatoren drüben durch Neuhäusler über die Mißhandlungen in den Vorverfahren erfahren haben, wie zum Beispiel beim Prozeß Malmédy in Schwäbisch Hall und so weiter. Das ist alles dokumentarisch niedergelegt, auch die ganze Einstellung des Senats dazu; es ist, wie gesagt, leider nicht mehr zu haben. Dann können Sie das Buch ‚Der Henker von Landsberg' nicht mehr auftreiben. Herr Nätscher war so liebenswürdig und hat mir das noch beschaffen können; ich möchte ihm hier öffentlich dafür danken. Das Werk ist nicht mehr zu haben. Ich schätze es allerdings nicht besonders, weil es weniger dokumentarisch, sondern fast etwas romanhaft gefärbt ist. Rechtsanwalt Dr. Aschenauer, der den Leutnant Wenzel verteidigt hat, dessen Unschuld ja jetzt nachgewiesen worden ist, hat zum Buch ‚Henker von Landsberg' das Vorwort geschrieben.

Das wertvollste Buch in dieser Frage ist ‚Charakterwäsche' von Schrenck-Notzing, im Verlag Seewald, Stuttgart. Das können Sie haben. Es berichtet und schildert uns, wie es überhaupt zur Kriegsverbrecherfrage gekommen ist. Und da legt er nun dar, daß man damals schon, in der Vorkriegszeit, in Amerika in Kreisen der Wirtschaft daran gedacht hat, die deutsche Wirtschaft zu vernichten, weil sie ihnen eben zu groß und zu stark geworden ist.

Wie kam es nun zu den Kriegsverbrecherprozessen? Wir in der amerikanischen Zone hatten zwei Orte, an denen Prozesse stattgefunden haben, das war Nürnberg, und das war Dachau. Daneben gab es noch Werl in der englischen und

Wittlich in der französischen Zone. Wie kam es nun zu diesen Prozessen? Es ist sehr instruktiv und interessant, was Schrenck-Notzing dazu schreibt: Schon 1942 hat man mit dieser Frage begonnen. Damals hat man beschlossen, daß erstrangiges Kriegsziel die Vergeltung für solche Vergehen gegen das Kriegsrecht sei.

Und im Januar wurde in London dann beschlossen, daß ein Verfahren eingeleitet werden solle, und zwar hieß es damals noch ein ordnungsmäßiges Verfahren, um Racheakte der Bevölkerung als Reaktion gegen die Gewalttaten zu vermeiden. Also noch ein anständiger Gedanke!

Dann, 1943, wurde in Moskau beschlossen, daß die Verbrechen dort abgeurteilt und bestraft werden sollen, wo sie stattgefunden haben. Damit hängt zusammen, daß auf diese Bestimmung hin – so und so viele Deutsche ausgeliefert werden mußten, und zwar nach Polen, der Tschechoslowakei und nach Rußland. Und etwas später wurde beschlossen, ein internationales Gericht soll für die Fälle eingesetzt werden, für welche kein Ort bestimmt werden könnte, und da haben wir nun das einzige Internationale Gericht in Nürnberg gehabt, das vom 22. 11. 1945 bis 7. 10. 1946 getagt hat. Es war gleichzeitig beschlossen worden, daß man zunächst einmal ein summarisches Verfahren gegen die ‚Großverbrecher', wie Hitler, Mussolini und Tojo führen sollte. Man hat sie ‚Weltgangster' genannt. Sie sollten summarisch schnell abgeurteilt und hingerichtet werden. Nach dieser Richtschnur ist Moskau mit jenen Deutschen verfahren, die in Charkow eingedrungen und dort gefangengenommen worden waren; nach diesem System hat man sie einfach beseitigt. Und außerdem hat man beschlossen, daß man ein neues Gesetz schaffen will, nach dem die Kriegsverbrechen beurteilt und abgeurteilt werden können.

Man hat gehofft und hofft heute noch, daß aus diesem

neuen Gesetz, das damals in London gemacht worden ist, ein Weltgesetz werde – das neue Recht. Bei der Verhandlung haben die Sowjets verlangt, daß die verbrecherische Tätigkeit eines sog. Kriegsverbrechers schon als erwiesen zu gelten hat allein dadurch, daß er bei einer Organisation gewesen ist, und zwar, daß nur die Verbrechen von Deutschen verfolgt werden sollten, nicht allgemein überhaupt Kriegsverbrechen. Man hat dort schon die Ungerechtigketi begangen, daß man ein Sonderrecht geschaffen hat für Deutschland allein, nur für die Deutschen. Und daher wieder kommt es, daß eben die anderen Staaten also Rußland, Polen, die Tschechoslowakei, auch Italien, Frankreich usw., nicht hereingenommen worden sind und daß es dort keine Kriegsverbrecher gibt in diesem Sinne, nur bei uns Deutschen.

Die Amerikaner wollten damals dieses Gesetz so weit ausdehnen, daß nicht bloß Kriegsverbrechen unter Anklage gestellt werden sollten, sondern auch Verbrechen gegen die Menschlichkeit, auch Verbrechen gegen den Frieden. Jeder Angriffskrieg soll ohne weiteres für verbrecherisch erklärt werden. Demzufolge sind damals die folgenden vier Gruppen aufgestellt worden:

1. Verschwörung gegen den Frieden,
2. Verbrechen gegen den Frieden,
3. Kriegsverbrechen und
4. Verbrechen gegen die Menschlichkeit.

Das war das neue Recht. Und nach diesem Recht konnte man nun einfach alles hereinholen und herbeiholen. Schon allein die ganze Organisation der NSDAP galt als verbrecherisch. Allein die Zugehörigkeit war bereits Verbrechen. Das ging von oben an bis herunter zum letzten Ortsgruppenleiter. Wer irgendeine Stellung bei der Partei gehabt hat, war dadurch, daß er bei der Partei gewesen ist, schon ein Ver-

brecher. Es mußte nur noch, hieß es, nachgewiesen werden, daß er irgend etwas begangen hat. Die Partei galt nicht nur als Verbrecherorganisation, sondern die Zugehörigkeit zu ihr galt schon als Verschwörung mit der Gemeinschaft. Ich habe in einem Fall, und zwar durch einen Untersuchungsagenten, Einblick in solche Akten bekommen. Da werden Leute wegen Teilnahme an einer verbrecherischen Organisation, wegen Teilnahme an einer Verschwörung verurteilt. Und dazu hat es natürlich nicht viel gebraucht: Wenn irgendein Zeuge sagte, der und jener habe den und jenen geschlagen, dann war der und jener schon ein Kriegsverbrecher, der verurteilt werden mußte.

Das sind die Hintergründe für die Kriegsverbrecherverhandlungen und -gerichte, die wir nach dem Krieg gehabt haben, und das sind auch die Ursachen für die Urteile, die in Nürnberg und Dachau gefällt worden sind.

Dazu kam noch als letzte Bestimmung, daß jedes Land oder jede Kriegsmacht, die beteiligt war, für sich selbst noch Kriegsverbrecherprozesse aufziehen kann, auch mit dem Recht, Todesurteile auszusprechen und zu vollstrecken.

Darum hatten wir das Internationale Gericht in Nürnberg, in der amerikanischen Zone das Gericht in Dachau, in der französischen das Gericht in Wittlich und in der englischen das Gericht in Werl. Diese Gerichte haben, wie schon gesagt, das Recht gehabt, Todesurteile auszusprechen und zu vollstrecken. Ich habe lange nicht um diese Vorgänge gewußt, die sich da abgespielt haben, zum Teil schon vor dem Krieg und dann auch während des Krieges. Allmählich ist mir erst klar geworden, weshalb durch das Gericht in Dachau gar so viele eines Verbrechens und durch die Gerichte in Nürnberg verhältnismäßig wenige eines Verbrechens beschuldigt und abgeurteilt worden sind.

Ich habe es schon immer als ein Unrecht betrachtet, daß

man so außerordentlich viel von Nürnberg, von den Prozessen in Nürnberg gesprochen hat, die man so groß aufgezogen hat, wo so viele Zeugen geladen worden sind – wenn es da auch vorgekommen ist, daß man Entlastungszeugen nicht zugelassen hat – wo auch Rechtsanwälte auftreten konnten, wo dieselben verteidigen konnten – und von den Verfahren in Dachau hat niemand in der Öffentlichkeit gesprochen.

Von Dachau haben Sie in Presse und Rundfunk immer nur von Verbrechen gehört, die da vor und während des Krieges begangen worden seien, gar nichts anderes. Ich habe damals schon den Eindruck gewonnen, man wolle unter dem Deckmantel der Gerichtsprozesse in Nürnberg, wobei man alle die Großen aus sämtlichen Gebieten der Industrie, der Wirtschaft und so weiter hereingezogen hat, verdecken, was währenddessen in Dachau geschehen ist; denn die wirklichen Verbrechen sind damals in Dachau geschehen:

Bei den Voruntersuchungen in Dachau, in Schwäbisch Hall, in Oberursel und dann bei den Urteilen, die durch das Militärgericht in Dachau gefällt worden sind. Da sind die großen Verbrechen geschehen. Ich glaube, es ist wirklich so, wie mir am zweiten Tag der Exekution der Verurteilten aus dem Mauthausener Prozeß ein Amerikaner gesagt hat. Es war ein amerikanischer Captain evangelischer Konfession, der zur Exekution abkommandiert worden war – zwei Tage hat das gedauert, und jeden Tag wurden 25 Mann gehenkt. Am zweiten Tag morgens, als ich von der Betreuung dieser Verurteilten gekommen bin, hat er mir in seinem gebrochenen Deutsch gesagt: ‚Herr Pfarrer, das, was hier geschieht, nix gut, auch nicht besser als bei Hitler. Deutschland wird das nie vergessen.'

Und wir können es nicht vergessen, einfach deshalb nicht, weil es ein Unrecht ist, ich möchte sagen, ein Pfahl in unserem Fleisch, der nie Ruhe geben wird.

Und Churchill hatte damals recht, als er im Mai 1945 davor warnte und seine Besorgnis aussprach, daß man vielleicht jetzt das vergäße, was bisher immer eingehalten worden ist. Und da sagte er: ‚Noch müssen wir dafür sorgen, daß drüben auf dem Kontinent die einfachen und ehrenhaften Ziele, für die wir in den Krieg gezogen sind, in den auf unseren Sieg folgenden Monaten nicht vergessen und nicht einfach beiseite gewischt werden und daß Worte wie Freiheit, Demokratie und Befreiung nicht ihrer wahren Bedeutung, so wie wir sie verstanden haben, entkleidet werden. Es hätte wenig Sinn, Hitlers Kumpane für ihre Verbrechen zu bestrafen, sofern nicht Recht und Gerechtigkeit herrschen und wenn an die Stelle der deutschen Eroberer totale Polizeiregime treten würden. Der gleiche Churchill hat sich 1948 darüber aufgeregt, daß man damals, wie er sagt, so viele ungerecht verurteilt hat.

Die ‚Hamburger Allgemeine Zeitung‘ bringt am 11. Oktober 1948 einen Bericht über Churchills Rede. Da heißt es: ‚Churchill fuhr fort, er hoffe, daß Frankreich und Deutschland tausendjährigen Streit begraben und daß Frankreich seine Stellung in der Welt zurückerringt, indem es seinen besiegten Gegner in die Gesellschaft und die Kultur des Christentums und Europas zurückführt. Aus diesem Grunde bedaure er auch die endlosen Verfahren gegen frühere Nationalsozialisten noch dreieinviertel Jahre nach Kriegsende.‘ Dreieinviertel Jahre nach Kriegsende! Heute haben wir 20 Jahre danach. Ebenso bedaure er, ‚daß betagte deutsche Feldmarschälle und Generäle ohne formulierte Anklagen in der Haft gehalten werden. Ich hoffe, daß auch jetzt noch vernünftiger Rat die Oberhand gewinnt, und ich rufe in der allgemeinen Frage der Vergeltung für im Kriege verübte Untaten unseren amerikanischen Freunden dringendst zu, das Vergangene vergangen sein zu lassen!‘ 1948 war das gewesen.

Das Jahr 1948 war ein ganz schlimmes Jahr – darauf komme ich später noch zurück. Da sind zum Teil die größten Verbrechen geschehen, und zwar insofern, als man damals eine ganze Menge – 110 Mann – einfach nacheinander hingerichtet hat, obwohl eine eigene Kommission, die auf Antrag von Neuhäusler und Wurm tätig war, festgestellt hatte, daß von den 139 zum Tod Verurteilten 29 sofort freigegeben werden müßten und 110 noch einmal geprüft werden müßten, weil die Akten nicht in Ordnung seien.

Wir haben damals im Juli für 110 Mann einen Stopp bekommen. Der Beratende Ausschuß für die Begnadigung von Kriegsverbrechern hatte diesen Stopp erreicht, und was geschah darauf durch die Zustimmung des amerikanischen Hochkommissars John J. McCloy und den Oberbefehlshaber General Thomas T. Handy? Durch deren Entscheidung begannen am 14. Oktober die Exekutionen von neuem, wonach jede Woche 10 bis 15 Mann gehenkt wurden. Bis Anfang Dezember waren wiederum 110 Mann umgebracht worden, ohne daß die Verantwortlichen gefragt hätten, ob die Hingerichteten schuldig oder unschuldig, ob sie den Tod verdient hatten oder nicht. Das Jahr 1948 war eines der schlimmsten Jahre dieser Nachkriegsperiode gewesen, und in diesem Jahr hat Neuhäusler alles, alles getan. Ich bin zufällig wieder auf die Aufzeichnungen von damals gestoßen, ich habe vieles zusammen aufbewahrt, woraus ersichtlich ist, daß Neuhäusler alles versucht hat, um diese Männer zu retten. Nicht nur Bischof Neuhäusler, auch Bischof Wurm, Universitätsprofessoren von Würzburg und andere Persönlichkeiten haben alles versucht. Neuhäusler hatte in Anbetracht der sehr verdächtigen Zeugen und schnellen Urteile bei den Gerichtsprozessen in Dachau, wo Nichtjuristen zu Gericht gesessen sind, verlangt, daß alles noch einmal überprüft werde. Die Urteile müßten alle einzeln überprüft wer-

den; man müßte jetzt die Zeugen herbeiholen, die damals nicht herbeigeholt werden konnten, die Entlastungszeugen. Auch Kardinal Frings hat sich damals an Clay, an Murphy und auch an den Senat in Amerika gewandt. Er erhielt von General Clay die Antwort: ‚Es ist alles in Ordnung. Wir haben faire Richter, die alles geprüft und danach verurteilt haben. Die Urteile bestehen zu Recht.' Man wolle – hat es geheißen – damit auch in der Weltöffentlichkeit über diese Verbrechen ein Urteil fällen, damit sie sich in späterer Zeit nicht wiederholen.

So kam es, daß das Landsberger Gefängnis so stark belegt war, und zwar mehr durch die Verurteilten aus Dachau als durch die Verurteilten aus Nürnberg. Ein zahlenmäßiger Vergleich – ich kann natürlich nur einen bestimmten Zeitabschnitt nehmen – zwischen den aus Nürnberg und den aus Dachau gekommenen Gefängnisinsassen ergibt dies: Von 1945 bis 1947 einschließlich waren von Nürnberg 110 gekommen. Das waren 16 % der Gefangenenzahl, von Dachau hatten wir 560, das waren 79 %, vom Prozeß Shanghai waren 18 wegen Spionage Verurteilte eingewiesen worden, das waren 2,3 %.

In Dachau allein waren in diesen Jahren 1416 Personen abgeurteilt worden, davon 426 zum Tode, 199 lebenslänglich und 791 zu verschieden langen Zeitstrafen, das waren Strafen zu 10, 15, 20 und 30 Jahren.

Bei den Exekutionen war der Hundertsatz folgendermaßen gewesen: von den aus Dachau gekommenen Verurteilten 18,5 %, das waren 252 Mann, d. h. jeder fünfte Mann ist gehenkt worden; von den aus Nürnberg gekommenen Verurteilten 8,2 %, das waren 12 Mann, d. h. jeder zwölfte Mann ist gehenkt worden.

Dazu kamen noch 29 Erschießungen von Leuten, die wegen Raubmords zum Tode verurteilt worden waren.

Wenn wir diese alle zusammenzählen, so haben wir 306 Hinrichtungen gehabt.

In der Zeit vom November 1945 bis März 1949 lief die Maschinerie. Danach hat sie ausgesetzt und trat erst wieder im Juni 1951 in Tätigkeit, und zwar in der Nacht vom 6. auf den 7. Juni, mit der Henkerei der letzten sieben, um die man so lange gekämpft hat.

Je nach Art der durchgeführten Prozesse haben sich auch die Insassen des Landsberger Gefängnisses zusammengesetzt. Wenn Sie das so vergleichen, so hatten wir von Nürnberg die verschiedenen Gruppen. Dort hatte es einen Industrieprozeß, einen Reichsbankprozeß, einen Presseprozeß, einen Landwirtschaftsprozeß, einen Juristenprozeß, einen Ärzteprozeß, einen Diplomatenprozeß und einen Generalsprozeß gegeben. Dementsprechend hatten sich die Insassen so zusammengesetzt, von Nürnberg kamen zunächst lauter Generäle, dann kamen Juristen, dann kamen Ärzte, Diplomaten, Wirtschaftler, Industrielle, nicht bloß Krupp und Flick zum Beispiel; dann war der Direktor der Reichsbank da, des Presseamtes, der Landwirtschaftsminister war da, dann Leute vom Reichsbund für Kohle, Architekten und so weiter, Leute vom Siedlungsamt und so fort.

Von Dachau kamen mehr die anderen: die Angeschuldigten aus Lagerprozessen, aus Fliegerprozessen, dann Angeklagte von ‚Kriegsverbrechen' zum Beispiel aus dem Prozeß ‚Malmédy' und schließlich Angeklagte wegen angeblicher Verbrechen gegen die Menschlichkeit. Man hat sogar aus Shanghai eine Gruppe gebracht, die von den Engländern abgeurteilt worden war, weil diese nach Kriegsende in Europa den Japanern noch Nachrichten vermittelt hätten, die damals noch mit Amerika im Krieg gestanden sind. Die Angehörigen dieser Gruppe sind allerdings nach einigen Monaten entlassen worden, da nachgewiesen werden konnte, daß sie zu Unrecht abgeurteilt worden waren. Außerdem kamen noch Leute aus Spionageprozessen der Amerikaner.

Wir hatten also im Landsberger Gefängnis eine ganz gemischte Gesellschaft. Das Haus war übervoll besetzt – die Anstalt hat an sich ja nur 500 Zellen – sie läßt sich bedingt mit 600 Insassen belegen, wenn die Säle dazugenommen werden; es waren aber in der Zeit der Übervollbelegung 1100 Mann untergebracht, so daß die Einzelzelle zum Teil auch mit drei Mann belegt werden mußte.

Aber, wenn ich den Ausdruck gebrauchen darf, diese Gefangenenmasse war sehr unterschiedlich zusammengesetzt, nicht wahr. Es bestanden große Gegensätze, man bedenke nur: Leute von Intelligenz und aber auch Analphabeten aus den KZ-Lagern. Dann die politischen Gegensätze: was man damals Nazi genannt hat, wie Kreisleiter und so weiter, eben alles. Dann waren Kommunisten da, soziale und kriminelle Elemente; das kam daher, daß in den Lagern vielfach Lagerhäftlinge als Kapos eingesetzt worden waren, die ihre Mitgefangenen geschlagen und gequält hatten; diese waren auch als Kriegsverbrecher abgeurteilt und nach Landsberg gebracht worden. Dann waren da Generäle und einfache Soldaten; auch in religiöser Hinsicht alles: evangelische und katholische Christen, Gottgläubige und Ungläubige und so weiter.

Dann in sozialer Hinsicht, einmal die Kreise, die reich gewesen sind, zum Beispiel Krupp und Flick, was sich in der Weise ausgewirkt hatte, daß diese ja später unterstützt werden konnten, und andererseits wieder solche, die vollkommen arm und ohne Angehörige gewesen sind. Dieser Gegensatz hat sich natürlich im Zusammenleben ausgewirkt. Das Zusammenleben war so, daß die Gefangenen tagsüber im Haus selber vollkommen frei waren und die Anstalt nur nach außen abgeschlossen war. Die Zellen waren von früh

6 Uhr bis abends 9 Uhr offen; eine beachtliche Zahl der Insassen war tagsüber in den Betrieben gemeinschaftlich beschäftigt gewesen; und wie haben sich dabei die verschiedene Herkunft und der soziale und politische Unterschied gegenseitig ausgewirkt? Hinsichtlich der Gegensätze war es für uns Seelsorger ungeheuer schwierig, weil wir mitten drinnen gestanden sind. Als Seelsorger muß ich doch jedem gerecht werden. Da gibt es keinen Unterschied, ob einer reich oder arm ist, ob einer General oder ein gewöhnlicher Mann ist; ich muß jeden, den ich vor mir habe, als einen durch die Kriegsgerichte Verurteilten behandeln. Aber ich habe immer den Gedanken in mir getragen und verfolgt: Jeder ist für mich ein Mensch und jeder ist für mich ein Bruder.

Und zweitens: jeder der Gefangenen ist ein Deutscher. Und da kommt bei mir zuerst der Deutsche, nicht wahr, bevor der Amerikaner kommt. Darum habe ich mich manchmal in vielen Dingen nicht an die Vorschriften gehalten, und ich freue mich heute noch, daß es mir gelungen ist, die Amerikaner oft auszuschmieren, den Deutschen zu helfen, nicht bloß den Gefangenen, sondern vor allem ihren Familien zu helfen.

Wissen Sie, das war das zweite Schwierige: Die Amerikaner haben sich um gar nichts gekümmert. Dabei ist es in deutschen Gefängnissen so, daß alles geordnet ist, daß alles hinzielt vor allem auf Besserung des Gefangenen, daß man auch auf seine sozialen Verhältnisse eingestellt ist, daß er, während er in Gefangenschaft ist, um seine Familie keine großen Sorgen haben muß, daß diese betreut und versorgt ist, daß er nach Entlassung wieder in den Beruf hineinkommt, wieder Arbeit und eine Stellung bekommt, bei Entlassung gewisse Mittel in der Hand hat, um anfangen zu können. Das sind lauter Dinge, um die sich der Amerikaner nicht gekümmert hat. Das geht alles den Pfarrer an. Uns ist alles angegangen bis zum Aufhängen. Bloß hatten wir kein Recht, irgend etwas zu sagen.

Wir Geistliche haben ab 1948 vermittelnd eingegriffen. Voriges Jahr hat mir in Landsberg der Vorsitzende der SPD-Gruppe bei dem Streit, den ich mit ihm wegen Högner geführt habe, den Vorwurf gemacht: ‚Ja, warum haben Sie früher nichts getan?' Ich habe ihm leider den ganzen Akt nicht zeigen können, was wir getan haben, um diese Leute zu retten. Wir haben damals beim Vorstand der Strafanstalt einen Bericht eingereicht auf Grund der Ergebnisse, zu denen Rechtsanwalt Frischmann gekommen ist und die in ‚Stars and Stripes' erschienen sind. ‚Stars and Stripes' war für uns das Nachrichtenblatt. Die amerikanischen Soldaten waren so nett, uns das Blatt immer wieder zu geben. Dadurch haben wir erfahren, was in Dachau vor sich ging, was bei den Amerikanern vor sich ging. Da haben wir uns an den Captain gewandt, er möchte sich doch da einsetzen. Es ging um diese 110 Mann damals, damit man das doch stoppe und überprüfe. Wir bekamen zur Antwort: ‚Ich habe nichts auf meinem Gewissen. Ich halte den Dr. Frischmann für einen Lügner, denn seine Berichte über die Unterbringung und Behandlung der zum Tode Verurteilten in Landsberg, welchen er dem Hauptquartier in Frankfurt einreichte, entsprach so wenig den Tatsachen.' –

Was er aber berichtet hat, das war nicht 1948, sondern 1946. Da war es nämlich wahr: die Unterbringung in feuchten, kalten, dunklen Zellen; sie hatten in dem kalten Winter 1946 keine geheizten Zellen. An den Wänden war dickes Eis gewesen. Die Zellen waren vollkommen dunkel. Man hatte die Fenster mit Brettern vernagelt. Es war den ganzen Tag fast vollkommen dunkel gewesen. Man hatte da drinnen kein Licht. Sie konnten nicht einmal bei Tag lesen, geschweige denn bei Nacht.

Es sind bedauerlicherweise auch Mißhandlungen durch das Wachpersonal vorgekommen. Wir hatten damals eine gemischte Wachtruppe von französischen und amerikanischen Soldaten. Ich habe erst später erfahren, daß die Leute von einem Strafexpeditionsverband stammten, die sich wirklich aufgeführt haben wie Gangster. Beispielsweise hat man Gefangenen durch das kleine Zellenfenster-Türlein, durch die die Kost gegeben worden ist, mittels Zigarettenglut die Augenbrauen verbrannt. Ein andermal hat man ihnen Zündhölzer unter die Fingernägel gesteckt. Ein andermal hat man einen älteren Mann, der aus dem Prozeß Mauthausen stammte, in der Nacht geweckt mit den Worten: ‚Raus! Anziehen! Du wirst aufgehängt!‘ Nachdem er 'rausgeholt worden war, hat man ihm erklärt: ‚Nein, du kommst's nächste Mal dran.‘ Er wurde dann wieder in die Zelle zurückgeschickt. Das sind doch Schikanen sondergleichen. In den Todeszellen unten hat man in den letzten Stunden vor dem Sterben an die Wände nackte Frauen gemalt. In anderen Fällen hat man Galgen an die Wand gemalt und so weiter und so fort. Das waren doch Bosheiten sadistischer Art, nicht wahr! Von dieser Handlungsweise hat Frischmann berichtet. Und das umgeht man jetzt und sagt, Frischmann sei ein Lügner, weil solche Fälle im Jahr 1948 nicht mehr vorgekommen sind. Zum Bericht von Frischmann wurde gesagt, in der US-Armee sei es nicht üblich gewesen, von untergeordneten Stellen Vorschläge und Empfehlungen an höhere Dienststellen zu richten. Es genüge deshalb, wenn der Judge Advocate General von diesen Unklarheiten in Kenntnis gesetzt worden sei. Wir hatten diesen gebeten, er möchte sich an die vorgesetzten Stellen wenden. Er aber entgegnete, er sei nur verpflichtet, die Befehle seiner Vorgesetzten auszuführen. Er habe von sich aus keine Veranlassung, das übergebene Schreiben weiterzuleiten. Er stel-

le es jedoch den Geistlichen anheim, damit zu verfahren, wie sie es für zweckmäßig hielten. Es wäre an sich interessant, über all das zu berichten, was die Kirche in dieser Frage getan hat, es würde aber zu weit führen. Ich habe Ihnen ja schon gesagt, daß man uns Geistlichen alles überlassen hat. Es mußte doch etwas vom Leben in die Masse der bedrängten Gefangenen vermittelt werden, und zwar in ein kulturelles, ein geistiges Leben, denn wenn einer lebenslänglich vor sich sieht, ja fünfzig, vierzig, dreißig, zwanzig oder auch nur zehn Jahre, dann möchte er verzweifeln. Es war damals alles so unsicher, er hat das Urteil von Dachau gehabt, weiter nichts. Wenn er an seine Familie denkt, dann möchte er verzagen; die meisten waren doch im Krieg gewesen, haben sechs Jahre lang nicht mehr die Familie gehabt. Und jetzt wieder ohne Familie. Und die Not der Familie war sehr, sehr groß gewesen. Ich erzähle hernach noch etwas davon. Da muß doch etwas getan werden, daß die Männer, diese Menschen nicht mit der Zeit geistig krank werden, denn die Arbeit allein, bei Tag ein paar Stunden, reicht nicht aus, um nicht stumpfsinnig zu werden, es ist der lange Abend, es sind die Samstage, die Sonn- und Feiertage und so weiter. Der Gottesdienst allein reicht auch nicht aus, wenn einmal wöchentlich Gottesdienst gehalten wird. Wir haben wohl Bibelstunden, Aussprachestunden und ähnliches geschaffen, aber das ist trotzdem wenig und nur für einen kleinen Teil. Es muß alles erfaßt werden. Die Sorge um ihre Familien steht an.

Sehen Sie, es ist an sich nett, wenn es schöne Vorschriften gibt, zum Beispiel jeder darf jede Woche einen Brief mit 25 Zeilen schreiben. Er kann auch von seinen Angehörigen unbeschränkt Briefe empfangen. Wenn er aber keine Briefmarke hat, sich keine Briefmarke kaufen kann, wenn die Angehörigen kein Geld dazu haben. Was nutzt dann die

Vorschrift? Es ist so schön, wenn es heißt, die Angehörigen dürfen monatlich einen Besuch von zwei Stunden Dauer machen. Was soll das, wenn sie aber das Geld nicht haben, nach Landsberg zu fahren? Die aus Dachau oder aus der Münchner Gegend konnten kommen. Aber wie ist es bei denen aus Mitteldeutschland und aus Norddeutschland? Was nützt die Vorschrift? Es ist recht schön, wenn gesagt wird, es kann einer, wenn er verurteilt ist, Rechtsmittel ergreifen, sich einen Rechtsanwalt nehmen, der dann für den Court, bei dem das Urteil überprüft werden soll, seine Vorstellungen dagegen bringen soll. Erstens hat er bei der Verhandlung keine Entlastungszeugen und zweitens keinen Rechtsanwalt gehabt. Der Rechtsanwalt kostet Geld, und er hat jetzt keins. Sehen Sie, das sind lauter so Dinge, das ist alles so schön auf'm Papier – und in Wirklichkeit unmöglich. So kann man's auch machen, net wahr! Man kann der Öffentlichkeit sagen, es ist alles getan worden für sie, sie haben alle Möglichkeiten, und in Wirklichkeit haben sie sie nicht, weil die Leute kein Geld haben. Es waren doch alle sog. Hauptschuldigen vermögenslos, da sie 1948 nicht unter die Vergünstigung gefallen sind, neues Geld bekommen zu haben. Sie waren doch geächtet in der Öffentlichkeit.

Ich weiß von der Frau eines Arztes, der in Mauthausen zum Tode verurteilt worden war, daß sie mit ihren Kindern in der Nähe von Frankfurt in einem Schweinestall leben mußte. Ich weiß von der Frau des Generals Prieß aus dem Armeekorps Sepp Dietrich, die oft zu mir kam und die ein kleines Baby hatte: Man hat ihr in einem Ort in Mittelfranken nichts als eine leere, kalte Kammer in einem Bauernhaus gegeben, ohne Möbelstück, ohne Geschirr, rein gar nichts. Sie erzählte, daß sie bei einem Bauern Axt und Säge geliehen bekommen hat, womit sie zusammen mit ihrer Schwägerin im Wald kleine Stämmchen abgeholzt und daraus die ein-

fachsten Möbel gezimmert hat, um überhaupt vegetieren zu können. Man stelle das sich doch einmal vor! Die waren so arm, die Leute. Ich weiß, wie viele, zum Beispiel die Frau von Sepp Dietrich, sich 'rübergeschmuggelt hat über die Grenze bei Füssen; eine andere Frau aus Tarenz, deren Mann zum Tode verurteilt worden war – den haben wir retten können – wie die sich 'rübergeschmuggelt hat über die Grenze, tagelang unterwegs gewesen, und so weiter. Sehen Sie, das sind Dinge, die muß man miterlebt haben, nicht wahr, dann begreift man das, wenn ich sage: hier so schön das Gesicht, und in Wirklichkeit dahinter, fast möchte ich sagen, ein Totenkopf.

Dies ist einfach uns Seelsorgern überlassen worden, dafür zu sorgen, daß sie Geld bekommen haben, das heißt, daß sie Briefmarken kaufen konnten, daß sie Pakete bekommen konnten. Die großen Männer wie Flick, Krupp und dergleichen haben alle Riesenpakete bekommen, und die armen Teufel haben nichts gehabt. Daß da eine Verbitterung aufkommt, ist doch ganz klar.

Daß die Familien zu Besuch kommen können, daß für die Familien gesorgt wird, daß die Gefangenen eine Rechtshilfe bekommen und schließlich, daß sie, wenn sie entlassen werden, auch wieder ins Leben hineinkommen, war unsere Aufgabe. Und das war ungeheuer schwer, das können Sie sich vorstellen. Ich übertreibe nicht, wenn ich sage, ich habe jede Nacht bis zwölf, ein Uhr an dem unerledigten Rest gearbeitet, um diese Sachen zu erledigen. Ich habe einen Kreis für die Familienhilfe für ganz Deutschland aufgezogen, durch die Caritasverbände, die innere Mission und das Rote Kreuz, so daß damals schon 1948 jede Familie versorgt worden ist, daß jeder Gefangene so viel Geld auf der Kasse hatte, daß er jede Woche einen Brief schreiben konnte, daß die Angehörigen wenigstens einmal im Jahre kommen konnten.

Dann sind uns auch die Amerikaner entgegengekommen und haben erlaubt, daß die Besuchsstunden von zwei Stunden im Monat zusammengelegt werden dürfen für einen einmaligen Besuch im Jahr, so daß es also 24 Stunden gewesen sind; und da ist auch mit Verhandlungen, die wir betrieben haben, erreicht worden, daß der Bund für die Eltern oder die Frauen sogar 22 Mark Pflegegeld für ein Kind beigesteuert hat. Und die Landsberger Bürger waren so nett und anständig, daß die Wirte die Besucher unentgeltlich aufgenommen haben und immer für sie gesorgt haben. Es war freilich eine Riesenarbeit. Aber es ist einfach alles auf diese Weise gelungen, auch Rechtshilfe zu schaffen. Erst haben wir wieder gesammelt, damit sie Geld hatten für ihre Rechtsanwälte, und dann hat sich wieder Exzellenz Neuhäusler eingeschaltet und hat ein vom Caritasverband bezahltes Rechtsbüro aufgemacht, ein Rechtsbüro mit Anwälten von München. Dort ist alles zusammengelaufen, die Gesuche konnten dorthin gegeben werden, dort konnte alles bearbeitet werden. Da ist so viel Großes und Gutes geschehen auf diese Weise, verstehen Sie, sonst wäre das Elend über uns zusammengebrochen, zusammengeschlagen.

Es ging mir eben darum, wie ich Ihnen gesagt habe, es sind einfach deutsche Männer, und es sind unsere Brüder. Und da habe ich den Schwindel getrieben, um diesen Familien zu helfen. Das darf ich Ihnen schon erzählen. Ich kann nimmer gestraft werden dafür, und eine Sünde war's auch nicht.

Die Amerikaner haben den Gefangenen keinen Arbeitslohn gegeben. Aber ich bin hinter etwas gekommen, und zwar hat jeder Gefangene jede Woche zwei Päckchen Tabak und zwei oder ein Stück Seife bekommen; da haben sie's so getrieben: am Samstag die Sachen ausgegeben, am Montag durfte aber jeder nur ein Päckchen Tabak und ein Stück Sei-

fe haben, so daß das, was mehr vorhanden war, eingesammelt worden, also abgenommen worden ist. Da bin ich dahintergekommen, daß der Captain mit seinem Sergeanten, das waren solche Gangsternaturen, das Zeug verschachert haben, nämlich Tabak und Seife, ja sogar die Zivilkleider; jetzt bin ich daraufgekommen, wo sie es gemacht haben, das ist mir bestätigt worden, daß es wahr ist. Da habe ich mir gedacht, wenn ihr so schlimm seid, dann erlaube ich mir auch folgendes: Die Gefangenen haben mich gebeten, Tabak und Seife mit hinauszunehmen und an die Angehörigen wegzuschicken, damit die Angehörigen die Sachen schwarz wieder verkaufen können, um auf diese Weise etwas Geld zu bekommen, um ihr Leben fristen zu können.

Ich hatte nur das Glück gehabt, daß ich nie visitiert worden bin. Meine Taschen waren nämlich bis in die Hosen hinein vollgesteckt mit Tabakpäckchen und Seifenstückchen, und das zweite Glück war, daß die Landsberger Postbeamten so anständig gewesen sind und nie etwas gemeldet haben, obwohl auch sie kontrolliert worden sind. Damit ist es uns gelungen, den Angehörigen der Gefangenen über die größte Not hinwegzuhelfen, bis dann später Unterstützungen durch die Caritasverbände möglich waren.

Es war also nach Meinung der Amerikaner, was wir taten, weil es Vorschrift war, nichts hinaus- und nichts hereinzutragen. Ich hab' nämlich auch viel hereingetragen, so auch für die ersten Todeskandidaten aus den Dachauer Prozessen. Damals 1945/46 war die Verpflegung sehr schlecht, das wissen wir alle noch, und die Gefangenen sollten auch nichts bekommen. Da sind die Frauen von diesen Dachauer Männern zur Sprechstunde zu mir ins Haus gekommen, gewöhnlich am Donnerstag, und haben Brot und Würste gebracht; ich habe dann diese Gaben zur Aufteilung zerschnitten und – sogar im Sommer mit Mantel angetan – bin damit voll-

bepackt in die Anstalt gegangen und habe sie von Zelle zu Zelle verteilt: ich mußte natürlich aufpassen, daß der Posten, der ja immer auf- und abgegangenen ist, grad vorbei war, und ich konnte dann nacheinander eine Handvoll Gaben hineinreichen. So haben wir uns einfach durchmogeln müssen.

Aber es ist gegangen, ich muß sagen, ich habe dabei einen guten Schutzengel gehabt, wirklich wahr. Und später sind dann Polen als Wachmannschaften gekommen, die überhaupt anständig gewesen sind; die haben nach Vorschrift eine mitgeführte Mappe oder Handtasche kontrolliert, aber nie den Mantel visitiert. Ich habe einfach in diesen Unternehmungen Glück gehabt, weil ich von Anfang an den Amerikanern nicht getraut und mich darauf eingestellt habe. Es galten nämlich folgende Vorschriften: 's Büro muß offen sein, jeder Schrank muß unverschlossen sein, ebenso jedes Schubfach; da habe ich mir gedacht, die wollen kontrollieren. Und da habe ich eben alles in meiner Wohnung bearbeitet. Und dabei hat mir wieder Exzellenz Neuhäusler geholfen, indem er mir eine bezahlte Sekretärin als Mitarbeiterin zur Verfügung stellte; dadurch war es möglich gewesen, daß ich alles daheim bearbeitete und alles heraus- und weitergebracht habe.

Bei meinen evangelischen Brüdern – während der ganzen Zeit waren nacheinander vier evangelische Pfarrer in der Anstalt gewesen – ging vieles schief, sie sind nacheinander 'nausgeworfen worden. Warum? Weil sie unklug waren und ihre Sachen im Büro in der Anstalt geschrieben und liegengelassen haben. Sie sind also von den Amerikanern gefunden und kontrolliert worden. Sogar Mikrophone waren von den Amerikanern in die Bürowände eingebaut worden. Das dadurch Wahrgenommene haben sie dann in Amerika 'rausgebracht. Eines Tages hat mich der Captain gefragt:

‚Herr Pfarrer, Sie haben ja jetzt zwei Büros, warum denn?‘ Ich antwortete: ‚Ja, ich habe zwei Büros, hier eins und in meiner Wohnung eins, das eine ist amerikanisches Gebiet, das andere deutsches Gebiet. Ich bin also zugleich Anstaltspfarrer hier und in der Strafanstalt Schörging und der Frauenanstalt Rothenfeld, die beiden letzteren sind außerhalb. Wenn ich die Sachen von den verschiedenen Anstalten bearbeite, muß ich, da ich ja nichts mit hinausnehmen darf und zum Teil geheime Sachen dabei sind, vor allem auch Gewissenssachen, ein zweites Büro haben.‘ Darauf gab er mir zur Antwort: ‚Okay‘.

So war es mir eben möglich, alles hinauszubringen. zum Beispiel das ganze über Malmédy gesammelte Material. In Malmédy waren von 72 Verurteilten 43 zum Tode verurteilt worden; als diese 1947 hierher gebracht worden waren, haben sie mir erklärt: ‚Wir sind unschuldig. Wir sind mißhandelt worden. Man hat uns die Zugeständnisse abgepreßt.‘ Ich erzähle Ihnen nachher noch weiteres.

Ich habe alles, was sie mir gegeben haben, gesammelt und im Oktober 1947 seiner Eminenz, dem Herrn Kardinal, gebracht, der mich sehr lieb empfangen und zu mir gesagt hat: ‚Ich kann wenig mit diesem Material anfangen, gehen Sie doch lieber zu Exzellenz Neuhäusler.‘ Als ich bei Neuhäusler war, sagte derselbe zu mir: ‚Das kommt mir gerade recht, daß Sie das bringen, es sind gerade Senatoren aus Amerika da, mit denen kann ich das besprechen und ihnen mitgeben.‘

Und das war der Anfang dazu gewesen, denn daran anschließend war die Rettungsaktion zusammen mit dem amerikanischen Oberst Everett in Gang gebracht worden, der die Verteidigung in Dachau geführt hat. Die 43 zum Tode Verurteilten konnten gerettet werden, es ist kein einziger gehenkt worden, alle sind sie herausgekommen und alle sind heute wieder in guten Stellungen, die Waffen-SS-Männer, auch Peiper ist frei geworden.

Es wäre nicht möglich gewesen, diese Männer zu retten, wenn ich mein Büro drinnen gehabt hätte und die Sachen drüben hätte bearbeiten müssen. So habe ich diese wichtigen Sachen einfach trotz Verbot herausgetragen und daheim bearbeitet. Man mußte eben klug und schlau sein, und ich habe mir gedacht, wenn ihr Amerikaner schlau sein wollt, dann bin ich noch schlauer als ihr. Ich laß mich von euch nicht einfach düpieren. Das sind unsere Männer, das sind unsere Deutschen und meine Brüder, deshalb bin ich für sie da, nicht für euch Amerikaner. Noch dazu, nachdem ich eben dahintergekommen bin, nicht wahr, wie die Schuldfrage eigentlich steht. Es ist doch eine interessante Frage, waren sie schuldig?

Dazu habe ich ein Dokument – ich habe viele solcher Sachen –, das vom Österreichischen Forschungsinstitut für Wirtschaft und Politik; dasselbe hat am 4. Februar 1949 festgestellt, daß die Rechtsanwälte, die ja spät Einblick bekommen haben, nämlich erst nach den Urteilen, der Ansicht sind, daß ein Fünftel der Verurteilten juristisch vollkommen unschuldig gewesen sind. Im moralischen Schuldsinne, sagen sie, noch viel mehr.

Will man die Grundzahl 300 anlegen – 300 sind am Galgen gestorben – dann sind also 60 Gehenkte unschuldig gestorben. Und wenn man diese Rechnung auf die ganze Zahl erweitert, was ergibt sich dann? Captain Wilson, der mich immer weghaben wollte – was ihm aber nicht gelang, weil das Ministerium mein Bleiben durchsetzte, indem es erklärte, der bleibt –, mußte selbst gehen. Dessen Nachfolger, der Oberst Graham, hat, als einmal der Seelsorger vom Gefängnis in Augsburg, ein Dominikanerpater, zu ihm mit der Bitte kam, die Landsberger Anstalt besichtigen zu dürfen, denselben mit den Worten empfangen: ‚Vater, in meinem Hause sind viele Gentlemen.' Der Pater durfte freizügig alles besichtigen.

Bezüglich der Schuldfrage kann man fragen, wie haben denn die Gefangenen all das überhaupt aufgenommen? Wie war die Stimmung? Überlegen Sie, was wir durch kulturelle Betreuung erreicht haben! Wir haben eine Musikkapelle, einen Gesangschor gebildet, wir haben Volkshochschulkurse gehalten, wir haben die Leute in verschiedenen Betrieben als Lehrlinge ausbilden lassen, sie haben ihre Gesellenprüfung, ihre Meisterprüfung machen können und so weiter. . . Es wurden Vorträge allerlei Art gehalten und so fort.

Neben dem, was man versucht hat, um die seelische Verfassung, die Stimmung zu heben, waren die Gefangenen einfach auf das Bemühen um die Freilassung eingestellt. Es hat sich im Laufe der Zeit – die Leute haben doch zum Teil die Prozesse selbst durchgestanden oder auch die Betroffenen gekannt – eine Art Psychose gebildet, so daß sich jeder einfach gesagt hat: Ich bin unschuldig. Das hat natürlich nicht in jedem Fall gestimmt.

Aber jeder war einfach unschuldig, nicht wahr, und jeder hat sich selbstverständlich mit Recht um seine baldige Freilassung bemüht, besonders, wenn er sein Todesurteil oder das Urteil auf lebenslänglich gehabt hat. Dann waren sie bedrückt von der Sorge um ihre Familie. Das kann man freilich verstehen. Daneben drückte die Sorge um ihre eigene Zukunft: Was wird mit uns werden, wenn wir 10 Jahre oder gar 20 Jahre da sitzen müssen? Es war einmal sogar das Gerücht aufgetaucht, daß sie vielleicht noch nach Amerika gebracht werden. Was wird dann sein? Selbstverständlich hat jeder versucht, im Hause möglichst viel für sich herauszuschlagen, daß es ihm möglichst gut geht, also daß er Zigaretten bekommt, nicht wahr, daß er Pakete bekommt und so weiter. Ich hab's keinem Gefangenen je übelgenommen, wenn er versucht hat, etwas für sich zu erreichen. Man muß selbst der Freiheit beraubt sein, dann spürt man erst, was das bedeutet, nicht wahr. Aber – mit dem mußte man fertig werden, vor allem mit der Schuldfrage. Wie kam es überhaupt dazu, daß sich diese Idee, die Psychose, wir sind unschuldig, gebildet hat?

Ich habe Ihnen schon angedeutet, daß die Dachauer Prozesse die Hauptschuld daran tragen, daß tatsächlich an diesen Männern viele Verbrechen geschehen sind, daß ein guter Teil von diesen Männern nicht schuldig war im Sinne der Anklage. Denn allein das, daß er bei der Partei gewesen ist, das ist doch kein Verbrechen, kann international nie als ein Verbrechen betrachtet werden. Das allein, daß er einen Befehl ausgeführt hat, kann ebenfalls nicht als Verbrechen betrachtet werden.

Ich habe einen Artikel von einer Zeitung in Salzburg bekommen, und zwar von der Friedensorganisation in Salzburg. Sie stellt darin das ‚neue Recht von Nürnberg' jetzt neben Vietnam. Und die sagen mit Recht: Wenn man jetzt die Vorfälle in Vietnam nach diesem Recht beurteilen würde, das damals geschaffen worden ist, dann haben die Vietcong recht, wenn sie jeden Flieger aufhängen, denn Amerika steht ja mit den Vietcong nicht einmal im Kriegszustand. Mit welchem Recht machen sie das alles? Das ist doch sehr interessant. Und ein Untersuchungsagent, ein gewisser Leo Pullada, der in Dachau viel gewirkt hat, hebt das hervor, indem er sagt: ‚Wenn das einmal angewendet wird, was in Dachau geschehen ist, was wird dann mit uns geschehen?' Das ist es.

Man hat ein Recht schaffen wollen für die ganze Welt und hat ein Recht geschaffen nur für Deutschland, und das ist die grundlegende Ungerechtigkeit, die nicht aufhören wird.

Es steht auch immer noch die Frage offen: Warum nur in Deutschland heute noch Verfolgung von Kriegsverbrechen? Warum dort drüben kein einziger? Seht, das ist ‚Recht'. Und wie es in Dachau zugegangen ist, haben die Leute erlebt.

Ich möchte dazu noch folgendes bemerken: Ich führe drei Zeugen an, große aus Dachau selber. Da ist Leo Pullada, der in Dachau teilweise Verteidiger und teilweise Ankläger war, da ist ein gewisser Herr Posern, der ehedem Häftling in Mauthausen und später Helfer für einen Untersuchungsagenten in Dachau war, und da ist drittens der ehemalige deutsche Staatsanwalt Dr. Leis – jetzt nenne ich seinen Namen öffentlich, weil Bischof Neuhäusler ihn auch schon genannt hat, wobei festgestellt worden ist, daß sich Dr. Leis dazu hergegeben hat, als Untersuchungsagent in Dachau mitzuhelfen. Und die drei Genannten bestätigen das gleiche: Das Militärgericht in Dachau hatte zum Vorsitzenden einen Offizier, welcher keine juristischen Kenntnisse gehabt hat. Unter den Beisitzern war einer, der ein wenig juristische Kenntnisse gehabt hat. Und alle anderen, die Ankläger, deren es viele waren, – das schreibt Pullada, der als unparteiisch gelten kann – hat man damals 39er genannt, weil sie 1939 ausgewandert sind; und jetzt schreibt er, sie sind als Racheengel mit der Armee von Amerika gekommen, um hier als Ankläger und Agenten tätig zu sein. Und er schreibt mit Recht: Man hat den Eindruck – ein gewisser Denissen war einer der Schlimmsten –, als hätte man alles darauf abgesehen gehabt, möglichst viele für den Galgen verurteilen zu können.

Und er hebt noch hervor – ich erwähne die markanten Punkte –: Man hat nach Hörensagen geurteilt. Es hat genügt, wenn ein Zeuge gesagt hat, er hat das gehört. Meine Herrschaften, Kogon hat auch nur gehört und hat so über den ,SS-Staat' geschrieben, was er nur gehört hat. Ich weiß das von einem, der mit ihm im Lager war, und zwar ist es einer jener Leutnants, die damals, 1933 glaube ich war's, weil sie als Angehörige der Kommunistischen Partei zu KZ verurteilt worden sind. Derselbe kam zufällig nach Landsberg. Er hat mir damals gesagt: Was Kogon sagt, ist nicht wahr, hat's nicht erlebt. Kogon hat das auch später zum Teil wieder zurückgenommen.

Das steht auch in dem Büchlein: ,Über Galgen wächst kein Gras'. Also, einmal vom Hörensagen. Da hat alles als Dokument gegolten, als Beweis gegolten, ganz gleich, was es für ein Schriftstück war. Jedes Schriftstück jeglicher Art, schreibt er, war ein Beweismaterial. Es ist zugelassen worden.

Es ist unkontrolliert einfach alles als glaubwürdig angenommen worden, d. h. Erklärungen ohne Unterschrift, Schreibmaschinendurchschläge, kurzum Papiere, die nicht als dokumentarische Belege Geltung haben konnten. Dann ein zweites: Man hat in Dachau vormalige KZ-Häftlinge als Wachpersonen eingesetzt. Pullada schreibt dazu, daß dieser Sachverhalt zu einer Atmosphäre geführt hat, nicht wahr, die bedrückend war. Und Pullada schreibt weiter, daß eben viele, wie ich schon gesagt habe, unter entsprechendem Druck gehandelt haben, die als Untersuchungsbeamte durch Deutschland gezogen sind, nämlich ehemalige deutsche Emigranten, die als Racheengel mit den Amerikanern gekommen waren, die eben möglichst viel Material herbeibringen sollten, um möglichst viele anklagen zu können. Und er schreibt mit Recht, daß im Vorverfahren schon schwere Verbrechen begangen werden können, und bekanntlich ist doch das Vorverfahren ungeheuer wichtig für ein gerechtes Hauptverfahren.

Und dann befaßt er sich mit dem Fall Malmédy, den ich

nachher noch etwas eingehender schildern will; er weist darauf hin, wie man durch Scheingerichtsverfahren und andere Manipulationen die Leute gezwungen hat – und zwar indem man ihnen gesagt hat, sie würden zum Tode verurteilt werden, und das Urteil würde sofort vollstreckt werden – vorbereitete Selbstbeschuldigungen zu unterschreiben. Ich darf dazu gleich einflechten, daß man diese Leute durch Mißhandlungen der verschiedensten Art dazu gebracht hat.

Das war der ‚Malmédy-Fall' gewesen: Bekanntlich war im Dezember 1944 der letzte große Angriff der deutschen Wehrmacht gewesen, und zwar auf der Linie von den Vogesen bis gegen Malmédy, wobei ein Durchbruch die Frontstellungen der Amerikaner aufgerissen hatte. Dieser Durchbruch war insonderheit Oberst Peiper mit seinen Männern gelungen, ich habe ihn und seine Männer, sehr charaktervolle Männer, sehr schätzen gelernt. Bei diesem Gefecht mit der Vorhut einer amerikanischen Panzereinheit waren 78 bis 80 Amerikaner gefangengenommen worden, die man in einem Wiesengrund als Gefangenengruppe zurückließ, um selbst weiter vorzurücken. Der Einheit Peipers wurde im Vorverfahren zum sog. ‚Malmédy-Fall' vorgeworfen, durch sie seien die amerikanischen Gefangenen massakriert worden. Die Peiper-Mannen berichten ganz anders, und zwar so, daß es auf dem Weitermarsch zu einem neuen Gefecht gekommen ist zwischen amerikanischen und deutschen Panzern und daß dabei auch Granaten in den Wiesengrund gelangt sind, durch welche die Leute der Gefangenengruppe umgekommen sind. Und was hat man aus diesem Vorgang gemacht? Zunächst hat man aus 78 zu Tode gekommenen Gefangenen 800 gemacht, indem man alles, was in diesem Bereich zu Schaden gekommen sein soll, der Einheit Peipers aufgehalst hat. Sie wurde beschuldigt, Frauen und Männer, Greise und Kinder umgebracht, gemordet zu haben; Gefan-

gene an die Panzer gebunden und gerädert und zu Tode gedrückt zu haben, und so weiter und so weiter. Ich habe durch Gegenbeweise helfen können, indem ich in den betreffenden Ortschaften, d. h. den Pfarrämtern, brieflich Erkundigungen angestellt habe, wobei sich herausgestellt hat, daß überhaupt nicht ein einziger zur Last gelegter Fall vorgekommen ist.

Mr. Pullada beschreibt auch Scheinverfahren, die von den Untersuchungsbeauftragten angewandt worden sind. So hat man zum Beispiel einen Angeklagten in ein Zimmer hineingeführt, wo ein schwarzgedeckter Tisch mit Kruzifix und brennenden Kerzen stand und an welchem ein uniformierter Anklagevertreter oder Untersuchungsagent Platz genommen hatte. Derselbe hat dann zu dem Mann der Peiper-Einheit etwa folgendes gesagt: ‚Wenn Sie dem katholischen Geistlichen jetzt beichten, was Sie getan haben, dann werden Sie nicht zum Tode verurteilt.' Oder man hat einen anderen hinausgeführt an eine Grube, wo mit Maschinenpistolen bewaffnete Posten standen. Dort habe man dem Gefangenen erklärt, er werde frei, wenn er jetzt die Vorhaltungen gesteht. Er hat's natürlich nicht gestanden, weil es ja nicht zutraf. Man hat denselben zwei Tage darauf wieder hingeführt und zu ihm gesagt, man habe Frau und Kind verhaftet, die man erschießen werde, wenn er's nicht gesteht. Wieder einen anderen hat man dreimal zum Aufhängen fertig gemacht, indem man ihm die Kapuze über den Kopf gestülpt, durch den Gang hinaus und eine Treppe hinaufgeführt und schließlich eine Schlinge um den Hals und dieselbe leicht angezogen hat. In dieser Situation hat man ihn wieder gefragt, ob er es jetzt gestehe, worauf jedesmal mit ‚Nein' geantwortet worden ist. Wie schon gesagt, so hat man es dreimal nacheinander gemacht, um den Gefolterten zu einem erwarteten Geständnis zu bringen.

Als leichtere Fälle beschreibt Mr. Pullada solche wie beispielsweise das Spießrutenlaufen lassen, wobei man die Geplagten mit Schlägen und Tritten gemaßregelt hat. So hat man auch einem Mann, der bei der OT in Landsberg war, die Hoden zertreten. Er lebt heute noch unter uns. Ein andermal hat man Leute in eine kleine, mittels Heißluft überhitzte Zelle eingewiesen und ihnen noch dazu keinen Tropfen Wasser gegeben; anschließend hat man sie dann mit kaltem Wasser übergossen. Oder man hat Gefangene urinieren lassen und den Urin aufschlecken lassen. Ein andermal wieder mußten sie den Amerikanern die Stiefel abschlecken und so weiter.

Sehen Sie, die Kenntnis von diesen Schikanen ist durch Neuhäusler und Wurm an den Obersten Gerichtshof in Amerika gelangt, der seine Entscheidungen als Empfehlungen an den amerikanischen Hochkommissar McCloy und den Oberkommandierenden der amerikanischen Besatzungstruppen in Deutschland, General Handy, weitergab.

Mit dem Abstimmungsergebnis des Obersten Gerichtshofes war festgestellt worden, daß die Urteile nicht zu Recht bestehen, allerdings war aber auch den Angeklagten jegliches Rechtsmittel entzogen worden, weil sich dies nach einem Entscheid des Obersten Gerichtshofes in Amerika so ergibt. Dafür ist es gelungen, daß der amerikanische Kriegsminister Forrestal auf Empfehlung des Obersten Kriegsgerichtsrates unter dem Vorsitz des Richters Simpson die Vollstreckung der Todesurteile einer neuen Erwägung unterzog.

Er hat dann im Juli 1948 den Vollstreckungsstopp veranlaßt, wobei es sich um 139 Todesurteile gehandelt hat. Der beauftragte zweite Richter hat davon aufgrund der Eingaben von verschiedenen Stellen und Persönlichkeiten sofort 29 Todesurteile kassiert, die restlichen 110 Urteile sollten noch einmal eingehend überprüft werden. Die Verurteilten sind jedoch, wie ich schon berichtet habe, ab Oktober 1948 nach Zustimmung vom Hochkommissar McCloy und General Handy trotz allseitiger Proteste in kurzer Zeit gehenkt worden.

Und Mr. Pullada schreibt weiter: ‚Ich kam auch in Dachau in die sogenannte Bühnenschau bzw. Modenschau, wo die von der Anklage ausgesuchten Häftlinge im verdunkelten Saal und bei gezieltem Scheinwerferlicht auf der Bühne vorgestellt wurden, wobei ihnen ein Schild mit einer Nummer umgehängt worden war. Unten im Saal saßen die Zeugen, die man die 39er nannte, die dann gegen die Vorgeführten die gewünschten Belastungen vorbrachten, welche man ihnen vorgesagt hatte.' Und Pullada beschreibt das noch näher: ‚Man hat die Zeugen ermuntert, ihren angeblichen Peinigern ein wenig von dem zu vergelten, was man ihnen angetan hätte. Es wurden also die Verdächtigten den gemachten Beschuldigern vorgestellt, und zwar jeweils einer, wobei der Untersuchungsbeamte das Klima mit Beschimpfungen anheizte; es ist auch vorgekommen, daß er den Geschmähten anspuckte.' – ‚Es brauchte dann nur gesagt werden, der da ist derjenige, welcher das und das getan hat. Diese Aussage genügte zum Urteil: Tod durch Strang!'

Mir hat ein Betroffener folgende Begebenheit erzählt, die bei seiner Zurschaustellung passiert ist: ‚Während ich auf die Bühne geführt worden bin, war das Licht im Saal noch eingeschaltet, so daß ich die unten sitzenden Zeugen anschauen konnte. Mit Beginn der Vorstellung ging das Licht aus und der Scheinwerfer auf mich an. Sodann ist der Zeuge aufgerufen worden, der mich zu belasten hatte. Seine Aussage lautete: ‚Der ist es, der meinen Bruder im Lager erschlagen hat.''

Darauf hat der Beschuldigte darum gebeten, man möge

Licht machen, was auch ohne Zögern gewährt wurde und was in dieser heiklen Situation ein Glücksfall war. Er nahm sich also ein Herz und sagte: ‚Herr Vorsitzender, sehen Sie bitte dorthin! Den ich erschlagen haben soll, der sitzt dort auf dem Stuhl.' Sogleich reagierte der Anklagevertreter dem anderen Zeugen zugewandt in scharfem Ton: ‚Du Schwein, jetzt hast Du mich um 40 Dollar gebracht.' –

Das war nämlich das zweite Unheimliche bei den Voruntersuchungen beim Gerichtsverfahren in Dachau, die ja wirklich keine Untersuchungen gewesen sind: Es hat sog. Scheinzeugen gegeben, die überhaupt nichts gewußt haben, denen man aufgegeben hat: das und das müßt ihr aussagen. Diese Leute hat man aus den DP-Lagern herbeigeholt und zu Falschaussagen angelernt. Sie sind im Lager verpflegt und bezahlt worden, und zwar monatelang, sie durften ihre Frauen bzw. ihre Freundinnen mitbringen, und sie bekamen Zigaretten noch und noch, mit denen sie auf dem Schwarzen Markt ein blühendes Geschäft betreiben konnten. Sogar mit den roten Eintrittsscheinen, die ihnen die Berechtigung eingeräumt haben, als Zeugen im Dachauer Gerichtsverfahren aufzutreten, haben sie auf dem Markt in München einen einträglichen Handel getrieben. Nach den Angaben des Mr. Pullada sind Preise bis zu 800 Mark erzielt worden. Und der genannte Berichter führt weiter an: Die auf diesem Wege neu gewonnenen ‚Zeugen', die ja rechtlich und moralisch gar keine Zeugen sein konnten, denn sie waren nie in einem KZ-Lager und haben somit auch selbst keine Erlebnisse dieser Art gehabt, haben die Reihen der berufsmäßigen Lügner und Schwindler noch erweitert. Man hat diesen Leuten, die zumeist der deutschen Sprache nicht mächtig waren, einfach erklärt: ‚Du mußt das und das aussagen. Du mußt sagen, der da hat von meinen Kameraden den und den erschossen. Du darfst nicht sagen, er hat geschossen, du mußt sagen er-

schossen.' Posern erwähnt in seinem Bericht, daß einer der Berufszeugen 80mal als verbrecherischer Märchenerzähler im Dachauer Gerichtsverfahren aufgetreten ist. Entlastungszeugen hat es damals nicht gegeben, weil, wie es geheißen hat, keine aufzufinden gewesen sind. Auch deutsche Verteidiger waren seinerzeit nicht zugelassen. Und so sind die Todesurteile und Urteile zu lebenslänglich entstanden. –

Ich könnte Ihnen darüber manche Fälle erzählen, die wirklich vorgekommen sind, ich beschränke mich aber jetzt nur auf den Fall Frau Dr. Flockens, die selbst nicht bei der Partei gewesen ist. Ihr Mann war Mitarbeiter des Reichsministers Dr.-Ing. Todt, mit welchem er bei einem Flugzeugunglück im Jahre 1942 umgekommen ist. Frau Dr. Flockens war als Ärztin zur OT in Mühldorf dienstverpflichtet gewesen und war als solche auch für Bauten in einem Nebenlager von Dachau eingesetzt. Das mit Häftlingen belegte Lager zu betreten, war Frau Dr. Flockens verboten. Eines Tages zu Anfang des Jahres 1945 war sie auf Bitten des Sergeanten des Nebenlagers doch ins Revier gekommen, ,weil kein Arzt von Dachau mehr herauskam'. Er habe viele Kranke und vermute, daß es sich um Fleckfieber handele. Frau Dr. Flockens folgte ihrem ärztlichen Gewissen und kümmerte sich um die Kranken. Sie hat als erstes einen an Blinddarmentzündung erkrankten jüdischen Häftling auf ihr Risiko ins Mühldorfer Krankenhaus schaffen lassen. Und sie hat auch Fälle von Fleckfieber festgestellt und diesbezügliche Anordnungen getroffen. Zu diesem Zwecke hat sie dann aus dem Magazin des OT-Lagers Medikamente entnommen und dieselben in das Lager-Revier geschickt.

Das zweite Mal, da sie gebeten worden ist, und zwar von einem Arzt des Lagers Dachau, dienstbar im Lager zu werden, ist ihr der ärztliche Dienst zum Verhängnis geworden. Es sind ihr nämlich später nach dem Kriege die Todesfälle im Lager zum Teil angelastet worden. Man hat sie auch beschuldigt, dabeigewesen zu sein, als der Arzt Schmidt Häftlinge vom Lager Dachau zum Verbrennen ausgesucht habe. Frau Dr. Flockens ist aufgrund dieser unzutreffenden Anschuldigung damals zum Tode verurteilt worden. Nach zwei Jahren Ringens um die Durchsetzung der Wahrheit ist es gelungen, die Todesstrafe zunächst in lebenslängliche Strafe umzuwandeln und erst 1958 für sie die Freiheit zu erwirken. Zu diesem Zeitpunkt war sie seelisch vollkommen kaputt. Die Eltern – ihr Vater war auch Arzt gewesen – waren zwischenzeitlich gestorben, sie stand also als endlich Entlassene allein.

Im Laufe der nächsten Jahre hat sie allmählich wieder Boden unter die Füße bekommen, indem sie sich als Aushilfsärztin betätigt hat. Zuletzt hat sie auch mit einem Antrag auf Rente Erfolg gehabt. Ich habe vor wenigen Tagen die Akte in Händen gehabt, worin ihre Unschuld nachgewiesen worden war. Man kann darin nachlesen und nacherleben, welche Stationen zu durchlaufen waren. Das deutsche Gericht hat nach Durchsicht der Akte die VVN in München um Auskunft angeschrieben und mittels öffentlicher Erhebungen in deutschen und österreichischen Zeitungen feststellen lassen, ob irgend jemand etwas gegen Frau Dr. Flockens vorbringen kann und will. Es war aber nichts Belastendes gegen sie aufzubieten gewesen.

Doch damit war der Fall Frau Dr. Flockens noch nicht abgeschlossen, er wird am Ende noch tragisch. Sie hätte jetzt in einer Göttinger Klinik eine Stelle als Oberärztin bekommen, wenn sich nicht bei ihr ein Befall von Rückenmarkkrebs gezeigt hätte. Sie ist daran am 4. April 1967 gestorben. Und nun zum Anschluß des ‚Falles Frau Dr. Flockens' noch die ungeheure und auch unfaßliche Gemeinheit, möchte ich sagen, was nach ihrem Tode noch passieren konnte: 14 Tage darauf werde ich von der Polizei angerufen und erhalte die Mitteilung, daß Frau Dr. Flockens von einem deutschen Gericht gesucht wird, weil gegen sie Anschuldigungen wegen Kriegsverbrechen gemacht würden. So stur arbeiten die Gerichte.

Zum obigen Bericht über die ‚Berufszeugen' will ich noch ergänzend folgende Einzelschilderung nachtragen: Wir haben bis 1958 in Landsberg einen jungen Burschen gehabt. Als er zur Entlassung kam, haben wir versucht, ihm weiterzuhelfen, indem wir ihm nacheinander verschiedene Stellungen verschafft haben, so zum Beispiel beim Caritasverband. Er hat aber nirgends gut getan. Nachdem er einige Zeit verschwunden gewesen ist, tauchte er plötzlich wieder auf, wenn ihm das Geld ausgegangen war. Er hat es verstanden, sogar vom Roten Kreuz Unterstützung zu erlangen. Als ich heuer beim Caritasverband in Augsburg war, erzählte mir der Fürsorger, daß der gemeinsam bekannte junge Mann wieder einmal dagewesen sei und daß er ihn gefragt habe, wovon er jetzt lebe. Die Antwort sei gewesen: ‚Arbeiten tu nix'. Auf die nochmalige Frage, von was er dann lebe, antwortete er: ‚Ich gehe zu den Kriegsverbrecherprozessen, und da mache ich meine Aussagen, dafür bekomme ich freie Station und 40 Mk. pro Tag; ich bin zuletzt bei dem Prozeß von dem . . . (er nannte einen Namen, auf welchen sich der Fürsorger nicht mehr entsinnen konnte) und jetzt fahr' nach Frankfurt zu'm andern Prozeß.'

Sehen Sie, so ist das bei den Prozessen gegangen, und daher kam es eben, daß von Dachau so viele gekommen sind, die zum Tode verurteilt worden waren. Und es ist hinterher so ungeheuer schwierig gewesen, noch irgendwie zu erreichen, daß die unschuldig Abgeurteilten frei geworden sind. Es war einfach ein furchtbares Schicksal.

Stellen Sie sich vor, wie das gewesen ist, als am 16. De-

zember 1945 die ersten Todeskandidaten aus Dachau hier in der Landsberger Anstalt angekommen sind. Da noch keine Extrazellen für sie vorgerichtet waren, kamen sie in alte Arrestzellen, die später einzelne Todeszellen geworden sind; es waren jeweils 5 bis 6 Mann hineingepfercht, die auf Stroh liegen mußten. Vor der Zelle war ständig ein Wachtposten gestanden.

Mitte Januar 1946 sind sie ins Haus verlegt worden, und zwar ein jeder in eine eigene Zelle, die, wie ich schon eingangs berichtet habe, fast nachtdunkel gewesen sind, da die Fenster mit Brettern zugenagelt waren. Nur das kleine Türlein, durch welches das Essen hineingereicht wird, bot eine spärliche Lichtquelle. Der Todeskandidat war vollkommen abgesondert, er durfte nicht arbeiten, an Bewegung gönnte man ihm nur 5 Minuten Freiübungen auf dem Gang vor der Zelle. Er hätte zwar lesen dürfen, es reichten aber die kaum als Lichtquelle zu nennenden schwachen Strahlen durch das erwähnte Essendurchgabe-Türlein zum normalen Lesen nicht annähernd aus.

Die ersterwähnten aus Dachau eingelieferten Todeskandidaten waren bis Mai 1947 da; von denselben sind einmal an einem Tage 29 Mann gehenkt worden. Ich habe damals dem Lagerleiter von Dachau namens Weis, für welchen sich auch Neuhäusler eingesetzt hat und der von allen Seiten als anständiger Mensch geschildert worden ist, der aber trotzdem zum Tode verurteilt und hingerichtet worden ist, die Frage gestellt: ‚Ist das wahr, was man im Rundfunk über im Lager Dachau begangene Verbrechen zu hören bekommt? Sind die wirklich geschehen?' Darauf hat mir der einstmalige Lagerleiter Weis diese Antwort gegeben: ‚Solche Verbrechen sind geschehen. Aber von denen, die heute hingerichtet werden, sind nicht alle schuldig, nur ein Teil. Ich hatte mich bemüht, Verbrechen, wie sie begangen worden sind, abzustellen, es war aber einfach unmöglich, überall nach dem Rechten zu schauen, weil ich so viele Lager unter mir gehabt habe. Ich übernehme aber dafür die Verantwortung und sterbe heute.'

Die Todeskandidaten waren, wie schon erwähnt, in den oberen Zellen untergebracht, die mit einem D bezeichnet waren, was Death = Tod bedeutete. Als Kleidung trugen die Todeskandidaten eine schwarze Hose und eine weinrote Jacke, weshalb sie die ,Rotjacken' genannt worden sind. Sie sind ständig von auf und ab gehenden Posten bewacht worden. Auch als Seelsorger durfte ich nicht in die Zellen hinein. Als ich mich bemüht habe, wenigstens zu Ostern zu jedem einzelnen gehen zu dürfen, damit sie die Osterbeichte ablegen könnten, ist mir das mit der Einschränkung genehmigt worden, daß die Zellentür offen sein muß und der Posten in der Türöffnung stehen kann. Es war unwürdig und unmöglich, meines Amtes richtig walten zu können. Auch zur Vorbereitung zum letzten Gang durften wir Seelsorger nicht in die Zelle hinein. Auch am Gottesdienst konnten sie nicht teilnehmen, weil sie nicht in die Kirche gehen durften. So fand ich eines Tages folgende Lösung: Ich baute im Korridor eines Flügels – ein Flügel hat vier Stockwerke – einen Altar auf, wo ich eine Messe lesen konnte. Hinter mir, in dem noch deutschen Bereich, stand ein Chor, der dazu sang; da die Gefangenen nicht ihre Zellen verlassen durften, konnte ich eben nur die Wände ansprechen. Ich habe kein Gesicht gesehen, nur Wände und Zellentüren. Ich mußte auch, wenn ich das Sakrament verteilte, durch alle Stockwerke von einer Zelle zur anderen gehen und durch die kleinen Öffnungen das Allerheiligste reichen – auch noch jenem Teil der Dachauer, wie zum Beispiel an Weis, für den und die in den Todeszellen kein Platz mehr war, weil nur acht Todeszellen vorhanden waren.

Ich habe erst 1948 erreicht, daß auch für diese Leute –

und das waren damals viele – Gottesdienst in der Kapelle sein durfte. Und das hatte ich wieder durch Anwendung eines Tricks erreicht. Der Captain hat mich eines Tages gebeten, ich möge ihm eine Empfehlung an den Papst mitgeben, denn er wollte nach Rom reisen und den Papst besuchen. Ich erwiderte ihm darauf: ‚Das wird sehr schwer gehen . . . Das muß . . . das müssen Sie . . . usw.‘ – ‚Na gut.‘, sagte ich. Wir haben halt dann eine Adresse an den damaligen Staatssekretär Montini, den jetzigen Heiligen Vater, aufgesetzt. Damit haben wir erreicht, daß der Captain mit seiner Familie – es waren 5 Personen – eine Privataudienz beim Papst bekommen hat.

Als er nach Ostern von seiner Romreise zurückgekehrt war, hat er voller Stolz alles in die Kapelle zusammengerufen und danach feierlich verkündet, daß er beim Papst war und Audienz gehabt hat usw. und daß der ihm ein Paket für die Gefangenen mitgegeben hat, auch ein Bildchen von ihm selber, auch Rosenkränze für die Gefangenen und für den Pfarrer Morgenschweis das Recht, den päpstlichen Segen zu erteilen.

Da kam mir der Gedanke: Wenn du d a s hast machen können, so habe ich dich nun in der Hand. Ich ging also am nächsten Tag zu ihm und sagte: ‚Captain! Gestern waren wir doch alle in der Kirche, auch die Todeskandidaten.‘ Darauf er: ‚Ja.‘ Ich führte das Gespräch weiter und fragte ihn: ‚Ist's gut gegangen?‘ Er erwiderte: ‚Ja.‘ Ich fragte weiter: ‚Ist was vorgekommen?‘ Seine Antwort war: ‚Nein.‘ Dann kam meine letzte gewichtige Frage: ‚Können wir das nicht jetzt auch so machen, daß am Sonntag die Zeitgestraften in die Kirche gehen und am Montagabend die Todeskandidaten?‘ – Mit seinem ‚Okay‘ hatte ich das Angestrebte erreicht: Allesamt haben von da ab einen Tag, eine Stunde gehabt, da sie sich vor dem Herrgott frei fühlen konnten.

Aber in die Zellen durfte ich weiterhin noch nicht hinein. Erst zu den letzten sieben, als man keine Gefahr mehr vermutet hat, als nicht mehr befürchtet worden ist, daß etwas passieren könnte usw., durfte ich auch in die Zellen gehen, zu Pohl und zu den anderen. Man mußte einfach den Amerikanern alles nach und nach abringen, um den Gefangenen helfen zu können.

Später, als die große Gruppe der 110 zum Tode Verurteilten hingerichtet worden war, ist für die übrigen eine kleine Erleichterung gekommen: sie durften alle Tage eine Stunde lang im Hof umhergehen. Und wiederum später, als nur noch die letzten sieben da waren, ist denselben sogar erlaubt worden, etwas zu arbeiten. Da ist dann das Dasein ein wenig leichter geworden. Aber – wer konnte den Druck von ihnen nehmen? Stellen Sie sich vor, was die Wartezeit für die zum Tode Verurteilten an seelischer Belastung mit sich brachte! Die Ersten waren fast ein Jahr da, die zweite Gruppe über ein Jahr, die dritte zwei Jahre, bis entschieden war, wann die letzte Stunde schlagen sollte. Und bei den letzten sieben waren es gar über drei Jahre geworden! Die Zeitspanne vom 1. Februar bis 5. auf den 6. Juni muß für diese Männer besonders aufregend und schwer gewesen sein.

Ich kann Ihnen erklären, was und wie damals alles um diese sieben gelaufen ist. Es waren zwei dabei, deren schon festgesetzte Exekution unmittelbar vor dem Termin gestoppt worden war; die anderen fünf waren aus einem Nürnberger Prozeß gekommen, es waren dies Pohl, Ohlendorf, Braune, Naumann und Blobel.

Die Verzögerungen der Vollstreckung waren nicht ursächlich den Amerikanern zuzuschreiben, sondern hingen mit der Art zusammen, wie in Amerika Einsprüche und Gnadengesuche behandelt werden. Pohl hatte einen amerikanischen Rechtsanwalt namens Frederick Will, der mit den amerikanischen Methoden vertraut gewesen ist. Derselbe war selbst schon zum Tode verurteilt und acht Tage darauf wieder frei geworden. Er wohnte damals in Landsberg, so daß ich oft zu Besprechungen bei ihm sein konnte. Mr. Will hat alles inszeniert: Im Februar mit der Aufhebung des Stopps die Freigabe zur Exekution. Will legte Berufung ein, die wieder abgelehnt wurde. Wills neue Berufung ging zur nächsten Instanz, sie wurde ebenfalls wieder abgelehnt. Wieder Berufung, und zwar zur höchsten Instanz, die wieder abgewiesen wurde. Nun ging die Sache unter Vorbringen kleiner Verfahrensmängel wieder an die erste Instanz zurück. Will hat geglaubt, es könne auf diese Weise gelingen, die sieben vor der Exekution zu bewahren, da sich mittlerweile in Deutschland, in Amerika und in der Welt die Stimmung gewandelt hatte, zumal im Jahre 1949 in Deutschland die Todesstrafe aufgehoben worden war. Zu dieser Zeit saßen im Zuchthaus in Straubing noch 60 zum Tode verurteilte Raubmörder, denen durch dieses Gesetz das Leben geschenkt worden war.

Für die sieben fand das Gesetz keine Anwendung, sie mußten sterben. Ich habe sie, soweit es während der schweren Jahre möglich war, betreut; es ist verständlich, daß ich mit ihnen selber und zumeist auch mit ihrer Familie Kontakt bekommen habe. Sie werden verstehen, daß es etwas ganz anderes ist, wenn aus dem Gefängnis in Straubing am Donnerstagabend ein Raubmörder gebracht und am Freitagvormittag erschossen wird, als wenn ich einen Mann vor mir habe, der drei Jahre unter demselben Dach wie ich gelebt hat, den ich durch und durch kennengelernt habe, den ich betreut und mit dessen Familie ich in Verbindung gestanden habe, und der dann unter ganz anderen Gesichtspunkten abgeurteilt worden ist und jetzt gehenkt werden soll.

Das ist etwas ganz anderes. Es sind da die seelischen Be-

lastungen gewesen, die man mit dem Betroffenen durchzustehen hatte. Man halte sich vor Augen, was das war, was man miterleben mußte: einmal an einem Tage 29 Vollstrekkungen, dann wieder eine Gruppe von sieben oder acht, dann die Todgeweihten aus dem Mauthausener Prozeß, zwei Tage hintereinander 25 Mann, dann vom 14. Oktober bis Anfang Dezember 1948 jede Woche zehn bis zwölf oder fünfzehn Mann!

Sie werden verstehen können, daß einen das allmählich seelisch und auch körperlich mitnimmt und daß man zufrieden sein muß, daß man es einigermaßen überstanden hat. Der Mann, der in der Ungewißheit lebt, ob er wirklich zum Galgen schreiten muß, hängt sich verständlicherweise an den Seelsorger, an den Geistlichen, den einzigen, der noch bei ihm sein kann. Frau und Kinder oder Brüder und Schwestern dürfen noch zu Besuch kommen – sie müssen aber vor seinem letzten Gang weggehen. Dann hat er niemanden mehr als den Seelsorger. Wie ein kleines Kind sich an den Rock der Mutter schmiegt, so hängen die Todgeweihten am Geistlichen.

Ich erinnere mich, wie es war, als man einem schon die Zwangsjacke hingelegt hatte, weil es den Anschein hatte, daß er sich wehren werde. Als ich vor der bevorstehenden Exekution zu ihm in die Zelle hineingegangen bin, sprach er mich an: ‚Herr Pfarrer, das ist 'ne Zwangsjacke. Die nehm' ich nicht. Davon dürfen Sie überzeugt sein.' (Er galt als ein rabiater Mann aus dem Lager Flossenbürg.) Und dann fragte er mich: ‚Gehen Sie mit mir?' Ich erwiderte ihm: ‚Ich gehe mit. Ich bin mit jedem gegangen, ich geh' auch mit Ihnen hinauf zum Galgen, obenhin.' – ‚Gut', hat er gesagt, ‚ich geh' mit, ich brauch' keine Zwangsjacke.'

Das Bewußtsein, daß einer mitgeht und bis zum letzten Augenblick bei ihm ist, das hat ihm die seelische Kraft gegeben.

Ich habe diese Erfahrung als Soldat im Ersten Weltkrieg gemacht. Ich war vom 1. Oktober 1914 bis 1. Februar 1919 als Infanterist Soldat. Von 1916 an war ich Offizier bei der bekannten Kampfdivision Neußler. Da habe ich die Erfahrung gemacht, daß einem in der Situation, einen Großkampf bestehen zu müssen, nichts mehr Kraft gibt als der Gedanke an das Kreuz, den Gekreuzigten, an Christus, der sich geopfert hat.

Und darum habe ich immer morgens angesichts der Todeszellen die Messe gelesen und dem Todgeweihten das Opfer gleichsam hineingebaut, und ich war überzeugt, daß das ihm die Kraft gegeben hat, tapfer mitzugehen. Es haben auch nur wenige versagt, wenn es soweit war. Das Bewußtsein, der Pfarrer ist bei mir, hat dem Verurteilten geholfen, das grausige Ende mannhaft durchstehen zu können.

Wenn die Entscheidung für die Exekution gefallen war, dann hieß es, der Stopp ist aufgehoben worden. Wir Seelsorger haben die Aufhebung des Stopps immer erst einen Tag vorher erfahren. Es kam dann der Befehl: Für morgen bereithalten! – Am nächsten Tag hieß es dann mitgehen in die Todeszelle. Dort wurde noch einmal das Urteil verlesen, der Todgeweihte ausgezogen und von einem Arzt untersucht, ob er nicht irgend etwas in Körperhöhlen versteckt haben könnte. Unterkleider durfte er nicht mehr anziehen, sondern nur noch die schwarze Hose und die rote Bluse. –

Es wird Sie auch interessieren, wie die Zelle eines Todeskandidaten ausgestattet war: Es befanden sich darin nur ein Tisch, ein Stuhl, eine Holzpritsche mit einer Decke darauf, eine Waschschüssel und dazu ein Papierhandtuch. Als Fußbekleidung trug der Gefangene ein Paar Lederschuhe ohne Schnürsenkel, versteht sich. So saß er da drinnen, fast möchte man sagen wie in einem Tierkäfig, denn davor saßen die Posten. Zur letzten Betreuung habe ich durch das Eisen-

gitter mit ihm gesprochen, denn hinein in die Zelle durfte ich auch in den letzten Stunden nicht. Ich habe es meistens so gemacht, daß ich erst nachher, wenn der Besuch von den Angehörigen beendet gewesen ist, angefangen habe, den Häftling noch seelsorgerisch zu betreuen.

Ich habe dabei erhebende Erlebnisse gehabt, die ich aber heute nicht erzählen will, die mich ergriffen und erschüttert haben. Ich bin überzeugt, daß es Ihnen ebenso erginge, wenn ich sie Ihnen erzählen würde.

Ich habe den Eindruck gewonnen, daß sehr viele unschuldig waren und daß sie sich innerlich so gewandelt haben, daß sie in Gottergebenheit gestorben sind, ja, daß ihr Tod nicht bloß eine Sühne war, sondern in vollkommener Gotteinheit in die Ewigkeit gegangen sind.

In Landsberg hatten wir zweierlei Todesarten bei den Exekutionen, nämlich den Henkerstod am Galgen für die sogenannten Kriegsverbrecher, und Tod durch Erschießen für die Raubmörder. In der ersten Zeit war nur ein Galgen vorhanden, später hat man noch einen zweiten dazu errichtet und zwar so, daß sie brückenartig miteinander verbunden waren, so daß der Henker von einem Galgen zum anderen gehen konnte. Der Henker konnte also in der Zwischenzeit, während der nächste Todeskandidat herbeigeholt wurde, beim eben benutzten Galgen die Vorrichtung wieder in den Ausgangszustand bringen.

Im Anfangszeitraum war der bayerische Scharfrichter der Henker gewesen, Reichert hat er geheißen. Er hat aber allmählich den amerikanischen Sergeanten Britt zu dieser Aufgabe abgerichtet, der sich anfang's schwer damit getan hat, weil er anfänglich eine fürchterliche Angst gehabt hat. Später ist er aber auch ein Henker geworden, der mit Freude die Opfer in den Galgen hinabgestoßen hat.

Wie war nun der Galgen aufgebaut? Das Ganze ist ein

Kastenaufbau gewesen, zu welchem dreizehn Stufen hinaufführten; obenauf stand das Galgengerüst, an dem ein dicker Strick befestigt war, der in eine Schlinge auslief, die wiederum in einem langen Knoten endete, in dessen Innern sich ein Stahlstab befand, der dreizehnmal von diesem dicken Seil umwunden war. – Die Henkerei verlief auf folgende Weise: Wir sind betend hinaufgezogen, von Posten begleitet. Oben wurde der Verurteilte unter das Galgengerüst gestellt und zwar auf die gesperrte Falltür. Dann wurden ihm auch die Füße zusammengebunden – die Hände waren schon gefesselt –. Sodann durfte er noch einmal eineinhalb Minuten lang sprechen. Danach wurde ihm die Maskenkapuze übergestülpt. Ich habe dann noch ein kurzes Gebet gesprochen und ihm die Lossprechung gegeben. Nachdem ich ‚Amen' gesagt hatte, zog der Henker hinter ihm den Hebel, worauf sich die Falltür nach unten öffnete, so daß auch der Gehenkte nach unten abstürzte, vielleicht zwei Meter tief in den Kasten hinein. Der Strick war so lang gewählt und der Knoten so angesetzt, daß beim Sturz die Schlagader abgedrückt und das Genick gebrochen worden ist.

Angeblich soll das Opfer nichts als einen Druck gespürt haben, weil augenblicklich eine Blutleere im Gehirn eingetreten sei. Demnach wäre diese Todesart leichter gewesen als die des Erschießens, sie war aber nun einmal schimpflicher als Erschießen. Es besteht die allgemeine Ansicht, daß die Todesart durch Erschießen ehrenhafter ist, hingegen durch Erhängen schimpflich. Nach dem Sturz blieben die Gehenkten noch zehn Minuten lang hängend im Kasten. Unterdessen ist der nächste geholt und ebenso gehenkt worden, und so ging es weiter, bis das Tagesvorhaben erledigt war.

Es war einmal eine amerikanische Reporterin bei mir, die mir zu diesen Vorgängen folgendes sagte: ‚Herr Pfarrer, das ist furchtbar. Ich kann das nicht mehr miterleben, was ich hier erlebt habe. Sie haben ja gehört, was der amerikanische Captain, ein evangelischer Negerpriester, dazu gesagt hat, nämlich: Das, was hier geschieht, nix gut. Deutschland wird das nie vergessen.'

Wir können nicht mehr sagen, wer schuldig und wer nicht schuldig gewesen war und warum nicht, weil es keine echte Verhandlungsmöglichkeit gegeben hat. Wenn heute ein Rechtsanwalt auf Grund eines Rentenantrages Einsicht in die damaligen Akten nehmen will, müssen diese erst aus Amerika angefordert und herbeigeschafft werden. Man hat sie ehedem sofort weggeräumt und nach Amerika verbracht, damit niemand die Möglichkeit gehabt hat, dieselben zu studieren.

Nun möchte ich zum Schluß Ihnen noch vom ,Fall Pohl' erzählen, dem einstmaligen Obergruppenführer der Waffen-SS. Pohl war früher Zahlmeister der Marine und war als solcher einmal bei einem Marinefest mit Himmler zusammengetroffen. Himmler hat ihn danach so lange mit Wünschen und Angeboten bedrängt, bis er zur SS gegangen ist, um das Wirtschaftliche zu organisieren und aufzubauen. Pohl war der Leiter des SS-Hauptwirtschaftsamtes – sonst nichts. Dieses Amt war eines der zwölf Ämter im gesamten organisatorischen Aufbau der SS. Mit den anderen Dingen hatte Pohl nichts zu tun. Der Häftling Pohl hat eindringlich versichert, niemand zu Tod gebracht zu haben, weder einen Juden noch irgendeinen Menschen. Er hatte keinen anderen Aufgabenbereich als den des Hauptwirtschaftsamtes, allerdings später – nach Pohls Darlegung dürfte es 1942/43 gewesen sein – war noch die Aufgabe hinzugekommen, in den Konzentrationslagern die Voraussetzungen zum Arbeitseinsatz für die Kriegsrüstung zu schaffen, weil verständlicherweise auch Häftlinge für Kriegszwecke arbeiten sollten. Nach Ansicht Pohls habe man einen der Haupt-

schuldigen schonen wollen, nämlich den Adjutanten von Himmler, dem das SS-Hauptamt unterstand, der damit für Disziplin und Disziplinstrafen des Personals in den Konzentrationslagern verantwortlich war, also auch für die Verbrechen, die da geschehen sind; diesen wollte man – gemeint sind die Alliierten – unbedingt schonen – und warum? Weil er – es war der ehemalige SS-Obergruppenführer Wolff in Italien – die deutsche Armee – man kann als deutscher Soldat und deutscher Mann nicht anders sagen – an die englische und amerikanische Armeeleitung verraten und verkauft hat. Dafür hat man ihm zugesichert, daß er nach dem Krieg nicht verfolgt und angeklagt wird.

Verstehen Sie, man mußte doch einen haben, den man für Verbrechen verantwortlich machen will. Man wählte dafür Pohl aus und bediente sich bei der Anklage eines Tricks: Man klagte Pohl, der wirklich nur der Leiter des SS-Hauptwirtschaftsamtes gewesen war, denn Wolff war ja Chef des SS-Hauptamtes, als Leiter des SS-Haupt- und Wirtschaftsamtes an. Man schob also das verbindende Wörtchen ‚und' zwischen zwei getrennte Ämter. Dadurch war Pohl zum Führer zweier Ämter geworden, was aber nicht den Tatsachen entsprach. Aufgrund dieses Schwindels erklärte man ihn für alle in der Anklage aufgeführten Fälle von Verbrechen, die man formal höchstens Wolff hätte anlasten können, für schuldig und verurteilte ihn zum Tode.

Ich bin noch im Besitz der Akte von seinem Verteidiger Dr. Seidl, der zweifelsfrei festgestellt hat, daß kein einziger der angegebenen Fälle Pohl zur Last gelegt werden kann und somit das Urteil ein Fehlurteil sei. Den Hauptanklagepunkt bildete die Beschuldigung, Pohl habe das Getto in Warschau zerstört.

Der amerikanische Hochkommissar McCloy schrieb in seiner Begründung der Aufhebung des Stopps für die letzten sieben: ‚Pohl ist der größte Mörder der Weltgeschichte. Er hat mehr Menschen umgebracht als Kaiser Nero.‘ Die Wahrheit ist, daß Pohl in keinem Fall eine Schuld für den Tod eines Menschen trägt. Es war im Heeresbericht zu lesen, daß der Befehl Himmlers, das Warschauer Getto zu zerstören, an General Stroop gegeben worden ist. Und durch einen weiteren Befehl ist nachgewiesen, daß Pohl als Beauftragter für den Arbeitseinsatz von Häftlingen für Rüstungsbetriebe nur zuständig gewesen ist für die Beseitigung der Trümmer im zerstörten Getto. Und nun kommt das Schlimmste, was es bei der Rechtsprechung geben kann: McCloy schrieb als Antwort auf den letzten Versuch von Frederik Will, die Wahrheit durchzusetzen, – wir, nämlich Pater Chrodegang vom Kloster St. Ottilien, Frau Pohl und ich, haben den Brief gemeinsam gelesen – seinen letzten Beweis für die angebliche Schuld Pohls: ‚Ich nehme alle Anklagepunkte gegen Pohl zurück. Trotzdem halte ich das Todesurteil aufrecht, weil unter den Trümmern, die Pohl vom Getto weggeräumt hat, noch Lebende gewesen sein sollen.‘ – Jeder Jurist muß sagen: Das ist einfach unglaublich.

Pohl ist aus sich heraus während seiner Kerkerhaft katholisch geworden. Er war kein Feigling, sondern ein sehr tapferer Mann. Ich habe noch selten einen Mann kennengelernt, der soviel Energie, soviel Willenskraft in sich gehabt hat wie Pohl, der die Energie aufgebracht hat, in der Fastenzeit an keinem Tag mehr zu essen als ein Stück Brot und ein Stück Obst. Dafür haben sie ihn in Bonn – nämlich die SPD – verhöhnt als den auf den Knien rutschenden General, der jetzt betet. Sollen Sie es doch nachmachen! Und Pohl ist am Galgen gestorben.

Die letzten sieben hat man damals nicht mehr öffentlich, nicht mehr im Freien gehenkt, sondern in einem Schuppen, wo der Galgen errichtet worden ist. Diese veränderte Situa-

tion ist lange verschwiegen worden, ja man hat sogar, als sie in die Öffentlichkeit gedrungen war, Dementis hinausgegeben.

Dieser letzte Henkersakt lief in der Nacht vom 5. auf den 6. Juni 1951 ab. Bei seinen letzten Worten hat Pohl erklärt, daß er niemals in irgendeiner Weise den Tod eines Menschen verschuldet hat oder ein anderes Verbrechen, etwa durch Mißhandlungen, an einem Menschen begangen habe. Dann sagte er, wie ein Gebet: ‚Ich danke Gott für meinen Glauben . . ., empfehle Gott meine Familie . . .' Seine letzten Worte ‚Deutschland, hüte dich vor deinen Freunden!' werde ich nie vergessen.

Sie wissen, daß alle in der Strafanstalt von Landsberg Hingerichteten in dem kleinen Friedhof Spötting beerdigt worden sind. Er liegt nicht weit von der Anstalt entfernt, es liegt nur ein großer Gutshof dazwischen. Vorne steht eine alte Kapelle aus dem 8. Jahrhundert, die im Jahre 1923 vom Pfarramt St. Ulrich an den Bayerischen Staat verkauft worden war, und zwar samt Friedhof. Auch die letzten sieben wurden hier beigesetzt. Auf jedem Grab steht ein Holzkreuz mit Namensinschrift, und auch Blumen waren auf den Gräbern, bis mir eines Tages ein mir begegnender Jude grob Vorhaltungen machte, ‚weil diese Leute Kreuze und Blumen bekommen hätten, sie gehörten verscharrt, wie Juden und andere verscharrt worden sind'. Ich konnte nur sagen: ‚Bitte, gehen Sie zu den Amerikanern!' Ich habe danach den Anstaltsleiter von dieser Begebenheit in Kenntnis gesetzt. Dessen Reaktion war die, daß er alle Kruzifixe entfernen ließ, so daß die Gräber eine Weile kahl und leer waren.

Es setzte sodann jener öffentliche Kampf um diesen Friedhof ein, der mich nachdenken ließ. Ich schlug dann vor, man solle, um die Gräber vor den Juden zu schützen – in Landsberg war damals ein großes Judenlager –, die Gräber wieder mit den Kreuzen versehen, sie aber statt mit den Namensinschriften halt mit Nummerntäfelchen kennzeichnen. Wir haben ja gewußt, wer jeweils unter der Erde lag. Es wurde auch so gemacht und blieb so bis etwa 1957, als dann eines Tages auf jedem Kreuz der Name wieder stand.

Diese Korrektur war durch ehemalige Kameraden der Gerichteten geschehen. Dieselben hatten durch eine List die Gräberliste an sich gebracht und den Toten damit die Ehre erwiesen.

Es ist ca. ein Jahrzehnt danach um den kleinen Friedhof ein Aufruhr in Szene gesetzt worden, in dem die Lizenzpresse ein Gespenst des Nationalismus erkannt hatte. Sie werden sich sicher auch noch daran erinnern, was an Allerseelen im Jahre 1967 in diesem kleinen Friedhof geschehen ist, nämlich daß ein Kreis von national eingestellten Männern zum Gedenken an die durch ein grausiges Geschick nach Aburteilung durch die amerikanische Besatzungsmacht Hingerichteten einen Kranz niedergelegt hat. Der Aufruhr in der Presse war so groß, daß sogar von Holland ein Reporter zu mir kam, um zu fragen, was da draußen denn los sei; neue Nazis seien wieder da, hieß es usw. Ich erklärte dem Reporter, es sei erstens in Deutschland üblich, zu dieser Jahreszeit die Gefallenen zu ehren; auf allen Friedhöfen fänden Gefallenen- und Totenehrungen statt; zweitens lägen auf diesem Friedhof nicht lauter Nazis, sondern auch Zivilisten mancherlei Konvenienz. Es sei daher der Vorwurf, man habe einen Kranz für die toten Nazis niedergelegt, um sie zu ehren, zu Unrecht erhoben worden. Darauf ist es wieder still geworden um den kleinen Friedhof in Landsberg. Heuer erfuhr ich in dieser Hinsicht nichts.

Es sei doch eigenartig, daß der einstige mittelalterliche Henkersfriedhof wieder zum Friedhof für die Gehenkten geworden ist. Ich habe übrigens die alte Friedhofskapelle –

zum Teil ein Werk von Dominikus Zimmermann – innen renovieren lassen. Sie ist mit ihren Barockaltären wieder sehr schön geworden. Ich habe dort auch ein Barockkreuz aufstellen lassen, das die Inschrift trägt ‚Den Toten zur Ehr, den Lebenden zur Lehr'. Der Halbsatz ‚Den Toten zur Ehr' wurde zunächst auch wieder bemängelt. Meine sehr verehrten Frauen und Herren, ich glaube, wir dürfen darüber nicht schweigen – ich muß es sagen: Ich habe Ehrfurcht vor den Toten, vor dem Tod des Menschen –. Erst recht dann Ehrfurcht, wenn der Tod als Sühne angenommen worden ist, und erst recht dann, wenn der Tod unschuldig angenommen worden ist. Und solange wir nichts anderes feststellen können, bleibt die Kapelle, bleibt das Kreuz den Toten zur Ehre.

Das muß man den Amerikanern lassen: Wenn einer tot war, hat man ihm die gebührende Ehre erwiesen. Wenn einer aus dem Gefängnis entlassen war, hat man ihn als freien Menschen behandelt und ihm nichts mehr nachgetragen. Die amerikanischen Offiziere haben sich sogar im Hotel Gockel mit den entlassenen Gefangenen zu einem Umtrunk zusammengesetzt. Da war der Entlassene nicht mehr der einstige verdächtige Verbrecher. Das war vorbei. Warum soll es für uns nicht vorbei sein? Es ist für gewisse Deutsche einfach ein Schandfleck, daß sie darüber nicht hinwegkommen können und die Sühne nicht anerkennen können, selbst wenn wir das Unrecht vielleicht noch bestehen lassen müssen. Wir können aber doch den Toten die Ehre antun, die gewiß mitgesühnt haben für Verbrechen, die in unserem Volke geschehen sind. Es bleibt für uns ganz bestimmt eine Lehre.

Was ich aber sehr bedauert habe und nicht verstehen kann – ich bin einfach ein deutscher Mann und war ein deutscher Soldat und Offizier –, daß man die Ehre der Sol-

daten herabsetzt und beschmutzt, wie es nach dem Kriege geschehen ist und zum Teil noch heute geschieht. Wir sind doch nicht in den Krieg hinausgezogen, um als Verbrecher aufzutreten, sondern wir waren mit Idealen erfüllt, die Volk und Vaterland heißen. Ich habe darum auch angefangen, überall den Ausdruck Vaterland zu gebrauchen, wenn es schicklich gewesen ist. Warum denn nicht? Erinnern Sie sich, wie man sich in weiten Teilen unseres Volkes geschämt hat, von einem Vaterland zu reden? Niemand hat mehr den Begriff Vaterland zu gebrauchen gewagt. Warum denn? Es ist ein Unrecht, wenn gesagt wird, nationale Gesinnung sei verbrecherisch. Wenn das so wäre, dann wären die Franzosen auch Verbrecher, weil sie national denken. Dann wären ja all die Völker Verbrecher, weil sie national denken und handeln. Alle Völker ringsum denken doch national und dies trotz des gemeinsamen Zieles, eine europäische Gemeinschaft zu schaffen, mit Recht zu schaffen suchen. Warum sollen wir Deutsche das nicht tun dürfen? Warum sollen nicht auch wir Deutsche uns national betätigen dürfen?

Ich habe bei allen Arten von Versammlungen, die ich gehalten habe, wahrgenommen, daß jetzt in der Jugend das Interesse an der Frage wach wird: Was ist wahr? Sind wir Deutsche wirklich solche Verbrecher gewesen, unsere Väter, wir alle? Ein junger Mann sagte zu mir nach meinem Vortrag in Peißenberg, das ist eine Ortschaft im Bergwerksgebiet: ‚Herr Pfarrer, wir danken Ihnen für den Vortrag, weil wir jetzt unsere Väter anders anschauen, von ihnen anders denken und über sie urteilen können als bisher, weil wir jetzt die Wahrheit kennengelernt haben.‘

Das ist doch das Wichtige: Die Wahrheit ist wie das Licht, es dringt einfach durch, und wenn's nur eine Ritze findet. Und das muß kommen. Wir brauchen uns, so tief wir das, was geschehen ist, bedauern müssen, trotzdem nicht zu schämen. Wenn die Franzosen sich nicht schämen – Sie kennen ja die französische Geschichte mit ihren Geschehnissen, auch was an Deutschen geschehen ist – und wenn sich die Russen nicht schämen brauchen usw., warum denn sollen wir uns schämen? Wir sind doch kein Volk von Verbrechern! Und doch werden wir heute als ein solches behandelt – im Ausland. – Ich wollte vor zwei Jahren nach Belgien fahren, um dort meine ehemaligen Quartierleute zu besuchen, von denen ich im Jahre 1918 als Deutscher herzlich aufgenommen worden war und mit denen ich eine Freundschaft pflegte. Sie haben mir aber auf meine Besuchsankündigung geschrieben: ,Wir bitten Dich, so gern wir Dich haben und so gern wir Dich bei uns sehen möchten, komm nicht! Wir werden heute noch gehaßt, weil wir mit Euch Deutschen gut sind. Man setzt uns noch einen Haufen Kot vor die Tür hin. Komm nicht!' – Man liebt bloß unser Geld, sonst nichts als unser Geld. . .

Um so mehr freut es mich, daß allmählich immer mehr junge Menschen das Empfinden bekommen: Es gibt einen nationalen Gedanken, und wir wollen wissen, was die Wahrheit ist. Man braucht deshalb keinen Haß gegen irgendein anderes Volk zu haben. Aber man muß doch gelten lassen – und wir lassen das uns auch nicht nehmen –, daß wir uns als Deutsche fühlen, daß wir auch das spüren und sagen dürfen, was an uns an Unrecht geschehen ist, das verlangen Wahrheit und Gerechtigkeit, und daß wir eben auch danach verlangen, daß in unserem Volke die Frage wach wird: Was ist da geschehen an den Kriegsverbrechern? Wie steht es mit der ganzen Kriegsverbrecherfrage? Was ist wahr, was ist nicht wahr? Und es ist so, wie vorhin gesagt worden ist: Man will das verschweigen.

Ich bin wegen meiner Vorträge noch nie irgendwie angegriffen worden, außer von der SPD, und zwar hauptsäch-

lich deshalb, weil ich in einem berechtigten Zusammenhang den Namen Hoegner genannt habe. Ich möchte jetzt auf das Thema nicht weiter eingehen.

In dem erwähnten Angriff in Form einer unsachlichen Kritik ist der unberechtigte Vorwurf erhoben worden, wir, die Kirche, hätte nichts dagegen getan, daß in den Untersuchungsverfahren unmenschliche Methoden angewendet wurden. Wir haben von kirchlicher Seite alles getan, alles versucht, was überhaupt möglich gewesen ist, um zu helfen, zu retten, um zu erreichen, daß wenigstens durch eine einwandfreie juristische Überprüfung und durch neue Gerichte, wobei auch Gegenzeugen und Verteidiger zugelassen sind, ermittelt wird: Was ist wahr, was ist nicht wahr?

Ich habe Ihnen nun – es hat etwas länger gedauert, als ich gedacht habe – einen Einblick in den ganzen Fragenkomplex gegeben, einen kleinen Blick in das Leben im Gefängnis in Landsberg werfen lassen und Ihnen über die nach dem Kriege in Dachau geübten verwerflichen Untersuchungs- und Gerichtsverfahren Aufschluß gegeben. Sie haben daraus ersehen können, daß es sich schon lohnt, aufklärend in die Öffentlichkeit zu gehen und die Wahrheit zu sagen. Es ist einfach notwendig, daß wir sie sagen.

Und ich sage Ihnen zum Schluß noch einmal: Ich betrachte es als eine unabdingbare Gewissenspflicht und als meine ganz persönliche Treuepflicht diesen Männern gegenüber, für die ich gelebt, für die ich bis zum Herzinfarkt gewirkt habe – denn man hat mich 1951 wie tot hinaustragen müssen. Mein Wissen und Gewissen zwingt mich, das unerläßlich Notwendige zu sagen, das doch allmählich, wenn auch sporadisch und ziemlich langsam, in die Bevölkerung, in die Lebenskreise eindringt, damit man endlich über diese Vergangenheit anders denken lernt, die ein dunkles Blatt in unserer Geschichte ist, das aber nicht wir geschrieben haben, sondern die Feinde, vor allem die Amerikaner. Ich verhehle es nicht: Ich bin kein Freund der Amerikaner, weil ich es einfach nach dem Erleben nicht sein kann. Ungerechtigkeit kann ich nun einmal nicht hinnehmen und nicht verteidigen. Ich muß die Wahrheit verlangen und die Wahrheit sagen. Denn nur die Wahrheit macht uns frei, und ganz allein die Wahrheit, so glaube ich, hilft uns, daß wir in der Welt zu Achtung und Anerkennung gelangen. – Ich danke." (Langanhaltender Beifall)

Aus: Der Freiwillige. Für Einigkeit und Recht und Freiheit. Jg. 18, Heft 11, November 1972

Anhang 2

Das KZ Bergen-Belsen – Am „Tag der Befreiung“

Ein englischer Journalist:

In dem Buch „The Golden Horizon“ von Cyril Connoly (Weidenfeld and Nicholson, London) findet sich unter anderem ein bemerkenswerter Bericht von Mr. Alan Moorehead über die Vorgänge in Belsen kurz nach Einstellung der Kämpfe 1945. Das Konzentrationslager Belsen ist dadurch berüchtigt, daß dort gegen Kriegsende wegen des Zusammenbruchs der Versorgung infolge schwerer Bombenangriffe auf die Zufahrtswege und den Wasserstrang Typhus ausgebrochen war, der Hunderte von Todesopfern unter den Gefangenen forderte. Im Augenblick der schlimmsten Not erschienen dann die Alliierten, brachten Lebensmittel, Wasser und Medikamente, verbrannten die Toten nebst den verseuchten Baracken – und begannen mit der Folterung der Wachmannschaften. Die Kreuzzugsbegeisterung riß die neuen – nunmehr britischen – Lagerschergen so ungestüm fort, daß sie ohne Selbstekel in Greueln geradezu schwelgten und sich keineswegs schämten, die blutigen Opfer den zuströmenden Berichterstattern voll sportlichen Stolzes vorzuführen.

Folgen wir dem englischen Bericht: Ein junger britischer Militärarzt und ein Captain von den Pionieren waren im Kommando . . . der Captain schien in besonders gehobener Stimmung . . . Als wir uns den Zellen der gefangenen SS-Männer näherten, begann der aufsichtsführende Sergeant schon im voraus wild zu brüllen. „Wir hatten heute früh

Vernehmungen", lächelte der Captain, „ich fürchte, der Anblick ist nicht sehr hübsch".

Die Journalisten wurden in die Zellen geführt, die voller stöhnender, blutbesudelter Menschen lagen.

Ein Mann dicht zu meinen Füßen – so berichtet Mr. Moorehead –, dessen Hemd und Gesicht von Blut dick überkrustet war, machte vergebliche Versuche, aufzustehen; endlich kam er auf die Knie und schließlich mühsam auf die Füße und stand nun heftig zitternd, die blutenden Hände hilflos von sich gestreckt, vor uns. – „Auf mit euch!" brüllte der Sergeant die anderen an. Die Gefolterten rafften sich einer nach dem andern auf, indem sie sich an der Wand hochschoben. „Weg von der Wand!" Sie stießen sich mühsam ab und taumelten nach der Mitte der Zelle.

In einer anderen Zelle hatte der englische Militärarzt soeben eine Vernehmung beendet. „Los!" schrie der Sergeant, „steh auf!" Der SS-Mann lag in seinem Blut auf dem Boden . . . Er kroch an einen Stuhl, legte die Arme auf den Sitz und schob sich mühsam halb in die Höhe. Noch ein Schub: Er war auf den Füßen und warf uns flehend die Arme entgegen. „Warum macht Ihr mich nicht tot?" keuchte er mühsam. „Warum macht Ihr mich nicht ganz tot? Ich kann nicht mehr . . ." – „Das sagt er uns schon den ganzen Morgen, der dreckige Bastard", grinste der Sergeant.

Bei dem Bericht über Belsen kommt Mr. Moorehead auch auf die schrecklichen Zustände im Lager vor der Befreiung zu sprechen: „War da Sadismus am Werk? Nein, eigentlich nicht. Es gab in diesem Konzentrationslager kaum Quälereien seitens der Deutschen . . . Die Gefangenen starben nicht an Torturen, sondern an Seuchen und weil gegen Kriegsende die Versorgung zusammenbrach."

Die deutschen Angeschuldigten in Nürnberg konnten sich zu ihrer Entlastung darauf berufen, daß sie von völker-

rechtswidrigen Untaten nichts gewußt hätten. Die Verantwortlichen auf britischer Seite sind dieser Unwissenheit durch Mr. Mooreheads Bericht enthoben worden. Werden sie nun Gericht halten über die englischen Kriegsverbrecher? Wir zweifeln daran – aber wir zweifeln nicht am Urteil der Geschichte.

„The European", London, März 1954

Anhang 3

Anlage 2 des Konferenzprotokolls von Fulda 1948

Die katholischen Bischöfe Deutschlands möchten die Aufmerksamkeit auf das Verfahren und die Ergebnisse der Prozesse lenken, die von der amerikanischen Militärregierung in Nürnberg und Dachau geführt werden. Sie tun das nicht, um sich in die Aufgaben der Juristen einzumischen, auch nicht, um diejenigen, die Verbrechen auf sich geladen haben, zu schützen, sie tun es aus ihrer Verantwortung für die Wahrung und Wiederaufrichtung der Gerechtigkeit als der Grundlage jeder öffentlichen Moral.

In den letzten Jahren ist dieser Glaube an die Gerechtigkeit schwer erschüttert worden. Im bürgerlichen Leben wie in der Beziehung zu anderen Völkern war vielfach Gewalt an die Stelle des Rechtes getreten und Rechtskomödie an die Stelle des Gerichtes. So hat die enttäuschte, aber willige Jugend unseres deutschen Volkes in großer Erwartung aufgehorcht, als nach dem Zusammenbruch das amerikanische Volk an der Spitze der Siegermächte die Aufgabe für sich in Anspruch nahm, begangenes Unrecht zu sühnen und die Gerechtigkeit wieder herzustellen. Es bestand die Bereitschaft, vergangene Verirrungen einzusehen und die Hoffnung, ein neues Leben zu beginnen, in dem nicht die Gewalt, sondern das Recht die Führung hätte. – Sollte diese Zuversicht enttäuscht werden und die Überzeugung sich durchsetzen, daß auch die jetzigen Inhaber der Macht nur von Recht sprechen, während sie Machtpolitik treiben, so ist die Demoralisierung unseres Volkes unaufhaltsam geworden. Daraus erwächst uns Bischöfen die Verantwortung, die uns zu sprechen zwingt.

Die letzten 3 Jahre haben manche weitere Erschütterung des Glaubens an die Gerechtigkeit gebracht, so z. B. der Umfang und die Abwicklung der Internierung, die Art und Weise der Entnazifizierung. Um so entscheidender ist es, daß nun wenigstens die Prozesse, die eine Sühnung des Unrechts in feierlicher Form darstellen sollen, ohne jeden Makel der Ungerechtigkeit und des machtpolitischen Mißbrauchs dastehen.

Das moralische Ansehen dieser Prozesse erscheint uns aber schwer bedroht. Von anderer Seite wurden bereits manche Einzelheiten in der Durchführung der Verfahren als unrechtmäßig beanstandet. Das Rechtsgefühl ist weiterhin beunruhigt durch die Tatsache, daß die genannten Tribunals von dem Grundsatz aller Gerechtigkeit abzuweichen scheinen: „Gleiches Recht für alle" und den verhaßten Charakter von Sondergerichten annehmen. In diesen Prozessen werden nämlich Strafurteile auf Grund eines Sonderrechtes gefällt, das von den Siegermächten ausschließlich für das deutsche Volk geschaffen wurde und ausschließlich gegen dasselbe in Anwendung gebracht werden soll. Die Rechtssprechung dieser Gerichte fußt letztlich auf dem Londoner Abkommen vom 8. 8. 1945, das im Artikel 6 des Statuts des Internationalen Militärtribunals die „Allgemeinen Grundsätze für die Bestrafung von Kriegsverbrechen" festsetzt. Dazu wird aber dort ausdrücklich bemerkt, daß diese Grundsätze nur „für Gericht und Bestrafung der Hauptkriegsverbrecher der europäischen Achsenländer" gelten sollte. Auf Italien fanden die Strafgesetze daraufhin keine Anwendung mehr, so blieben sie auf Deutschland allein beschränkt. Die Nürnberger Gerichtshöfe verurteilen also deutsche Menschen nach einem Recht, das bislang in Deutschland unbekannt war, und dem die Völker, die es gegen Deutschland anwenden, sich zu beugen nicht bereit sind.

Durch die Unterstellung unter ein Sondergericht wurden die Angeklagten in eine höchst fragwürdige Lage versetzt und dadurch benachteiligt. Um nur einen Punkt herauszustellen: in den Prozessen werden einfache Staatsbürger zu schweren Strafen verurteilt, weil sie Gesetze und Verordnungen ihres eigenen Staates befolgten, auch wenn diese Gesetze dem Völkerrecht oder allgemeinen ethischen Normen widersprachen. Es kann eine verwickelte Gewissensfrage sein, wann man gegen den Befehl seiner rechtmäßigen Obrigkeit dem eigenen Urteil oder überstaatlichen Normen zu folgen hat. Kein Staat hat es bisher gewagt, diese Frage für seine eigenen Bürger zu regeln oder gar eine Regelung mit Strafandrohung zu sanktionieren. In den Prozessen wurde aber eine Reihe von Männern strafrechtlich verfolgt, die verwickelte Entscheidungen nach Ansicht des Gerichtes falsch gefällt haben.

Hierzu kommt, daß gleiche Tatbestände von Tribunalen der Militärregierung zum Teil völlig verschiedenartig beurteilt wurden. Ihre Auffassungen weichen in vielen, das Völkerrecht betreffenden Fragen von einander ab. Diese Verschiedenartigkeit in den Urteilen und die sich aus ihr ergebende Rechtsunsicherheit wird zum Teil ihren Grund in der unerhörten Schwierigkeit der Probleme haben, vor die sich die Militärtribunale gestellt sahen. Aber um so unbegreiflicher erscheint es, daß gerade gegen die Entscheidungen dieser Gerichte bisher keine Appellationsmöglichkeit bestand.

Wenn wir hiermit offenherzig die schweren Sorgen ausgesprochen haben, die die bisherige Entwicklung der Rechtssprechung für eine Wiederaufrichtung des Glaubens an die Gerechtigkeit machen, so wissen wir Bischöfe doch, daß der Wille zur Gerechtigkeit im amerikanischen Volke heute wie unmittelbar nach dem Kriege lebendig ist und daß es sich seiner Verantwortung bewußt ist. Dies zeigt sich auch in der

Tatsache, daß in den Vereinigten Staaten selbst die Kritik an den Rechtsgrundlagen und den Methoden dieser Prozesse immer lauter wird.

Im Vertrauen auf den Ernst dieses Willens zur Gerechtigkeit sprechen wir Bischöfe Deutschlands einen Vorschlag aus, der das bedrohte Rechtsgefühl zu retten und eine demoralisierende Wirkung der Prozesse zu verhüten verspricht. Wir stellen die dringende Bitte: Gebt den Angeklagten das Recht der Appellation. Die in den Urteilen zutage getretene Rechtsunsicherheit kann unseres Erachtens durch Einschaltung einer mit höchster Autorität und langer Rechtstradition ausgestatteten obersten Appellationsinstanz überwunden werden, einer Instanz, die anstelle sondergerichtlicher Ausnahmenormen die Regeln des Straf- und Völkerrechts zur Anwendung bringt, wie sie seit langem Gemeingut aller zivilisierten Völker geworden sind. Als eine hierfür geeignete Instanz sehen wir – in Ermangelung einer internationalen Strafgerichtsbarkeit – das höchste amerikanische Bundesgericht an, das hierbei seine eigenen Gesetze und seine hohe sittliche Rechtstradition zugrundelegen möge. Es bestrafe die wirklich Schuldigen und gebe dem deutschen Volke wie der ganzen Welt die Überzeugung zurück, daß Sieger und Besiegte dem gleichen Recht unterworfen sind, wie sie einmal vor dem gleichen göttlichen Richter stehen werden.

Fulda, den 26. August 1948

Anhang 4

Brief von Kardinal Frings an General Lucius Clay

Fulda, den 26.August 1948.

Sehr geehrter Herr General!

Ich gestatte mir anliegend Ihnen ein Pro Memoria zu überreichen, das von den deutschen in Fulda versammelten Bischöfen abgefaßt worden ist, und Sie zu bitten, die darin ausgesprochenen Gedanken der Errichtung einer Appellations-Instanz für die amerikanischen Militärgerichte zu prüfen und zu befürworten.

Ergebenst

+ JKFr

Erzbischof von Köln

Herrn
General Lucius Clay
amerik. Oberstkommandierender
der amerik. Besatzungszone in Deutschland
Berlin

Antwortbrief von General Lucius Clay an Kardinal Frings

OFFICE OF MILITARY GOVERNMENT FOR GERMANY (U. S.)
Office of the Military Governor
APO 742
Berlin, Germany

25 September 1948

His Eminence Cardinal Frings
Archbishop of Cologne
Cologne, Germany

Your Eminence:

I am in receipt of your letter of 26 August 1948 which inclosed a memorandum drawn up by the German Bishops at their meeting in Fulda concerning the establishment of a court of Appeal for the review of sentences imposed by U. S. war crimes tribunals.

I shall deal with the various points in the order in which the memorandum mentions them.

a. The memorandum alludes to special courts and special law designed to be applied exclusively to Germans and states that the Nuernberg Courts have applied law heretofore unknown in Germany. I would refer you to the provisions of the London Agreement of 8 August 1945, to the Charter of the International Military Tribunal, and to Control Council Law No. 10 which state the law followed in our war crimes trials. The decision of the International Military Tribunal makes it clear that those documents reflect basic principles of law which are internationally recognized. While the statutory form which they have been given is new, the law which is laid down has had broad prior recognition. Indeed, no less than 23 nations formally adhered to the Agreement of 8 August 1945 and to the Charter. As the International Tribunal declared, "The Charter is not an arbitrary exercise of power on the part of the victorious nations. . . It is the expression of international law existing at the time of its creation", which the Court then proceeded to demonstrate.

b. The memorandum alludes to the imposition of heavy penalties on persons for complying with laws and regulations of their own government and for following superior orders. Both the Charter of the International Military Tribunal and Control Council Law No. 10 provide that neither official position nor obedience to superior orders shall free a person from responsibilities for criminal actions although the latter circumstance may be considered in mitigation of punishment. As stated above, this is merely a restatement of existing law, recognized as just by the adherence of nations having many and varying judicial systems.

c. The memorandum alludes to alleged differences between the Tribunals in evaluating facts and in interpreting law, and to lack of uniformity in judgments. These cases are subject to careful review before the sentence is approved. No two cases are identical. The weight of the evidence has been overwhelming in those cases reviewed to date. I cannot but feel, in all conscience, that the sentences thus far awarded have been just and appropriate to the particular case.

d. The memorandum proposes that the accused be granted the right of appeal, and that a supreme court of appeal be instituted for this purpose. As to the suggestion that there should be an appellate procedure, we have only followed the precedent of the Charter of the International Military Tribunal. I cannot believe that a procedure which has had such wide international approval can be open to serious criticism. The judges on our tribunals have been the best available men, from some of the highest courts in our country, and I have every confidence in their integrity and ability to render a fair and unbiased decision. Furthermore, the Supreme Court of the United States could not be utilized as an appellate court for these cases, since it has no such jurisdiction under the Constitution and Statutes of the United States.

In conclusion I wish to say that the war crimes tribunals were established in the interests of high justice with the hope that the world would recognize their contribution to peace and that they would be a deterrent to future aggressors.

Sincerely,

Lucius D. Clay

LUCIUS D. CLAY
General, U. S. Army
Military Governor

Anhang 5

Weihbischof Dr. Neuhäusler *München, den 8. 11. 1948*
München

Herrn
General Clay
OMGUS
Berlin

Sehr geehrter Herr General!

Ich bekenne mich dankend zum Empfang Ihres Telegramms vom 5. ds. Ich bedauere lebhaft, daß damit eine aus ernster Gewissensnot geborene Denkschrift von 62 Seiten nach 2 1/2 Monaten mit wenigen Zeilen abgetan sein soll, abgesehen davon, daß mit den inzwischen vollzogenen 43 Hinrichtungen bereits eine abschlägige Antwort vorweggenommen war.

Ich bedauere insbesondere sehr, daß in der Erwiderung mit keinem Wort auf die ernsten Bedenken und Zweifel eingegangen wird, die ich, vielfach unter Benennung bestimmter Fälle über die Verletzung der „Grundrechte des Angeklagten", über Berufszeugen und einzelne namentlich aufgeführte Interrogators, über Behandlung von Entlastungszeugen und über unzulässige Vernehmungsmethoden und unmenschliche Gefangenenbehandlung gemacht habe.

Wenn in der Antwort die Verweigerung der beantragten Revisionsverhandlung damit begründet wird, daß die aufgeworfenen Fragen schon bei verschiedenen früheren Gelegenheiten untersucht worden wären, so geht dies gerade an meinem Haupteinwand vorüber. Dieser besagt, daß eine bloße Überprüfung der Urteile an Hand der alten Prozeßakte *mit ihren zweifelhaften Zeugenaussagen oder mögli-*

cherweise erpreßten Geständnissen nicht genügt, sondern daß eine förmliche neue Verhandlung in einer 2. Instanz mit neuen Richtern, neuen Zeugenvernehmungen und neuer Verteidigungsmöglichkeit notwendig ist.

Diese Erkenntnis hat die Gesamtheit der deutschen Bischöfe zu der dringenden Bitte veranlaßt: „Gebt den Angeklagten das Recht der Appellation!“

Wer jetzt nur ein wenig in das Volk hineinhorcht, wird bald merken, wie die hartnäckige Verweigerung dieser Bitte höchster kirchlicher Stellen gerade die rechtlich Denkenden nachdenklich macht und allerlei Zweifel an der Prozeßführung und an den Urteilen weckt.

Niemand verkennt, daß eine förmliche Revision dieser Prozesse vielen und großen Schwierigkeiten begegnet, besonders, wenn zutreffen sollte, was da und dort behauptet wird, mir selbst aber geradezu unvorstellbar ist, daß nämlich einzelne Zeugen unter Decknamen aufgetreten seien, mit ihren wahren Namen nicht einmal dem Gericht bekannt gewesen wären.

Zugegeben sei auch, daß es Großmut und Demut erfordert, auch nur die Möglichkeit von Fehlern und Irrtümern zuzugeben und noch in später Stunde einem Appellationsverfahren stattzugeben. Aber das Ansehen der Besatzungsbehörde würde unter einem solchen Zugeständnis gewiß nicht leiden, sondern s t e i g e n, *auch bei solchen, die bisher aus irgend einem Grund den Nürnberger und Dachauer Prozessen skeptisch gegenüberstehen.*

Leben und Freiheit des Menschen sind so etwas Kostbares und das Prinzip der Gerechtigkeit ist etwas so Hohes, daß dafür keine Mühe und keine Opfer gescheut werden dürfen. Gerne opfere ich mich selbst dafür und werde selbstlos dafür weiterarbeiten, auch über die letzte Hinrichtung in Landsberg hinaus: es geht ja auch um Gerechtigkeit gegenüber sonstigen Verurteilten.

Aus innerer Verpflichtung zu Wahrheit und Gerechtigkeit habe ich mich an der Seite und nach dem Beispiel meines Bekennerbischofs jahrelang in jeder nur möglichen Weise, in Wort, Schrift und Tat, ohne Rücksicht auf die Gefährdung der eigenen Freiheit und des eigenen Lebens nationalsozialistischer Gewalt- und Verbrechertätigkeit widersetzt und bin dafür 4 Jahre in Gefängnis und Konzentrationslager gegangen. Ich glaube darum, das Recht und die Pflicht zu haben, auch jetzt *zu reden, wo immer ich Gefährdung des Rechtes befürchten muß. Ich glaube weiterhin, über jede Verdächtigung dieses meines Ringens um Gerechtigkeit erhaben zu sein.*

„Ich vergesse, was hinter mir liegt“ an ungerechter Verfolgung im 3. Reich und „strecke mich aus nach dem schönen Ideal, das der Apostel in die Worte gekleidet hat: ‚Überwinde das Böse durch das Gute!‘“

Dies erscheint mir auch ein erstrebenswertes Ziel der Besatzungsbehörde wie jeder Regierung, mag sie auch „als Gottesdienerin nicht umsonst das Schwert tragen und Strafe vollstrecken müssen an dem, der Böses tut.“

Ehe sie aber Strafe vollstreckt, insbesondere ehe sie Todesstrafe *verhängt und vollzieht, hat sie mit peinlicher Gewissenhaftigkeit und unerschöpflicher Geduld und ohne Rücksicht auf Persönliches zu untersuchen, ob* sicher *Böses getan wurde, so Böses, daß es nur mit Blut gesühnt werden kann.*

Ich trage allein die Verantwortung für diese Worte, wie für alle meine diesbezüglichen Schritte, aber ich weiß mich eins mit Millionen von Deutschen und Nichtdeutschen, die das Beste wollen.

Die bisherige Würdigung meiner und noch höherer Bitten ist zwar wenig ermutigend, aber ich will mir die Verantwortung von der Seele schreiben und „hoffen gegen alle Hoffnung“.

In ausgezeichneter Hochachtung
gez. Dr. Johannes Neuhäusler

Die angeklagten SS-Männer im Malmedy-Prozeß. (Nr. 58: Oswald Siegmund)

Die alliierten Richter.

Ein Blick auf den Friedhof Spötting, auf dem die Gehenkten von Landsberg liegen.

LETZTE WORTE
eines der letzten Opfer von Landsberg:

„. . . Ich möchte nur eines wünschen, daß die Saat des Hasses, der Lüge und des Unrechts, die hier gesät worden ist, keine bitteren Früchte trage.
Möge aus dem heutigen Geschehen nichts erwachsen, was die Verständigung in unserem Volk und zwischen den Völkern verhindert!
Es ist mein Wunsch, daß sich die gutwilligen Menschen aus unseren Völkern zusammenfinden, damit der breiten Flut der Zerstörung, die über uns hereingebrochen ist, Einhalt geboten wird. . .“

Die ursprünglichen Urteile im Malmedy-Prozeß

Laufende Nummer	Name	Dienstgrad	Alter im Dezember 1944	Urteil
1	Bersin Valentin	Feldw.	23	Tod
2	Bode Friedel	Uffz.	22	Tod
3	Diefenthal Josef	Major	29	Tod
4	Huber Hubert	Feldw.	26	Tod
5	Peiper Joachim	Oberst	29	Tod
6	Zwigart Paul	Uffz.	22	Tod
7	Briesemeister Kurt	Uffz.	24	Tod
8	Christ Friedrich	Oblt.	24	Tod
9	Kühn Werner	Lt.	24	Tod
10	Ochmann Paul	Feldw.	30	Tod
11	Preuß Georg	Hptm.	24	Tod
12	Rumpf Erich	Oblt.	23	Tod
13	Sievers Franz	Oblt.	29	Tod
15	Goldschmidt Ernst	Uffz.	24	Tod
16	Hammerer Max	Obgefr.	19	Tod
17	Schäfer Willy	Feldw.	22	Tod
18	Siegmund Oswald	Uffz.	23	Tod
19	Sickel Kurt (Dr.)	Oberstabsarzt	37	Tod
21	Flebs Georg	Gefr.	22	Tod
22	Hennecke Hans	Lt.	22	Tod
23	Rau Theodor	Obgefr.	26	Tod
24	Rehagel Heinz	Lt.	23	Tod
25	Schwambach Rudolf	Uffz.	24	Tod
26	Sprenger Gustav	Gefr.	18	Tod
27	Hofmann Joachim	Gefr.	18	Tod
28	Jäckel Siegfried	Gefr.	18	Tod
29	Kies Friedel	Gefr.	18	Tod
30	Siptrott Hans	Oberfeldw.	25	Tod
31	Tonk August	Oberfeldw.	33	Tod
33	Klingelhöfer Oskar	Hptm.	27	Tod
34	Neve Gustav	Gefr.	19	Tod
36	Weiß Günther	Gefr.	19	Tod
37	Rieder Max	Gefr.	20	Tod
38	Stickel Heinz	Gefr.	19	Tod
41	Münkemer Erich	Lt.	24	Tod
35	Rodenburg Axel	Obgefr.	19	Tod
44	Hendel Heinz	Oberfeldw.	30	Tod
46	Junker Venoni	Oblt.	24	Tod
50	Tomhardt Heinz	Oblt.	22	Tod
60	Eckmann Fritz	Gefr.	19	Tod
61	Maute Erich	Uffz.	22	Tod
62	Motzheim Anton	Uffz.	21	Tod
63	Sternebeck Werner	Oblt.	24	Tod

Laufende Nummer	Name	Dienstgrad	Alter im Dezember 1944	Urteil
14	Dietrich Sepp	Generaloberst	52	Lebenslänglich
20	von Chamier Willy	Uffz.	29	Lebenslänglich
39	Wasenberger Johann	Gefr.	18	Lebenslänglich
40	Knittel Gustav	Major	30	Lebenslänglich
42	Braun Willy	Gefr.	18	Lebenslänglich
43	Coblenz Manfred	Oblt.	24	Lebenslänglich
45	Hofmann Heinz	Obgefr.	20	Lebenslänglich
47	Mikolaschek Arnold	Gefr.	19	Lebenslänglich
48	Pletz Hans	Uffz.	19	Lebenslänglich
49	Tomczak Edmund	Obgefr.	22	Lebenslänglich
51	Trettin Hans	Gefr.	18	Lebenslänglich
52	Werner Erich	Obgefr.	19	Lebenslänglich
54	Friedrichs Heinz	Gefr.	18	Lebenslänglich
64	Gebauer Fritz	Schütze	16	Lebenslänglich
65	Goedicke Heinz	Gefr.	17	Lebenslänglich
66	Hecht Arnim	Obgefr.	20	Lebenslänglich
67	Rau Fritz	Gefr.	17	Lebenslänglich
68	Ritzer Wolf	Gefr.	20	Lebenslänglich
69	Richter Wolfgang	Schütze	18	Lebenslänglich
70	Stock Herbert	Gefr.	18	Lebenslänglich
71	Szyperski Erwin	Gefr.	19	Lebenslänglich
74	Kotzur Georg (August 1948 in Landsberg verst.)		18	Lebenslänglich
32	Prieß Hermann	Generallt.	44	20 Jahre
55	Gruhle Hans	Hptm.	25	20 Jahre
59	Fischer Arndt	Lt.	21	15 Jahre
56	Hillig Hans	Uffz.	23	10 Jahre
57	Krämer Fritz	Generalmajor	44	10 Jahre
58	Wichmann Otto	Uffz.	23	10 Jahre
72	Reiser Rolf	Lt.	24	10 Jahre

Quellen- und Literaturverzeichnis

A) Zeitschriften und Zeitungen

American Mercury, Spring 1976;
Criticón, München 1990; 1989;
Das Freie Forum, 1986;
Der Freiwillige, 1973;
Deutsche Monatshefte, 1982;
Eidgenoss 1987, 1992;
Frankfurter Allgemeine Zeitung, 1990;
Historische Tatsachen, 1990;
Historische Zeitschrift, 1990;
Israelitisches Familienblatt, Berlin 1933;
Kasseler Post, 1962;
Deutsche Nationalzeitung, 1960 ff.;
Nation Europa, 1982;
Deutsche Wochenzeitung, 1960 ff.;
Deutschland in Geschichte und Gegenwart, 1970 ff.;
Soziale Ordnung. Zeitschrift für Sozialausschüsse der CDU, Nr. 7, 1978;
Schwäbische Landeszeitung für die Heimatvertriebenen, 1949;
Staatsbürgerzeitung, Wien 1899;
Südkurier, 1971 ff.;
TRV Das Fernsehmagazin, 1990;
Welt am Sonntag, 1988.

B) Nachschlagewerke

Brockhaus-Enzyklopädie, 17. A. 1966—1981;
Brockhaus' Konversations-Lexikon, 14. A., 1898;
Prominente ohne Maske, 2 Bde., München 1984, 1986;
Verheimlichte Dokumente, München 1988 (Hrsg.: Erich Kern);
Vorsicht! Fälschung. 1000 antideutsche Lügen in Bild und Text. (Hrsg.: Dr. Gerhard Frey) München 1991;
Rotteck-Welcker: Staatslexikon 3. A., Bd. I, Leipzig 1858;
Herder: Staatslexikon, 6. A., Bd. 5, 1960;
Bluntschli & Brater: Deutsches Staatswörterbuch, Bd. 1, Stuttgart 1857.

C) Literatur

Adams, Henry M.: Prussian-American Relations 1775—1871, Westport/Connecticut, 1960, Reprint 1980;

Anrich, Ernst: Leben ohne Geschichtsbewußtsein, Tübingen 1988;

Aschenauer, Rudolf: Der Fall Herbert Kappler, München 1968/9;

Ders.: Der vergessene Friede von Münster. Ein offener Brief an die Abgeordneten des deutschen Bundestages zur Frage der NS-Verfahren. März 1979;

Augier, Marc: Götterdämmerung 1945, Leoni 1957;

Bacque, James: Der geplante Tod, München 1989;

Ballesteros y Beretta, Antonio: Geschichte Spaniens, München 1943;

Bardèche, Maurice: Nürnberg oder die Falschmünzer, Wiesbaden 1961;

Bavendamm, Dirk: Roosevelts Weg zum Krieg, München 1983;

Bismarck, Otto von: Gesammelte Werke, XI;

Bley, Wulf: Bebel und die Strategie der Kriegsverhütung, 1904 bis 1913, Göttingen 1975;

Bodenstein, Walter: Ist nur der Besiegte schuldig? Kritischer Rückblick auf das Stuttgarter Schuldbekenntnis. Ingolstädter Vorträge, Ingolstadt 1984;

Callahan, Allan: Incident at Balta, in: American Mercury, Spring 1976;

Chamberlin, William H.: Amerikas Zweiter Kreuzzug, Bonn 1952;

Chaunu, Pierre: Die verhütete Zukunft, Stuttgart 1981;

Cohn-Bendit, Daniel: Der große Bazar, München 1975;

Das Geheimnis um die Ursachen des Zweiten Weltkrieges. Eine Sammlung von Studien, Wiesbaden 1958;

Davies, Joseph E.: Mission to Moscow, New York 1943;

Djilas, Milovan: Gespräche mit Stalin, Frankfurt/Main 1962;

Delmer, Sefton: Die Deutschen und ich, Hamburg 1963;

Dodd, Thomas, Senator: Antisemitismus, die Hakenkreuz-Epidemie, Kommunismus, hsgb. vom Büro für Auslandskorrespondenz Bad Godesberg 1960;

Dutschke, Rudi:	Versuch, Lenin auf die Beine zu stellen, Berlin 1984;
Eschenburg, Theodor:	Zur politischen Praxis in der Bundesrepublik. Kritische Betrachtungen 1957—1961. Bd. I, 1. A. München 1961;
Eysenck, Hans-Jürgen:	Niedergang und Ende der Psycho-Analyse, München 1985;
Fejtö, François:	Die Geschichte der Volksdemokratien, Bd. II, Nach Stalin 1953, Graz 1972;
Franz-Willing, Georg:	Der Indische Aufstand, in: „Die Welt als Geschichte", 1961;
Ders.:	Kulturkampf, München 1954;
Ders.:	Der weltgeschichtliche Aufstieg der USA durch die Entscheidung des Bürgerkrieges 1861—1865, Osnabrück 1979;
Ders.:	Über die weltgeschichtliche Bedeutung des Liberalismus, in: Festschrift für Otto Höfler, Wien 1968;
Ders.:	Liberalismus. Die deutsch-liberale Bewegung in der Habsburger Monarchie, München 1955;
Ders.:	Ursprung der Hitlerbewegung 1919—1922, Preußisch-Oldendorf 1974;
Ders.:	Krisenjahr der Hitlerbewegung, 1975;
Friedell, Egon:	Kulturgeschichte der Neuzeit, Wien 1960;
Frings, Josef, Kardinal:	Promemoria der Fuldaer Bischofskonferenz 1948;
Gerlach, Aurelia:	Der Einfluß der Juden in der österreichischen Sozialdemokratie, Wien 1939;
Goldmann, Nahum:	Staatsmann ohne Staat, Köln 1970;
Ders.:	Das jüdische Paradox. Zionismus und Judentum nach Hitler, Köln 1978;
Ders.:	Mein Leben als deutscher Jude, München 1980;
Ders.:	Mein Leben. USA – Europa – Israel. 2. Bd. der Autobiographie, München 1981;
Greil, Lothar:	Oberst der Waffen-SS Joachim Peiper und der Malmedy-Prozeß, München 1977;

Grenfell, Russell, Captain:	Bedingungsloser Haß? Die deutsche Kriegsschuld und Europas Zukunft, Tübingen 1954;
Grimm, Friedrich:	Politische Justiz, die Krankheit unserer Zeit, Leoni 1953;
Ders.:	Mit offenem Visier. Aus den Lebenserinnerungen eines deutschen Rechtsanwalts, Leoni 1961;
Grimm, Hans:	Warum – Woher – Aber Wohin? Vor, unter und nach der geschichtlichen Erscheinung Hitlers, Lippoldsberg 1954;
Hammer, Armand:	Mein Leben, Bern 1988;
Hanslian, Rudolf:	Der chemische Krieg, Berlin 1927;
Hedin, Sven:	Amerika im Kampf der Kontinente, Leipzig 1943;
Hepp, Robert:	Die Endlösung der deutschen Frage, Tübingen 1988;
Heß, Wolf-Rüdiger:	Mord an Rudolf Heß?, Leoni 1989;
Hofer, Walther:	Die Entfesselung des Zweiten Weltkrieges, Frankfurt 1964;
House, Edward, Colonel:	The Intimate Papers of . . ., vol. III, Boston 1927;
„Historikerstreit“:	Die Dokumentation der Kontroverse um die Einzigartigkeit der nationalsozialistischen Judenvernichtung. München 1987;
Jäckel, Eberhard:	Hitler. Sämtliche Aufzeichnungen 1905—1924, Stuttgart 1980;
Kadell, Franz:	Die Katyn-Lüge. Geschichte einer Manipulation, München 1991;
Karlèn, Barbro:	Ich war in meinem früheren Leben Anne Frank. Goldmann Taschenbuch, 8. A., 1974/78;
Kosiek, Rolf:	Historikerstreit und Geschichtsrevision, Tübingen 1987;
Lagarde, Paul de:	Deutsche Schriften, München 1924;
Lehner, Dietrich:	„Du sollst nicht falsch Zeugnis geben“, Berg am See 1987;
Lenin, W. I.:	Über Krieg, Armee und Militärwissenschaft, Berlin (Ost), 1958;
Leusser, Hermann:	Ein Jahrzehnt deutsch-amerikanischer Politik (1897—1906), München 1928;

Liddell Hart, Basil H.:	Jetzt dürfen sie reden. Hitlers Generale berichten, Stuttgart 1950;
Lindbergh, Charles:	Kriegstagebuch 1938—1945, Wien 1970;
Luig, Heinrich:	Die Ermordnung des Zaren und der kaiserlichen Familie. Unveröff. Manuskript;
Mohler, Armin:	Der Nasenring. Im Dickicht der Vergangenheitsbewältigung, Essen 1989;
Morgenschweis, Karl (Monsignore):	Für Wahrheit und Gerechtigkeit, in: „Der Freiwillige“, Juni 1973;
Mosley, Sir Oswald:	My Life, London 1968;
Nawratil, Heinz:	Die deutschen Nachkriegsverluste unter Vertriebenen, Gefangenen und Verschleppten, München 1986;
Panikkar, K. M.:	Asien und die Herrschaft des Westens, Zürich 1955;
Ders.:	In two Chinas, London 1955;
Pitsch, Erwin:	1945, 2 Bde., Wien 1985 (Eckartschriften);
Plato:	Der Staat, 8. Buch, Leipzig o. J. (Kröner-Verlag);
Ploetz:	Konferenzen und Verträge, Teil II, Bd. 4, 1914 bis 1959;
Potter-Nimitz:	The Great Sea War, London 1960;
Rathenau, Walter:	Nachgelassene Schriften, 2 Bde., Berlin 1928;
Reed, Douglas:	Der große Plan der Anonymen, Zürich 1952;
Reichenberger, Emanuel Father:	Europa in Trümmern, Graz 1985;
Riehl, Wilhelm H.:	Die bürgerliche Gesellschaft, Stuttgart 1851;
Rock, Adolf:	Kurze Geschichte der USA, Wiesbaden 1947;
Salm, Karl:	Fahnenflucht als politische Weltanschauung? Zum Fall Richard von Weizsäcker, Tübingen 1989, 2. A. 1990;
Spaight, J. M.:	Bombing vindicated, London 1944;
Spruth, Bodo:	Geschichtsverfälschung in deutschen Schulen, Tübingen 1979;
Schrenck-Notzing, Caspar:	Charakterwäsche, Stuttgart 1965;
Ders.:	Die Öffentliche Meinung als Instrument der Umerziehung, München 1967;

Ders.:	Die Krise der Bundesrepublik und das Handeln des Einzelnen, Würzburg 1969;
Trainine, A. N.:	La responsabilité pénale des Hitleriens, Paris 1945;
Vansittart, Robert G., Lord:	Lessons of my Life, London 1943;
Veale, F. J. P.:	Der Barbarei entgegen, Hamburg 1954;
Ders.:	Verschleierte Kriegsverbrechen, Wiesbaden 1959;
Wahls, Hans:	Drachensaat, München 1989;
Waldstein, Thor von:	Der kranke Mann am Rhein. Diagnose und Therapie, Privatdruck, Mannheim 1985;
Walendy, Udo:	Historische Tatsachen, Nr. 48, 49, 50, Vlotho 1990 f.;
Wedemeyer, Albert:	Der verwaltete Krieg, Gütersloh 1958;
Weidinger, Otto:	Tulle und Oradour. Eine deutsch-französische Tragödie, 1985;
Wiggershaus, Rolf:	Die Frankfurter Schule, München 1988;
Wucher, Albert:	Marksteine der deutschen Zeitgeschichte 1914 bis 1945, Frankfurt/Main 1991;
Ziesel, Kurt:	Die Meinungsmacher, München 1987; Das verlorene Gewissen, München 1958.

Personenverzeichnis